"博学而笃志,切问而近思。"
(《论语》)

博晓古今,可立一家之说;
学贯中西,或成经国之才。

复旦博学·复旦博学·复旦博学·复旦博学·复旦博学·复旦博学·复旦博学

主编简介

许玉林，1983年毕业于北京大学心理学系。1987-1989年接受联合国奖学金（UNDP）在美国加州大学伯克利分校（U.C.Berkeley）人力资源研究所、商学院研究学习。现任中国人民大学劳动人事学院教授、中国人民大学人力资源开发与咨询中心高级咨询顾问。

许玉林教授是我国人力资源管理咨询领域的创始学者之一，自1990年起，曾先后为北京四通集团股份有限公司、北京王码电脑总公司、北京时代集团公司、山东东阿阿胶股份有限公司、内蒙古伊利集团股份有限公司、南京双登集团公司、广东省邮政局、中国人寿广东省直属公司、深圳航空公司、深财证券、深圳邮电规划设计院、深圳蛇口集装箱码头、珠海恒通置业股份有限公司、西安海升果汁有限公司、郑州日产汽车股份公司、国家开发银行、国家投资开发总公司等数十家企业提供不同形式的组织设计、人力资源管理、人才评价等管理咨询、培训和顾问工作。同时，出版和发表了涉及人力资源管理、组织行为学、管理技能培训与开发等方面的专著、工具书和论文数十部（篇）。

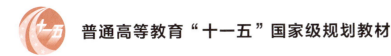

普通高等教育"十一五"国家级规划教材

复旦博学

21世纪人力资源管理丛书

组织设计与管理

（第二版）

许玉林 主编

本丛书荣获
第六届高等教育
国家级教学成果奖

复旦大学 出版社

内容提要

本书是大学人力资源管理专业的一门基础课教材，是作者根据中国近年来人力资源管理的发展和实践，以及多年的讲课积累和企业咨询经验编写而成。本书是目前国内为数不多的具有本土特色，且理论联系实践的论述组织设计与管理的教材。

本书从战略、组织设计、人力资源管理、制度设计、文化整合等五个方面阐述了如何通过组织的设计与管理来提高组织的效率，建立起有效的组织运行机制，并且为读者搭建了一个基于组织管理理论的思考、系统解决组织问题的模型。全书分为五个部分十章，附有十几个人力资源管理案例，是一本理论与实践紧密结合的教材。

此次出版的第二版与第一版相比，对内容体系进行了补充和完善，针对全球性的金融危机，重点增加了企业家道德价值观和企业社会责任的相关内容；更新了相关文献和一些案例，以求做到与时俱进。

作为"复旦博学·21世纪人力资源管理丛书"之一，本书适合高等院校经济管理、工商管理、人力资源管理专业作为教材使用，也可作为企业高层管理者和人力资源主管的参考书。

丛书编辑委员会

主　任　曾湘泉

委　员　（按姓氏笔画排序）

文跃然　孙健敏　刘子馨　刘尔铎　萧鸣政
苏荣刚　郑功成　徐惠平　彭剑锋

总策划

文跃然　苏荣刚

第二版序

《组织设计与管理》（第一版）发行后，出乎我的预料，这样一本比较专业的书籍受到了读者的青睐，收到了很多读者来信，他们中既有高校教师和学生，也有企业的经营者。作为本书的作者，我深感欣慰！作为一名学者、教师、专业读书者，最大的快乐莫过于与他人分享自己的感悟，并且能够让这种感悟得到他人的认同。

一场全球性的金融危机，雷曼兄弟、通用这些经营了百年的企业纷纷倒闭、破产，引发了我们的思考！难道百年老店真的只是企业和企业家的一种理想和追求？如果不是，什么才是支撑企业基业长青的原动力？这些问题让我产生了完善本书内容的想法。

第二版与第一版相比，并没有太多的创新思想，主要是从内容体系上对第一版进行了补充和完善。结构上，继承了第一版的五要素模型，即：战略、组织、人力资源、制度管理和文化整合，为读者搭建了一个系统思考组织问题、全面把握组织状况、建立有效组织运行机制的思考框架；内容上，在对原有内容进行补充的基础上，重点增加了企业社会责任和企业家道德价值观的相关内容。

在20多年的教学与企业咨询实践中，我越发觉得技术根本不是重要的，重要的是企业的价值观和经营者的道德。以此，我似乎找到了支持组织持续发展的原动力，那就是组织愿景和价值观：影响组织成长的要素是诸多变化的，唯有其目标和愿景不变；企业用人的标准是适时改变的，唯有其用人的价值观不改。其中最为重要的是企业家的价值观。

企业家价值观是形成企业价值观的重要基础，是企业价值观的人格化代表。企业家和经营者在商业活动中的价值和信仰决定着企业管理创新活动的方向，决定着企业经营决策的制定。同样，当企业面对社会时，不管企业家乐意，还是不乐意，企业和企业家都必须承担起社会的责任——这是企业家的使命！

企业及企业家的社会责任作为企业文化的核心内容，通过各种形式对企业产生至关重要的影响。在西方，企业的社会责任意识由来已久，甚至可以说已经根深蒂固于西方企业家的灵魂深处。因此，我认为有责任和义务在本书第二版中将企业家的道德和企业的社会责任这两个企业成长不可回避的命题呈现给读者。

最后，感谢参与本书改版编写工作的我的研究生：魏黎军、李娜、杨玫、吴硕。特别是魏黎军的辛勤努力，才使本书的第二版得以完成。

愿大家在阅读中有所收获！

抬头望，机窗外，夜色来。我知道，我脚下是云。

云之上的天都是蓝的！（这是我最近常说的一句话，也许，我的读者不太理解，没关系，有机会的话，我解释给你们听。）

许玉林

2009年8月16日 云之上

第一版序

长期以来一直有这样的困惑：组织行为的研究在众多的管理学科中处于什么位置？对企业的管理实践，它的作用是什么？在教学过程中，特别是面对企业的经营者和管理者的教学，时常听到的反馈是，组织行为的研究很有实用价值、很受启发。但是，客观地讲，很多时候我真的不太清楚我的讲解给那些具有丰富管理实战经验的经营管理者们带来了什么有价值的东西。我甚至怀疑是因为自己的教学经验和为企业提供多年咨询服务所获得的感悟吸引了他们，使他们根本就没有认识到组织行为研究的价值。于是，怀着学者的责任意识反复思考着自我困惑的问题：组织行为的研究和应用价值。直到有一天，当我用教案的方式完成了本书所搭建的组织管理的理论模型时，才真正体会到了豁然开朗的感觉。原来我所关心的组织和组织管理的研究，正是企业的经营管理者所关心的问题：企业就是组织，组织管理研究的目的是如何提高组织的效率；而经营管理者关心的是如何通过提高组织的效率，获取企业收益的最大化。

本书的内容并没有什么太多创新的思想，如果坦言其出版的价值，在于作者集十几年教学和管理咨询的实践经验，为读者搭建了一个基于组织管理理论的思考、系统解决组织问题的模型。在这个模型中，作者认为，如果想要全面地把握组织的状况，建立有效的组织运行机制，必须研究五个方面的问题：战略、组织、人力资源、制度管理和文化的整合。

本书建立的组织管理模型，是基于理论与实践的总结；是一套关于组织问题研究的系统化思考体系。本书的研究，不但适用于高校经济管理类和工商管理专业的本科和研究生的教学；对于那些在企业中从事高层管理工作的经营者们具有同样的价值。

感谢参与本书编写工作的我的研究生：朋震、时光寨、宋洪峰、雷长河、周海蓉、张敬梅、谢健乔。特别让我感到骄傲的是，通过我们之间的交流，当把我对组织行为与组织管理的思想和认识传递给他们之后，我们的理解达成了一致，实现了需要传递给读者的信息。

最后，在统编本书的书稿期间，正值SARS（非典）侵袭着我们，使我们第一次感受到一种来自不可抗力的、对生命的威胁。除了向那些白衣战士表示我的敬意之外，我一直不想讨论的问题使我们不能回避：人的生命是有限的，我们能够做到的一切只是为了延长生命的时间和生命存在的价值；同理，组织的生命周期是否也是有限的呢？也许，百年老店只是企业和企业家的一种理想和追求！我们知道，没有理想就没有追求，企业就失去了支持组织成长的一种被称之为宗教的（文化的）力量。至少有一点我们应该清楚：人的生命不能再生，组织是可以再生的！

许玉林

2003年6月

目　录

001　绪　论　组织管理的制度设计模型

▶ **战略（模块一）：组织管理的发展战略**

009　第一章　组织发展与战略

- 009　第一节　战略在组织发展中的使命
- 014　第二节　组织发展战略的形成
- 020　第三节　战略条件下的组织变革
- 027　本章小结
- 027　思考与讨论

028　第二章　组织发展战略的理论研究

- 028　第一节　组织发展的战略理论
- 036　第二节　组织发展的战略分析
- 042　第三节　组织发展的战略规划
- 052　第四节　组织发展的战略实施
- 061　本章小结
- 062　思考与讨论

063　模块一案例

- 063　案例一　战略制胜：通用的远交近攻，重振雄风
- 067　案例二　组织变革确保战略调整
- 070　案例三　武钢的战略与结构

组织（模块二）：组织设计与组织管理

075　第三章　组织理论与组织设计

- 075　第一节　组织理论与组织管理原则
- 083　第二节　组织结构与组织设计
- 102　第三节　设计未来的组织
- 107　本章小结
- 108　思考与讨论

109　第四章　组织学习与组织创新

- 109　第一节　组织学习是组织创新发展的基本保障
- 118　第二节　促进组织学习的条件
- 123　第三节　组织学习与管理实践
- 129　本章小结
- 130　思考与讨论

131　模块二案例

- 131　案例一　合理的就是最好的——A 公司的组织结构设计
- 133　案例二　"利润中心"总是好的吗？
- 134　案例三　Rover 公司：组织学习的神话
- 138　案例四　创建学习型组织，培育"系统超越"的企业文化

人力资源（模块三）：组织的人力资源管理

143　第五章　战略性人力资源管理的组织特征

- 143　第一节　人力资源管理与战略、组织的关系
- 147　第二节　人力资源管理与战略性人力资源管理
- 162　第三节　战略性人力资源管理在组织管理中的作用
- 168　本章小结

169　思考与讨论

第六章　组织中人力资源管理的系统平台建设

170　第一节　人力资源管理的系统平台
188　第二节　组织中对人的管理准则
192　第三节　组织中管理者的使命
199　本章小结
200　思考与讨论

模块三案例

201　案例一　战略性人力资源管理——日本明天的竞争优势
203　案例二　深圳航空公司的人力资源管理平台建设

▶ 制度管理（模块四）：组织管理制度设计的核心

第七章　制度管理与组织发展

209　第一节　制度的管理含义
217　第二节　制度管理的特点与内容
219　本章小结
220　思考与讨论

第八章　组织管理的制度体系建设

221　第一节　企业治理结构设计
230　第二节　管理制度体系设计
238　第三节　企业组织制度设计
248　本章小结
249　思考与讨论

250　模块四案例

- 250　案例一　联想集团组织制度的调整和整合
- 254　案例二　慧聪公司的制度化建设

▶ **文化整合(模块五)：组织管理的文化特征**

259　第九章　组织管理的文化现象

- 259　第一节　组织文化的形成
- 270　第二节　企业社会责任
- 275　第三节　组织文化对组织管理的影响
- 283　本章小结
- 284　思考与讨论

285　第十章　组织文化对管理的整合

- 286　第一节　企业家道德价值观
- 290　第二节　组织文化的价值取向
- 297　第三节　组织文化的功能及其对管理的整合
- 307　本章小结
- 308　思考与讨论

309　模块五案例

- 309　案例一　惠普文化的魅力
- 311　案例二　华为公司的文化整合
- 315　案例三　强势的迪斯尼公司文化

317　参考书目

绪论

组织管理的制度设计模型

当我们关注于组织设计和组织管理的讨论时,必须针对一些最基本的问题作出回答:

- 组织是什么?
- 组织是怎么产生的?
- 如何进行组织设计?
- 组织运行的因素是什么?
- 什么样的组织形态是有效的?
- 如何理解组织的变革?
- 制度管理在组织发展中的作用?
- 什么是组织文化?
- 如何体现组织文化的管理功能?
- 面对组织问题的系统解决方案是什么?

对于上述问题的回答,自从西方工业革命以来,随着社会形态的变化:从专业生产到产业化革命、从生产自动化到技术创新、从信息时代的开始到体现知识经济的今天,无数管理的大师给出了不同时代条件下的回答。面对不断提起的这些问题,我们能够做到的只是再一次建立起一种系统思考的模式,并融入多年来从事组织研究与管理咨询的理解和经验。

长期以来,我们一直关注于一个古老问题的解答:财富是怎么得来的?这个问题对于个人而言,是回答我们怎样才能比别人挣更多的钱?对于组织而言,同样期望的答案是,一个企业怎样才能获得更高的利润? 第二个问题,可以被转化为对组织有效性问题的讨论。如果我们同意对个体行为的观察与组织行为的分析具有类同的道理,于是,对个体研究的结论同样适用于对组织问题的回答。

- 研究命题:谁素质高?

如果比较外资企业和国有或民营企业,提出这样的问题:

问:我们是否同意外企的员工比国有或民营企业的员工素质高?

答:(小部分人,犹豫地)不同意。

问:如果我们反过来说,国有或民营企业的员工比外企的员工素质高?

答:(大部分人,犹豫地)不同意。

比较这两个问题,很显然的事实是,第一个问题比第二个问题更具合理性。

其实,问题的答案与第一部分人的认识是一样的。但是,客观的现实是,外企的员工素质确实"显得"比国有或民营企业的员工素质高。这里,引用了"显得"一词,其中的含义是:虽然是事实,但未必如此。那么,为什么外企的员工"显得"素质高呢?

于是,我们研究另一个问题。

- 研究命题:谁挣钱多?

一个不太科学的结论是:影响挣钱的因素有两个,一是有能力(聪明);二是努力工作(勤奋)。

比较中国人和西方人,得出的简单结论是:西方人不如中国人聪明(一般意义的个体比较),也不如中国人勤奋。但是,他们挣钱确比我们多,为什么?

答案是:如果在一个制度设计优越的组织环境中(这里与社会制度和政治制度无关),根本就不需要人们付出太多的努力和能力,他们就可以比别人获得更多的回报。

回到我们研究的第一个问题,为什么说外企的员工素质高? 客观上,并不是他们的素质高;是因为,在外企的组织环境中,通过组织及其组织管理的研究:把需要组织完成的复杂工作尽可能分解成最小的单元;工作被分解到标准化的流程中去完成;工作的职能是清楚的;工作的流程是明确的;工作结果的标准是清晰的;在这一系列的清晰、明确和标准面前,复杂的工作被转化成简单的行为。因此,面对简单的工作,也就不需要更高的能力和更多的努力,工作的效率自然就会显现出来。所以,同样素质的员工,工作的效率具有明显的不同。于是,外企的员工也就"显得"比国有或民营企业的员工素质高。

综合上述分析,我们得出一个结论:制度设计是组织有效运行的基本保障。在组织问题的研究中,制度设计的思想体现了组织的效率和价值。卓越企业最明显的组织特征就是表现在制度设计和制度管理的优势上。

于是,作为本书的核心构成,作者提出了组织管理制度设计的五要素模型(如下图所示)。

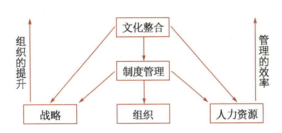

图 组织管理制度设计的五要素模型

组织管理的制度设计是现代企业制度体系的核心思想,组织管理制度设计的五要素模型提出了一种系统解决组织和组织管理的理论与实践问题的思考方法:

- 战略是组织形成与发展的指引和方向;
- 组织是实施战略的载体;
- 人力资源是支持组织达成战略目标的条件和资源保障;
- 制度管理解决了组织发展过程中的管理提升问题;
- 文化整合是组织管理的最高层次。

从这五个方面思考组织问题,比较全面地反映了组织与组织管理的核心内容。而组织管理最本质的问题是为了解决效率问题。

1. 形成组织战略

什么是战略?学者的研究、理论的讨论和企业的现实使我们对战略的理解产生了诸多的困惑。事实上,如果我们用一种简单的方式思考战略问题,其实,答案也很简单:战略就是明确自己是做什么的?

战略必须解决三个问题:

(1) 明确企业为社会提供什么产品(和服务);
(2) 明确企业经营的范围;
(3) 明确企业将来做什么。

有了这三个问题的回答,就明确了企业的发展战略。摩托罗拉是生产手机的吗?不是!摩托罗拉是解决人类沟通问题的!手机只是现阶段摩托罗拉解决人类沟通问题的过渡性产品。

当我们思考企业的发展战略时,不仅关心战略的内容;同时,更应该关心的是实现战略的手段——即战略的执行问题。我们看到了太多的企业确定的是相同的战略,但最终的结果却截然不同。其中的关键就在于:在相同的战略条件下,支持战略实现的过程、方法和手段的不同,其战略目标实现的结果自然是完全不同的。

2. 构建组织结构

在确定了组织的战略之后,必然考虑的问题是通过什么样的形式实现战略。战略是事物的整体,对战略实现的分解是事物的功能和实现功能的途径。组织是实现战略最有效的途径,其中包含两个方面的含义:一是通过组织设计,以组织的结构化特征体现战略实施的职能化分工;二是通过有组织的劳动分工提高工作的效率。组织的构建是一种结构化的工作系统研究,其目的是为了使复杂的工作系统分解成最小的、可执行的单元。战略实现的整体通过组织的结构化过程成为可实现的操作,这就是组织的功能。组织设计的最终结果是为了建立最具效率特征的组织结构,以保证组织战略的实现。

设计组织结构需要从两个方面考虑:纵向的职能分工和横向的流程联合。

纵向的职能分工是传统的组织设计过程,是关注于工作结构化、专业化问题的解决。在这种条件下,组织的结构化特征越明显,工作的专业化程度越深。但是,随着组织专业化过程的延伸,我们发觉,组织的官僚化特征越明显。其结果是,这里出现了组织管理的第一大悖论:组织的产生是为了解决效率问题,组织的设计和结构化行为可以提高工作的效率;但是,一旦组织的形式建立起来,最终影响最大的也是效率问题。

正是针对传统组织设计中存在的问题,到了 20 个世纪 90 年代,西方出现了流程再造重塑组织结构的管理思潮。其目的是:通过对组织中业务流程的研究解决在组织的纵向分工过程中的横向联合问题,同样是为了提高组织运行的效率。

3. 人力资源和人力资源管理

战略确定了组织的目标;组织保证了运行的效率;人力资源是支持组织

达成战略目标的条件和资源保障。有效的人力资源管理涉及两个方面的理解：明确人力资源管理的理念和解决人力资源管理的技术问题。

第一，正确的人力资源管理理念：人与工作的匹配。在人力资源的管理和使用中没有人才的概念，只有用人的方法。人力资源对人的要素的认识包含着：人是商品的概念。因此，一切商品的属性都包含在对人的认识之中。

第二，掌握有效实施人力资源管理的技术手段和方法。人力资源管理是一门实践性很强的管理技术。在组织的管理要素中，人是最复杂的。管理人的学问是经济学、管理学、心理学、社会学以及社会人类学在组织中综合运用的结果。

4. 组织运行的制度管理

前面的讨论似乎给出了一个逻辑的认识：先有战略，后有组织，最后产生对人力资源的需求。客观的事实是，这三类组织的管理要素几乎是同时产生的。战略是组织形成与发展的指引和方向；组织是实施战略的载体；人力资源是支持组织达成战略目标的条件和资源保障；战略、组织、人力资源三个要素构成了组织管理的基础平台。如何使这三个要素在组织的运行中有效地整合起来，制度管理解决了组织发展过程中的管理提升问题。

现代企业制度是西方百年工业文明的硕果。企业作为社会组织最普遍的存在方式，其生存、发展的过程决定了社会的发展历程。简单的理解企业管理制度的研究，就是寻求一种最经济组织管理方式，满足最大化的企业发展需求。制度解决是西方社会管理思想的基础。制度可以产生优化的行为。用一个最简单的例子可以帮助我们理解什么是制度解决方案：

比较中西方膳食的方式，西方人喜食自主餐，中国人习惯大团圆式的桌餐。我们发觉，自主餐是一种占用资源最少、管理成本最低、浪费最少、又最大限度地满足了人的个性化需求的吃饭方式；中式的桌餐则是一种占用资源最多、管理成本最高、浪费最大、最不容易满足人的需求的吃饭方式。显然，前者是吃饭方式中优化的制度设计结果，不同的管理方式体现的效率特征是完全不同的。组织的管理遵从同样的道理。

纵观中国企业面临的现实，我们认为，当社会不再提供暴利成长的机会时，企业获得平均利润规范化成长的有效方法只有通过制度管理带动企业的提升，才能获得足够的成长空间。

5. 组织发展的文化整合

在完成了制度管理的提升之后，企业的进一步发展依靠的是文化的整合；至此，上升到组织管理的最高层次。

什么是企业文化？所谓企业文化就是企业的性格，性格是养成的。企业的文化就是其成长过程逐步形成的、带有集体行为特征的组织性格。没有一个企业没有企业文化，我们关心的是一种能够支持组织发展的健康文化。企业文化是在社会文化的背景中产生的，因此，任何企业文化都会自然地反映出民族的特征、历史的沉积、文化的底蕴；反映出经济的气息、政治的折射和社会的现实。

文化没有先进和落后之分，当伊斯兰文化在两河流域盛开的时候，欧洲的基督文化仍然关注于在山的顶部构建城堡以利于防御外来的侵略。之所以产生先进文化与落后文化的讨论，是因为当文化以制度方式表现出来的时候，制度设计的先进与落后决定了文化的落差。因此，企业的文化建设应该基于对制度管理的讨论，从而体现出文化管理的整合力量。

文化对组织管理的影响是至远至深的，很多时候，我们自己都不是很清楚文化是怎么、以什么方式影响我们的。

- 文化决定了战略的制定；
- 文化决定了组织的形成；
- 文化决定了对人的管理；
- 文化决定了企业的制度；
- 文化整合了组织的管理。

至此，我们构建了一个基于组织运行的管理模型：战略、组织、人力资源、制度管理和文化的整合。组织管理的五个要素成为我们思考组织和组织问题解决方案的全部内容。

本书的结构除了我们已经完成的绪论部分的讨论，还系统阐述了作者的研究体系。即依照作者构建的管理模型的内容，包括五个模块：

- 战略（模块一）：组织管理的发展战略；
- 组织（模块二）：组织理论与组织设计；
- 人力资源（模块三）：组织的人力资源管理；
- 制度管理（模块四）：组织管理制度设计的核心；
- 文化整合（模块五）：组织管理的文化特征。

战略(模块一):
组织管理的发展战略

麦肯锡的一项研究表明：成功的企业基于两条原因，一是，必须有明确的发展战略；二是，以有限的资源组合专注于组织目标的实现。同时，理性告诉我们：组织生存的环境资源是有限的；组织的能力是有限的。因此，在这两个有限条件下决定了组织的发展只能选择有限目标的实现。这里，回答了一个至关重要的问题：为什么组织的发展首先依赖于战略的制定。

战略决定了组织的发展方向；战略决定了组织的构成；战略决定了组织管理的内容。既然战略如此重要，那么，到底什么是战略？简单的回答：战略就是要明确自己是做什么的。在我们周围，那些生命力强的企业大都是一些专业化公司，它们具有明显的专业化特征。当这些企业充分、合理的利用有限的组织资源为社会提供了专业化服务的同时，自然地，企业也就完成了其发展的过程。这就是我们通常讨论的，基于企业核心产品的核心竞争力。

本模块的研究内容：

一、组织发展与战略
- 战略在组织发展中的使命
- 组织发展战略的形成
- 战略条件下的组织变革

二、组织发展战略的理论研究
- 组织发展的战略理论
- 组织发展的战略分析
- 组织发展的战略规划
- 组织发展的战略实施

第一章

组织发展与战略

第一节 战略在组织发展中的使命

一、战略概述

战略是什么？我们可以用《Economist》杂志的一个简单而权威的定义进行诠释，即战略回答企业的两个基本问题：一是"Where do you want to go?"，一是"How do you want to go there?"。企业长期存在及发展的基础是创造价值，价值的不同理解和定义构成了前一个问题的答案，如何创造价值则是后一个问题的解答，至于价值如何分配则是企业各种利益相关者之间的博弈结果。这样，我们可以说企业战略就是如何实现企业自身所定义的价值创造。

明茨伯格的企业战略 5Ps 理论对战略做了比较详细的解释，他认为，战略的含义主要体现在以下几点：

（1）战略是一种计划（Plan）。

强调企业管理人员在有意识地进行领导，凡事谋划在先，行动在后。

（2）战略是一种计策（Ploy）。

强调战略是为威胁或击败竞争对手而采取的一种手段，重在达到预期竞争目的。

(3) 战略是一种模式(Pattern)。

强调战略重在行动,否则只是空想。

(4) 战略是一种定位(Position)。

强调企业应当适应外部条件,着力形成一个产品和市场的"生长圈"。

(5) 战略是一种观念(Perspective)。

强调战略是人们思维的产物,战略过程的集体意识,要求企业成员共享战略观念,形成一致的行动。

二、如何理解战略的内涵

企业的发展依赖于竞争。为什么同一产业的企业,有的成功,有的不成功?成功的企业为什么成功,失败的企业为什么失败?美国著名的战略管理学家迈克尔·波特从战略角度的解释是:因为两者实行的战略不同,聚焦的产业关键成功因素不同。于是,许多企业按照波特的竞争战略理论,分析产业的关键成功因素,模仿成功企业的战略,以求在竞争中获得发展。实践表明,事情并非如此简单。

问题在于,即使是针对同样的产业关键成功因素,并采取相似的战略,企业各自的绩效仍然差距巨大。这又怎么解释呢?为什么同样的战略会有不同的结果呢?

哈佛大学战略管理教授潘卡·盖莫沃特的解释是,因为每个企业的投入和承诺不同。他以此为题的《承诺》(Commitment)一书1991年发表后,在企业界和学术界颇受好评,一度许多商学院的战略管理课程,干脆就更名为:战略与承诺(Strategy and Commitment)。

按照盖莫沃特的观点,战略是一种坚持不懈的承诺和投入,是一种义无反顾的献身。承诺是战略本身固有的性质。战略之所以必须坚持不懈,是因为它投资的要素具有持久性、专用性、不可交易性,用盖莫沃特的话来说,就是被"黏牢"(Sticky)了。西尔斯(Sears)公司是美国消费品零售业一家久负盛名的连锁企业,20世纪70年代以前,一直占据着美国零售连锁业的霸主地位,但后来为什么不敌沃尔玛(Wal-Mart)公司,为什么西尔斯做出了巨大的努力仍然超不过沃尔玛?因为西尔斯被它过去所投资的要素黏牢了。对于企业战略来说,过去的选择约束着目前的选择,而目前的选择又约束着未来的选择。盖莫沃特强调,战略承诺的不可逆转性,意味着必须在战略制定和抉择中坚决克服近视症。

盖莫沃特进一步指出，承诺和投入是对企业之间存在的持久差异的唯一一般性解释。从这个意义上说，关键成功因素对企业的成功并非是最关键的。当同一行业中相互竞争的企业都认识到该行业的关键成功因素时，最终的成功就取决于承诺和投入的决心和持久性。盖莫沃特列举波音公司开发747型宽体客机的成功案例来说明他的观点：波音公司用于开发747型客机的战略性投资超过了当时波音公司的净收入，前后持续了10年时间。如果开发失败，波音公司将破产，但正是这种大投入、大承诺，使波音公司获得了巨大的成功。如果企业也承诺了，但决心不大；也投入了，但投入强度不够，最终会前功尽弃。

盖莫沃特还指出，企业在制定战略时可能面临多种选择，但战略的承诺理论引导企业家和经理人只专注于少数战略性的选择。如果某项选择包含大量的沉入成本、机会成本、要持续很长的周期、其成败对企业关系重大，那它就是战略性的。所以，凡是获得巨大成功的企业家都依赖于有限资源条件下的有限决策，只关注少数投入密集型的决策造就了成功的企业和企业家。

我们认为，盖莫沃特的上述观点和理论对中国的企业和经营者极具指导意义。它揭示了为什么改革开放20多年，中国企业仍然在许多关键领域中与世界级竞争对手存在巨大的技术差距，为什么在众多行业我们的企业长期处于世界产业链的谷底？原因是我们在那些技术密集和要求长期大量投入的领域中，缺乏义无反顾的决心和承诺。对中国企业来说，重要的不仅在于制定战略，更在于实施战略的决心和承诺。

其实，对处于追赶地位的中国企业来说，发展的方向往往是清楚的，西方成熟和发展中的产业就是中国企业未来的发展方向。因此，企业的战略选择并不是最困难的。事实上，行业中企业的发展战略已逐步趋于相同的认识。像第三代移动通信设备的开发、数字电视设备的开发、电动汽车的开发等，做还是不做，采取什么标准，什么技术路线，业界都清楚。关键在于不同的企业实施战略的决心、投入的强度和速度，而速度又取决于投入强度，投入强度又取决于决心。所以最终取决于企业领导人的承诺。解放战争时期，第四野战军在胜利结束了辽沈战役后，中央指示他们迅速隐蔽入关，百万大军入关，怎么隐蔽？无密可保，关键还在于部队的运动速度。军事上如此，市场竞争也是一样。

那么什么妨碍了中国企业领导人做出长期的战略承诺呢？一个客观原

因是我们的企业规模小,实力不足,许多企业长期为生存所困扰,无暇顾及长远的发展。市场的中高端产品利润丰厚,但要开发中高端产品,必须从低端产品一点一滴地做起,慢慢积累技术和运行经验,这是我们的现实。要解决这个问题,只有缩短战线,先从点上突破。最初开发出的产品可能连一台都卖不出去,进一步开发的下一代产品可能还收不回投资,但只要坚持不懈,最终一定会走出发展的瓶颈。只要我们看到中国的企业是如何从百分之百的国外品牌,如计算机、电视、手机等领域,逐步登陆市场,拼抢市场,最终成就事业,就会对中国企业的发展充满了信心。

三、战略对组织发展的重要意义

战略管理关系到企业的生死存亡,把握着企业的发展方向。它是基于对未来经济、技术和文化趋势的预测而着眼于未来的发展;它强调主动性和进攻性;它是建立一种强大而灵活的态势;它强调一种理念或思维方式;它以变革为实质。

美国管理学者高登·葛瑞德利(Gorden Greendley)在《战略规划改善公司运作》一书中指出:战略管理呈现下列四方面的利益:

(1)战略管理考虑到机会的鉴定;提供了一个管理问题的目标观点,并构筑一个框架,改善活动的协调和控制。

(2)战略管理使相反的条件和变化所产生的影响达到最小;促进主要决策更好地支持已建立的目标;促进机会选择以更有效地分配资源和时间;并使用较少的资源和很少的时间专门用于纠正错误,或做出特别的决定。

(3)战略管理创造一个在人际协调交流的框架;肯定每个人做出进入整体的努力;提供一个明确雇员责任的基础;鼓励管理决策人员超前思考。

(4)战略管理以积极态度对待难题和机会,鼓励人们面对变化采取进取行动并有序地管理业务。

由此可见,战略管理如同企业的航标和指路灯,它指引着企业向正确的方向运作。企业的管理是以战略发展为发展原则的。如果企业在战略目标的制定和执行中出现失误,企业由此形成的损失将是不可估量、不可挽回的。例如:在电子元件的研制和生产方面,美国、苏联和日本都曾处于领先地位,但后来苏联却渐渐落伍了。其主要原因就是苏联在电子元件的发展方向产生失误。在 20 世纪 40 年代后半期,苏联主张搞电子管微型化,并以此为发展方向。而美国和日本则主张搞半导体晶体管,1947年11月美国的贝尔研究所研制成功半导体晶体管,接着他们又向集成电路、大规模集成电路发展,可是苏联还在继续搞电子管微型化。结果,电子计算机落后于美国、日本约15年到20年。尽管苏联的某些尖端工业很发达,可是在电子计算机的应用上逊于美、日,直接影响了国民经济的发展。企业家们不仅要认识到战略管理的重要地位和作用,尤其要把握企业战略的实质,正确地认识战略,以便更好地利用企业战略。

企业在制定和实施战略的过程中,应关注以下几个方面:

(1)以未来为指导,即企业战略与长期计划不同,它不是过去式现在的简单延伸,或者更多地关注企业现在与过去所处状态,而是基于对未来经济、技术和文化趋势的预测,着眼于未来。

(2)企业战略是在经营活动发展之前有目的、有意识开发的,即企业战略强调主动性和进攻性,是通过对未来环境变化可能带来的机会、威胁以及企业自身优劣的分析而为企业在市场中"定位"。从而将重要的资源集中到最需要的地方,形成自己独特的竞争优势,以便更好地进行优势运行,达到良性循环。

(3)要建立一种强大而灵活的态势,即企业不仅要处理可预见的事件,更要处理不可预知的事件,要为企业提供多个可以实现自己目标的方案,充分预测未来事件的发展变化趋势,以应付外部环境可能发生的突然变化,它比长期计划更具灵活性、柔性而不是刚性。如美国王安公司只看到自己在办公室数字处理方面的霸主地位,而忽视了微机发展对行业的冲击,最后宣告破产。

(4)企业战略强调一种理念或思维方式,认为定性比定量更重要,观念比数据更重要。它不是一本现成的"烹饪书"。当然,在确定了企业的发展战略之后,战略的执行也是同等重要的。

(5)战略管理以变革为实质。现代企业生存在激烈变化、严峻挑战的环境中,要在这种环境中生存发展,仍沿用过去的经验、方法来经营企业,或仅仅进行某些局部的改进,都是不可能的,必须积极、果敢地对环境的变化,采取革新性的措施,来创造性地经营企业,才能使企业脱胎成具有创新发展的企业。

第二节　组织发展战略的形成

传统的战略理论总是认为,战略构想是从对公司和市场环境的恰当分析中得出的。对状况的分析可以找到问题的解决方案。而且,各种战略态势关键要素是客观存在的事实,对公正的观察者来说是明显而可知的。最近一项对战略认知过程的研究提出了不同的观点:在同一个市场中竞争的战略决策,对于市场如何运行有完全不同的认识。一个公司的战略小组对于市场的认识,可能只包括那些竞争者、顾客和分销商等他们所熟知的要素。由于这种的认识局限性,致使他们对环境中的许多潜在危险视而不见。各方面的权益者对于需要他们进行联合管理的情况,可能有完全不同的理解和认识。因而,导致他们不能在对问题的解决方案上达成一致。

什么样的战略模型可以解释这种现象呢?传统模型,将战略态势的关键要素——竞争者、市场趋势、顾客、成功的关键因素等看做是能够被所有分析者所获取的客观事实。这种模型,并不能说明每个战略决策者对战略态势都有自己主观的独特的认识。因此,我们需要一个合理的战略模型,来解决战略认识研究中所提出的问题。

一、制定企业战略应注意的问题

企业是在一定的环境中生存的。企业的生产经营活动必然要与环境中的各种各样的因素发生联系。因此,企业在制定战略时,必须在正确处理这两种相互关系的基础上,分析自己所处的环境和现有资源的经营能力,而且要动态地分析在战略实施的过程中各种资源可能发生的变化,以及由此对企业竞争力的影响,以保证自己的发展,实现自己的战略目标。

为了选择适当的战略目标,企业必须通过选择合适的经营范围来确定与自己有关的外部关联体,并设法通过联合经营、合并、购买等形式,与外部企业建立有利于自己的联系。为了维护企业的独立性,企业应该在各种重大决策的各个环节上,有企业自己的独立决定权。

除了一般的环境因素外,企业还要考虑其内部影响因素。诸如人力资本、技术资源、组织要素、资本优势等;其中,企业的文化和个人价值观念是企业内部重要的影响因素。

企业文化是企业组织中员工共同的价值观念和行为规范,对整个企业的战略活动过程不可避免地产生影响。而企业管理人员,特别是高层领导人的价值观念、抱负和胆识,对企业战略的形成与实施有着重要的影响。在其他战略决定因素相对稳定的情况下,企业文化与个人价值观念甚至可以对整个战略活动起着举足轻重的作用。

更重要的是,在制定战略时,企业要分清战略决策和业务决策的区别。企业的战略决策是通过所制定的战略,回答涉及现有产品与市场、新的市场、新的产品以及现有企业与环境之间的联系问题。同时,企业战略涉及企业的未来,要对环境做出反应,并能发展与环境的关系。因此,企业所制定的战略涉及企业的效能,考虑的是企业的利益、效益和前途。相对的,企业管理人员做出库存系统、组织机构或分销系统的变换等业务决策时,只是涉及提高企业运营的效率问题,这与企业的战略决策有很大的区别。总之,在进行战略决策时,企业的经营者是变化的寻找者,敢于冒险,具有解决发散型问题的能力,并且善于引导他人探索新的、未曾尝试的管理途径。在进行业务管理时,管理人员总是变化的吸收者,总是小心翼翼地避免冒险,解决的是收敛型问题,扮演的是诊断者、协调者和控制者。他们所作的只是激励人们去解决问题,而不是改变企业的方向。

因此,在进行战略决策时,应该注意以下的问题:

(1)决策目标要具体明确,不能含糊不清或抽象空洞。否则,企业的战略决策就不能起到应有的指导作用。

(2)制定战略决策要考虑获利能力,选用能以最小的投入获得最大的产出或以最小的成本获得最大的收益的方案。

(3)战略决策必须可行。即能够为内部各部门和外部环境所允许,并能顺利地实施。

(4)制定战略决策必须要考虑社会责任。企业的存在与发展离不开社会的支持和制约,应该把企业利益和社会利益结合起来。

二、战略形成的方法

不同类型与规模的企业以及不同层次的经营管理人员,在战略形成的过程中会有不相同的形式。

小规模的企业,所有者兼任经营者,其战略一般都是非正式的,主要存在于经营者的头脑之中,或者只存在于与主要下级人员达成的口头协议之中。而在大规模的公司之中,战略是通过各层经营管理人员广泛的参与,经过详细复杂的讨论和研究,有秩序、有规律的形成。

根据不同层次经营管理人员介入战略分析和战略选择工作的程序,可以将战略形成的方法分为四种形式:

1. 自上而下的方法

这种方法是先由企业总部的高级管理人员制定企业的总体战略,然后由下属各部门根据自身的实际情况将企业的总体战略具体化,形成系统的战略方案。这一方式最显著的优点是:企业的高层管理人员能够牢牢把握整个企业的经营方向,并能对下属各部门的各项行动实施有效的控制。其缺点是,这一方法要求企业的高层管理人员制定战略时必须深思熟虑,战略方案务必完善,并且还要对下属各部门提供详尽的指导。同时,这一方法也约束了各部门的手脚,难以发挥中下层管理人员的积极性和创造性。

2. 自下而上的方法

这是一种先民主后集中的方法。在制定战略时,企业最高管理层对下属部门不作硬性的规定,而是要求各部门积极提交战略方案。企业最高管理层在各部门提交战略方案的基础上,加以协调和平衡,对各部门的战略方案进行必要的修改后加以确认。这种方法的优点是,能够充分发挥各个部门和各级管理人员的积极性和创造性,集思广益。同时,由于所制定战略方案有广泛的群众基础,在战略实施过程中也容易得到贯彻和落实。方法的不足之处是,各部门的战略方案难以协调,影响了整个战略计划的系统性和完整性。

3. 上下结合的方法

这种方法是在战略制定的过程中,企业最高管理层和下属各部门的管理人员共同参与,通过上下各级管理人员的沟通和协商,制定出适宜的战略。这种方法的主要优点是,可以产生较好的协调效果,制定出的战略更加具有操作性。

4. 战略小组的方法

这种方法是指企业的负责人与其他高层管理者组成一个战略制定小组,

共同处理企业所面临的问题。在战略制定小组中,一般都是由企业的最高负责人,如 CEO 任组长,而其他的人员构成则具有很大的灵活性,由小组的工作内容而定,通常是吸收与所要解决的问题关系最密切的人员参加。这种战略制定方法目的性强、效率高,特别适宜于制定产品开发战略、市场营销战略等特殊战略。

实际上,企业战略的形成过程是复杂多样的,可以从企业所实际执行的战略来说明。在企业所执行的战略中,有的是企业领导人理想和意志的具体体现;有的是战略规划部门提出,然后得到企业领导人的认可并得以贯彻实施;也有一些是具有较大自主权的企业下属经营单位通过自己的探索,逐渐扩大了自己的事业,最终改变了企业的战略。

三、战略规划部门的职能定位

具体来说,战略规划部门及战略规划者在战略制定中可以起到如下作用:

(1) 收集战略信息,对企业外部经营环境和内部条件进行分析,为战略决策提供支持。

企业所处的经营环境总是在不断地变化,而且变化速度日趋加快,这给企业经营带来了巨大的风险,也带来了许多机会。把握机会规避风险的一个首要前提,就是对信息的掌握。但是,一方面企业的经营环境中充斥着大量的信息,另一方面真正有价值的信息又很短缺,决策者难以在众多的信息中筛选出有价值、关键的战略信息。所以,战略规划部门的一项重要职责就是搜集和处理对企业有重大影响的经济、政治、社会等信息,识别企业所面临的机会和威胁,判定企业的优势和劣势,为战略决策提供支持。

(2) 收集和整理战略问题,为战略会议做准备。

在快速变革的经营环境中,市场、产品的变化越来越快,企业决策者对战略问题给予了更多的关注,召开的有关战略方面的会议也越来越多,但是收获却不大。问题的关键是,每次涉及有关战略制定或执行方案的讨论时,对某些难以确定的问题,大家七嘴八舌议论一番,在问题的解决上却难以取得进展。为了解决这一问题,战略规划部门应该做好两个方面的工作:一是做好战略会议的准备工作,在对战略问题进行收集和分析的基础上,就应该展开讨论的问题进行优先排序,以便将对战略问题的探讨引向深入;二是对每次会议取得的阶段性进展和成果进行总结,备案执行,使得每一次会议都能够建立在上次会议研究的基础上,在问题的解决上有所前进。

(3)促进决策者和组织成员的战略思考和战略学习。

企业的战略规划部门在对未来的战略环境进行分析的基础上,将可能出现的情况反映给有关部门和人员,促进他们的战略思考。也可以通过一些比较正式的方法,把可能出现的各种情况设定为不同的情景,通过群体学习的方式,促进他们反省自己的战略假设。

战略学习包括战略强化型学习和战略更新型学习。战略强化型学习关注的是在保持现有战略不变的前提下,如何提高效率的问题。战略更新型学习关注的是对现状的怀疑和对企业经营前提的反思,从而有助于开发出一个新的战略。

在战略形成过程中,战略更新型学习是相当重要的,因为没有对原有战略前提和假设的重新研究和否定,就很难认识开发出一个全新的战略。但是,人们的头脑中却存在着一种难以向自己提出挑战的心智模式,这种心智模式限制了人们向自己的现有认知提出挑战的能力。由于心智模式的根深蒂固的特性常常难以显露和变化,所以要想改变战略就必须向战略决策者的心智模式提出挑战,也只有改变了心智模式即改变了对企业运营的一些假设,新的战略才会从认知上变得可行。

战略规划人员要善于发现和预见那些影响企业经营的关键要素的变化,并指出这些关键要素的变化对企业现有发展思路和经营方式的巨大威胁。这些工作的开展,有利于战略决策者的战略思考,并为战略的调整和转折做好心理和物质上的准备。

(4)进行战略专题研究。

战略规划部门可以接受战略决策者的委托,也可以根据自己的前期研究提出相应的选题。对那些具有潜在影响的国内外政治、经济等因素对企业的经营产生的可能影响,以及企业可以采取的应对策略进行研究。同时,也可以根据企业的要求,委托外部战略咨询机构进行相关研究,或者共同进行研究。

(5)提出战略方案。

企业战略规划人员具有比较多的有关企业战略的信息,具有较强的分析能力,能够在对企业的经营环境和内部条件进行分析的基础上,提出战略备选方案。一个完整的战略方案,应该包括对企业的产品和市场组合、企业价值生成链和核心竞争力进行相应的描述。

（6）进行战略规划和战略项目设计。

战略规定了企业的发展方向和目标，战略要想对企业经营发挥作用还必须经过两个环节：战略规划和战略项目。规划是对战略的细化，它规定了在未来的某一时间和空间范围内，企业资源的配置和所要实现的经营目标，较为详细地说明了实施战略所需要的具体步骤，就人、财、物等资源的具体配置提出规划方案。

战略项目是指为了将新的战略转化为企业的日常经营所需要进行的新投资、或对原有资源等进行的改造。对于一个新创企业来说，在战略规划之后需要的是在某一个时间阶段内完成一系列的项目。对于一个已有企业来说，新战略的实施也需要转化为相应的项目建设，在项目建设过程中，或在项目完成以后，与企业的原有业务进行整合，按照新战略对企业的规定进行运作。

（7）监控战略实施情况，为战略调整或变革提出建议。

新战略的实施需要人们行为的转变，而行为的转变又受到认知、利益关系、习惯等的影响和制约，所以战略实施往往与战略计划有一定的差距。根据战略实施的情况采取相应的措施，就成为贯彻战略所必不可少的一个环节。经营环境处于不断的变化中，在战略实施过程中为了应对变化了的情况，对战略进行调整，甚至对战略做出变革也是常见之事。战略规划部门要把监控战略的实施情况作为本部门的一项重要任务，把企业的过去、现在和未来联系起来，动态考虑企业的目标和资源配置，为战略的调整或变革提出建议。

从以上分析可以看出，在战略管理中，战略规划部门可以而且应该做出更多的贡献。但是，战略规划部门的主要责任不是制定战略，而是为战略制定工作提供一个平台，更好地发挥战略决策者和其他人的作用。同时，也只有对战略规划部门进行正确定位，才能更好地整合企业内部的各种战略力量，促进双赢战略的形成和实施。

第三节 战略条件下的组织变革

一、组织战略对组织变革的推进

创新的战略发展思路必然导致对企业组织的战略性变革。当前西方的企业组织都在对组织形态进行积极探索,以求更适应新战略思路的推进。

1. 企业组织设计思路的创新

传统的企业组织形式,是为了适应大工业生产体制即定制化、大批量流水线作业而设计的,其代表性的组织形态有等级制结构、职能制结构以及对这两种结构进行改良的事业部结构等。这类组织形态实现了劳动量划分(工作横向分担)、权力链划分(决策纵向分担),它追求企业组织的规模精干、职责分明、专业化分工和有效控制,但同时也在企业内部造成了横向和纵向交织的"组织边界",众多组织边界阻隔了企业内部的沟通与协作,对提高市场反应速度十分不利。新的竞争环境要求企业组织必须突出速度、灵活、整体协同和创新,而这是传统组织形式做不到的。为此,西方企业界提出了"7S"的组织设计思路,其核心思想是充分信任和发挥组织中人的能力,权力下移,消除内部边界。"7S"的内容是:①价值观体系;②战略思路;③机构;④制度;⑤技能;⑥员工;⑦作风。其相互关系是:根据"战略"提出"技能"要求,按"技能"设计"机构"、"制度"和"员工",再以"作风"和"价值观"统领整个组织的运转。"7S"是把企业融合为有机体,创造出组织整体活力的必不可少的因素。

2. 企业组织结构的创新

随着社会的发展,为了适应环境的变化和市场的需要,目前企业的组织形态发生了很大的变化,其中,较多的组织模式有:控股式、地域式、项目管理式、矩阵式、流程式、网络式(分散式),等等。其具体特征不必一一列举,共同特点是都力求在一定程度上克服传统模式的弊端,重点解决集中与分散之间的平衡,以及加快组织的反应速度。当前研究最热门的话题是所谓"无边界组织"。"无边界组织"指的是一种边界灵活,没有局限性,能够使信息、资源、观念和思维自由而快速流动穿行的组织形态。

3. 领导角色的创新

创新的战略发展思路对组织变革提出的要求,相应也改变了组织中管理者的角色。传统企业组织中的领导人角色,随着管理思想的演变和管理科学化,由最初的老板型逐渐演变到管理者和领袖的角色。而创新的战略推进组织当中,仅仅是一名好的管理者和领袖型的领导人还不够,还必须成为"教练型"的领导人,如同球队中教练与球员关系。对新型领导人所提出的能力素质要求是:

① 不断学习——"批评性观察"每日活动,寻找改进的一切线索和机会。

② 决策迅速——勇于承担个人责任。

③ 专业参谋——乐于倾听并提供协助,对集体抱有信任态度。

④ 简化工作——专心处理关键问题,善于通过程序化、制度化或授权参与方式简缩决策工作量。

⑤ 吸取不同文化——"怀疑自己",视差异为学习的源泉,尊重他人的价值观和行为特点。

⑥ 时间管理者——视时间为不可再生资源,实行计划管理并以"并行"方式缩短过程。

⑦ 寻求创新——好奇、反传统思维、永不满足现状。

⑧ 集体观念——不以个人为中心,兼顾、带动他人,强调集体参与,以身作则。

⑨ 有效沟通——准确表达,随时准备好倾听,让他人有表达机会,对他人的强项、弱项做正确的评价。

⑩ 力求卓越——高度投入,更高的标准,坚忍不拔,主动性。

二、战略条件下组织变革的趋势

1. 环境的压力

20世纪80年代以后,国际经济大循环和世界市场发生了急剧变化。3C因素与3I环境——即顾客、竞争、改变与信息、企业国际化以及国际互联网的共同作用驱使企业进入一个崭新的领域,迅速全球化的市场导致更高的竞争而非合作;如果再原封不动地套用传统的管理模式,将会严重制约企业的发展。根据1992年关于美国制造业未来的调查,许多被调查的执行经理们认为,进入20世纪90年代后,对企业面临的最重要的环境变化有以下几个:

(1) 更强地关注于顾客对质量和时间的期望;
(2) 雇员的能力和态度的变化、工作结构的变化、报酬机制的变化;
(3) 逐渐增强的对环境问题的关注,以及随之而来的国内或国际的环境法律约束;
(4) 本国市场的不景气;
(5) 技术发展速度的加快和产品生命周期的缩短。

以上五点中,除第四点是基于当时萧条经济的前提,与当前状况不具可比性之外,其余四点环境变化因素的程度已有不同程度的加深。这一切都使传统的等级制管理模式显得僵化而不适应当前对企业高柔性的要求,环境的变化促使企业领导者在组织管理的过程中实施战略性思维方式的转化,即从职能中心论改变为流程中心论。这就是,从20世纪90年代开始,在西方兴起的——通过流程重组、再造组织结构的管理思潮。流程化的组织管理运动已经成为企业经营者组织战略思考的重要组成部分。

2. 组织竞争力双因素理论的提出——流程式的思考成为必然

受F·赫斯伯格(Frederick Herzberg)关于个体行为激励的双因素理论的启发,乔·皮珀特(Joe Peppard)与菲利普·罗兰(Philip Rowland)将影响组织竞争力水平的因素分为两类:保健因素与竞争锐度因素。

保健因素包括:产品质量、技术含量、成本与价格等,是企业竞争力存在的前提。在当前不确定因素地位不断升高的环境下,仅仅拥有保健因素并不能使企业拥有区别于其竞争对手的核心竞争力,保健因素的存在至多只能使企业不弱于其竞争对手。

竞争锐度因素指的是企业的顾客关系处理能力,如当前提得比较多的顾客满意战略(CS)、顾客关系管理(CRM)等,这是企业获取不同于其对手的核心竞争能力的关键。在传统的职能观指引下,组织往往过多地将注意力集中于保健因素的获取与保有,而竞争锐度因素的获得则要求企业必须采取一种流程式的思考方式,顾客是流程的始端与末端,良好的顾客关系处理能力来源于经营全部过程的组织管理的流程能力。

3. 职能导向型组织的内在缺陷

比较传统的职能导向的组织形态,在关注于组织的纵向职能分工的条件下,组织的运行表现出以下明显的不足:

(1) 组织关注的中心可能被导向上级管理者而非顾客。
(2) 对于横向流程没有统一的控制,缺乏协调。
(3) 组织对外的接触点不止一处,导致组织对外行为的不统一。
(4) 职能部门界限导致一些无效工作的存在,许多任务仅仅是为了满足公司自己内部的需要。

4. 工作流程的优化

对于所有的组织,不论是流程导向型组织还是职能导向型组织,流程都是一种客观存在并深植于组织结构之中。所不同的是,职能导向型组织将焦点集中于组织的职能特征,即各职能部门是如何完成工作的;而流程导向型组织则更注重工作流程,即工作是如何被完成的,还有没有更快捷的方法。

在组织流程中,许多流程步骤可以简化而并不影响工作的完成,这些可以简化的步骤,我们称其为非增值性工作,可以将以上的描述用一个简单的公式来表述:组织流程 – 非增值性工作 = 工作流程。正因为非增值性工作的存在,使得组织流程化的努力能获得巨大的收益。经验显示,在传统的组织流程中,仅有5%的时间用于真正地增加流程产出,而其余的95%均被耗费在满足组织结构需要的活动上了。

三、组织变革与组织发展的阻力

在战略条件下,组织的变革会因为以下方面的原因导致对企业发展过程中的阻力:

1. 个体层次

以个体层次的分析为例,在中央集权的组织中,在其他所有事情均等,仅对权力进行分配的情况下,个人受到管理的程度越高,就会对变革表现出越强的抵制(Winter,1973),这是因为,他们会觉得自己缺乏对所遇到的事情的控制。能够解释产生个体层次阻力的其他个性因素,还包括控制的重点、对成就的渴望程度和独立自主性。但是,仅仅靠这些包含在变革过程中的个性,还不能完全解释产生阻力的原因。员工在经历了以前的组织变革后形成的态度,对此有非常重要的影响。例如,科特和施莱辛格(1979)认为,这种态度与四个方面的原因的共同影响有关,即相互之间因缺乏信任而误解组织变革的目的(主要由过去的变革经历决定)、对变革的容忍程度低、狭隘的利己主义以及由于某人在组织中的不同地位所决定的对相同的变革过程的矛盾的评价。因此,个体层次阻力的大小,可能由个性因素和个人以前类似的变革经历所共同决定。

2. 群体层次

在群体层次的分析上,强调维持现状的群体在群体结构、组成和工作关系方面的许多内在因素都能引起阻力的产生。这些因素具体包括:群体的凝聚力、社会行为准则、决策参与程度和自主行为的独立性。此外,组织权力和权威的分配,也会影响不同环境下阻力产生的程度。此外,群体有严重的"群思"现象(Janis,1972,1982)和组织的权力集中在远离群体的地方,会出现一种特别根深蒂固的、顽强的阻力。在这种情况下,从群体之外发起的任何变革,都可能被看成是对现状的严重威胁,因为此时群体会高度评价其社会交互作用的影响,却几乎没有什么力量影响变革的过程。另外,以自治工作组(AWGs)为主要形式的组织结构,也特别容易导致这种影响的产生,特别是当自治工作组被赋予广泛的自治权的时候。

3. 组织层次

最后,在组织层次的分析上,产生阻力的各种相互关联的因素,组成了一幅复杂的、千变万化的画面。这个画面处于一种不断变化的过程之中,并根据各人优势地位的不同而表现出巨大的差异。在其他因素中,组织结构、氛围、文化和策略也被认为会影响阻力的程度(Miles and Snow,1978;Child,1984)。

4. 变革阻力产生的心理过程

影响变革过程中阻力程度的因素显然很多。即使将这些因素分为组织、群体和个体的不同层次,也只是部分地简化了在实际组织变革案例中发现的影响因素之间复杂的相互作用。每个不同的变革情况都是复杂的,相互之间存在着巨大的差异。在这种情况下,想要就如何克服变革阻力提出一个高度通用的模型和建议,无疑是充满危险的。因此,研究隐藏在变革阻力下面的一些心理过程是很有益的。

首先,变革是未知的,因而会给那些受到影响的人们带来威胁感(Hosking and Anderson,1992)。正因为如此,变革就会仅仅因为它是变革而遭到抵制。格雷和斯塔克(1984)已经证明,这种阻力会因为"理性的"或"感性的"原因而产生。当员工利用当时他们所能获得的信息,判断变革会在某些方面对他们的工作条件产生危害时,就会产生理性的阻力。感性阻力的产生则是消极的心理活动过程的结果,这些心理活动包括在变革过程中产生的焦虑、挫折和自尊的丧失。很明显,在现实生活中很难准确地划分"理性"与"感性"之间的界限,而且在组织变革过程中的理性行为,在其他一些人的眼中可能是非常感性的。这种解释所包含的观点是,组织中的个人和小组如同聪明的生物一样,习惯于维持现有的做事常规和方法。从这个角度看,在面对任何类型的外部变革时,个人和小组都会像自动反应似地表现出抵抗力,而不论这种变革对他们是否存在威胁。当变革过程的结果能够被证明是非常有益时,对变革的这种偏执狂似的反应在组织环境下可能是相当极端的。然而,这种变革不可避免地会导致阻力产生的观点,只能被看做是对阻力为什么会产生的一种可能的解释。

第二,变革会挑战现状,会因为维持当前平衡状态的强大的既定利益的存在而受到抵制。在个人权力、组织资源、工作中的社会接触和个人报酬的任何一个方面失去最多的人,最有可能大吵大闹地反对变革。但是,这种理解显然是相对的,它会受到组织中有限的知识和信息的限制(Simon,1977)。于是,自主工作组可能会因为感到变革会危及他们的自由而抵制变革(Scarborough and Corbett,1992);一个高级管理团队可能会因为他们的执行权力受到削弱而反对分散决策权的组织变革活动;医院里的护士可能会抵制有关床位占用限额的强制性措施,而辩称这种新制度会导致病人护理水准的降低。至关重要的是,那些既定利益团体有时又称为"利害关系群体"(Burgoyne,1994)在认为变革会影响到对他们的工作非常重要的因素时,也会更加坚决地抵制变革,而这些因素可能是社会方面、财务方面、职业方面或其他任何方面的。所以,试图用他们认为不太重要的事情来说服他们,可能是一种无效的协商策略。例如,当高级管理人员将实施新技术看做是生产力提高的原因时,实际操作人员可能更关心的是这些机器将会怎样影响他们的工作常规,而不是公司的利润。识别对对方重要的因素,将争论限定在他们的逻辑和术语范围之内,以及在对对方重要而对自己并不重要的环节上做出让步等等,所有这些带有感情因素的谈判技巧,都是获得成功的变革协商成果的重要组成部分。同时,这种成功的协商意味着最大限度地减少了由于意识到变革会对既定利益产生威胁而产生的阻力。

第三,对那些受到影响的人来说,变革常常意味着额外的工作量。当然,由此产生的变革阻力可以被认为是"理性的"而非"感性的"。最近对英国国家公共医疗卫生服务部的变革进行的研究令人信服地表明,阻力可能是反对强加在相关人员身上的额外工作负担的一种反应(Westand Anderson,1992)。在实施变革的过程中,在新旧体制并存的时期,存在这种额外工作负担的情形无疑是真实的,这就如同新技术被引入信息支持系统时经常发生的情况一样(Wilson,1992)。因此,在变革本身会直接导致工作量增加的情况下,就会有一定的阻力产生。此外,在新旧两种体制并存时,这种额外的工作量被看做是在重复其他的工作,那些受到影响的人会因为一些可以理解的、完全理性的原因,对变革产生不满和抵触情绪。再次,这种观点强调了在另外一些观点中也存在的一种看法,即阻力往往代表了一种合乎逻辑的、合理的行为过程,而并非是一种不理智的、会产生相反结果的、仅仅为了干扰组织中其他人的工作的不正常行为。

总的来说,阻力是有意识的行为,其表现形式会随具体情况的不同而发生实质性的变化。在一些案例当中,阻力最初会集中在个人内部或个体层次上,在性质上比群体层次和组织层次的阻力显得更加隐蔽。阻力被认为来自于一种理性的或感性的反应,或者在更多的情况下,是两种反应共同作用的结果。它的产生被有些人认为或多或少是合理的,而这种看法则主要取决人们的价值判断及其在原来组织系统中的位置。

关于我们所关心的在战略条件下引发的对组织变革的阻力,在以下的讨论中还将做重点的研究,在这里,只是引起我们对组织战略形成过程的影响因素的注意和思考。

本 章 小 结

战略回答企业的两个基本问题：一是"Where do you want to go？"，一是"How do you want to go there？"哈佛大学战略管理教授潘卡·盖莫沃特认为：战略是一种坚持不懈的承诺和投入，是一种义无反顾的献身。承诺是战略本身固有的性质。战略之所以必须坚持不懈，是因为它投资的要素具有持久性、专用性、不可交易性。企业资源的有限性，使得企业领导者只应关注少数投入密集型的战略性决策。

企业战略的形成过程是复杂多样的，根据不同层次管理人员介入战略分析和战略选择工作的程序，可以将战略形成的方法分为自上而下、自下而上、上下结合以及战略小组四种形式。就战略形成而言，企业的战略规划部门应该发挥更大的作用。

知识经济条件下，市场环境的变化和竞争的日益激烈，迫使企业不得不用创新的观点去重新思考组织的未来发展。创新的战略发展思路必然导致对企业组织的战略性变革。当前西方大型企业集团都在对组织形态进行积极探索，以求能更好地适应新的战略思路。如何有效借鉴西方战略管理及组织变革的理论与经验，正确处理阻碍组织变革与发展的各种阻力，对我国企业而言也是一个长期的探索过程。

思 考 与 讨 论

1. 简要概述你对战略这一概念的认识，并指出战略对组织发展的重要意义。
2. 根据你自己的认识，指出在制定组织战略的时候需要注意哪些问题。
3. 组织战略形成的基本方法有哪些？不同方法的差异在哪里？
4. 战略规划部门的存在是必须的吗？一般来说，战略规划部门或战略制定者的职能定位是什么？
5. 试从不同的层次对组织变革与组织发展的阻力进行阐述。

第二章 组织发展战略的理论研究

第一节 组织发展的战略理论

一、战略管理理论的沿革与发展

1. 战略管理理论的沿革

一般认为,20世纪50年代以前是企业战略管理理论发展的萌芽阶段。自20世纪五六十年代以后,企业战略管理理论获得了很大的发展。其中,20世纪60年代有钱得勒的"结构跟随战略"假设和安东尼—安索夫—安德斯范式。进入20世纪70年代以后,战略理论研究的核心问题逐渐转向实际操作,其主流为20世纪70年代的经营组合管理理论和迈克尔·波特的竞争定位理论。

20世纪80年代以后,世界经济格局发生了深刻的变化,企业经营环境的变化日益明显,从外部环境看,技术创新加剧,国际竞争激烈,顾客需求日益多样化,不确定性对企业管理的挑战越来越大;从内部环境看,员工素质普遍提高、自我发展意识日渐增强,组织趋向扁平化和弹性化。战略管理研究转向重视企业中人的因素、文化因素、知识因素以及研究方法的方向性和有效性,那时,圣吉、柯林斯和珀斯提出了企业愿景驱动性管理,另外一些学者在波特的竞争理论上进行发展，提出了竞争优势观和核心竞争力等一系列新的理论与模型。

战略理论的发展始终与企业实践密切相关，进入到20世纪90年代，战略管理理论无论是在理论上还是实践上都遇到了一定的阻碍。国外一些企业的战略规划部门或被解散或被大幅精简，战略研究更倾向于作业改进这些实际的操作层面，一时间企业重组、组织转型等充斥企业。企业战略之所以面临如此难堪境地主要是20世纪80年代末尤其是进入90年代以后，随着经营环境中不确定性的增大，市场竞争加剧，产业边界日益模糊，产业结构的稳定性日益下降，以企业恰当定位获得竞争优势变得越来越难以持续，相反却可能在产业竞争力量突变或产业转型的过程中落伍。企业面临的不确定性大大增加，传统战略规划难以适应现实环境的剧烈变动是一方面的原因，其根本原因是指导企业战略实践缺乏一个统一的理论基础。企业战略理论研究各种流派竞相发展，但是由于研究的角度不同，各家学说对于同样的战略现象往往会得出不同的研究结论，使得企业战略理论研究类似于"盲人摸象"，只及部分，未及整体。而且传统的企业战略研究采用的基本方法是案例描述和分析，缺少对战略行为背后一般性规律的研究和探索。

有鉴于此，20世纪90年代以来，企业战略理论的研究出现了一种综合以往各个流派观点，同时用统一的理论基础来解释、分析战略问题的研究趋势。在此背景下，超越竞争成为战略管理理论发展的一个新热点，有较大影响和代表性的如德-博诺提出的超越竞争理论、莫尔提出的企业生态系统使用演化理论、达韦尼提出的超级竞争模型等。另外还有一些学者，敏锐地感受到知识经济条件下知识在价值创造过程中的作用，如瑞克认为在知识经济条件下，企业已经越来越把知识看成是自己最有价值的战略资源，并据此提出了以知识为本的战略观。

2. 战略管理理论的新发展

自20世纪90年代以来，企业战略理论的发展在经过短暂的调整阶段后，开始主动适应外部环境的剧烈变化，在研究范式和重点上出现调整和转移，从而使企业战略理论获得全新的发展，为我们重新思考组织发展的战略理论提供了新的思路：

（1）自20世纪90年代以来，经济全球化趋势加快，技术变革的加速，以及消费者需求的多样化，企业战略理论的研究重心出现了由外向内然后内外并重的转移趋势,理论研究获得新的发展,其标志性事件是普拉哈拉德和哈默(Prahalad,C. K. and Hamel,G.)于1990年在《哈佛商业评论》上发表了《公司的核心竞争力》一文,提出了"核心竞争力"的概念。这种观念强调了企业竞争优势来源于企业组织内部,企业战略的制定和实施依赖于企业现有的资源水平及体现在企业内部的技术能力和管理能力。在核心竞争力这个概念的基础上先后出现了基于资源的战略观和基于能力的战略观。两者的观点大体上是相通的,区别在于与资源观相比能力观更为强调无形的知识和能力的方面。对于我们的分析而言,可以将其统称为基于核心能力的企业能力理论。企业能力理论认为,与其说市场竞争是一种基于产品之上的竞争,还不如说是基于企业核心能力的竞争。企业能力理论同时认为,联结核心能力和终端产品的环节是核心产品,它们是核心能力的物质体现。核心能力的来源是企业所拥有的独特的组织知识和能力,因而如何保持、发展和增强组织能力对企业赢得竞争优势具有关键作用。这里所说的组织能力主要是对企业内部组织架构的协调能力,体现在企业内部专业分工、知识积累和技术研发等各个方面。核心能力的提出是对企业异质性假设在效率差异基础上的进一步深化,这一思想认为企业超额利润的源泉是企业的内在差异性,而不是产业之间产业吸引力的大小。这个问题是波特的战略产业分析所无法解释的。而企业能力理论认为,同一产业内某些企业的超额利润来源于企业内部资源或能力的异质性,而不是由外在条件决定的市场结构特征及其产业吸引力。

(2)虽然企业能力理论的着眼点是企业内部的资源和能力,战略规划局限于单一的企业发展,并没有明确提出对产业内企业间组织能力问题的关注,但是从企业能力的发展过程中可以非常明显地看到对产业内企业间组织能力存在一个由提出到逐步重视的过程。

在企业能力理论的萌芽阶段,潘罗斯(Penrose,E. T.)首先强调了企业内部的知识创造是企业增长的源泉。受潘罗斯的启发,理查德森(Richardson,G. B.)第一个提出了企业能力的概念。他认为,工业开展着无限多的活动,这些活动需要由具备适当能力的组织来展开。他进一步区分了活动的种类:相似活动和互补活动。他认为最关键的要点在于,由于许多需要协调的非相似活动,即互补活动必须通过企业之间的能力互补来进行,所以互补活动的协调既不可能全部由一个企业承担,也不可能完全通过市场来调节。于是理查德森把企业之间的合作概念化为在企业之外(市场)和企业之内(科层)这两种协调机制之外的第三种协调机制。这一点应该说是对战略联盟及网络组织研究的最初的理论基础。

而企业能力理论与演化经济学相结合,促进了"动态能力"战略观的出现和发展。提斯、皮萨诺和肖恩(Teece, D. Pisano and Shuen)明确提出了"动态能力"的战略观,并指出:第一,"动态"是指为适应不断变化的市场环境,企业必须具有不断更新自身核心竞争力的能力;第二,"能力"是指战略管理在更新核心竞争力以满足环境变化的要求方面具有关键的作用。这种能力不仅包括整合、重构内部组织技能、资源,还包括整合、重组外部组织技能、资源。在"动态能力"战略观中已经明确了企业之间的组织能力与企业内部的组织能力一样也是企业竞争力的来源。对于这一点经济学领域内产业组织理论及企业理论都没有给予足够重视,同时也是现有经济理论所无法解释的。

(3)"动态能力"战略观的出现是与现实背景的深刻变化分不开的。一方面,经济全球化使得企业竞争程度越来越剧烈,竞争的广度日益延伸到全球范围;另一方面随着网络时代、知识经济的到来,使得企业战略发展方向面临着重大的调整。在这种背景下传统战略方式已无法使企业真正建立起强大的战略竞争优势,"超竞争"的现实迫切要求战略视角和战略范式的改变,必须从企业内部组织和外部组织两个方面同时营造核心能力才能维持企业持续的竞争优势。

从企业内部来看,主要是由过去的职能部门制、事业部制、矩阵制等科层组织向学习型组织等非科层组织转变,组织结构出现扁平化、柔性化、分立化、网络化和开放化的特征。从企业之间的关系和组织形态来看,由过去的价格勾结、产品联盟等单一、低层次的企业联盟向产品、事业、公司联盟等多层次、多形态的联盟转变。企业之间的竞争思维由过去的你死我活的战争思维向创造价值、实现双赢的价值思维转变。企业之间既有竞争又有合作,出现了虚拟企业、网络组织等柔性化、网络化和开放化的新型组织形态。

同时,战略联盟的形成使得传统企业之间的竞争逐渐转向以集团为基本单位的市场竞争形式,即联盟集团与联盟集团之间的竞争。出现这种战略联盟的竞争形式主要是因为:

第一是经济全球化条件下的全球统一市场和全球性的规模经济,促使国内的行业巨头在全球视野寻求战略伙伴。如目前在世界汽车产业内就形成了"6+3"格局,即六大集团:通用—菲亚特—铃木—富士重工—五十铃集团、福特—马自达—沃尔沃轿车集团、戴姆勒·克莱斯勒—三菱集团、丰田—大发—日野集团、大众—斯堪尼亚集团、雷诺—日产—三星集团;另有三个独立公司:本田、宝马、标致。

第二是产业技术标准的竞争。从产业的角度来看,任何一个产业市场中企业之间的竞争都要经历三个互有重叠却性质截然不同的阶段:产业先见之争、核心能力之争和市场地位之争。而在知识经济时代,所谓的产业先见之争更多地体现在技术标准之争上。由于网络的外部效应和 R&D 投入的高风险性,促使企业组成技术联盟来竞争。如围绕 3G 手机的技术标准之争形成了以欧洲、日本各大运营商支持的 W-CDMA 和美国运营商支持的 CDMA2000 这两大标准对峙的局面。而就在 2002 年年初,索尼、飞利浦等世界九大电子巨头在东京联合宣布已经研发出一种名为蓝光光碟的新产品,成为下一代光盘刻录的新格式标准。

第三是新技术的出现使得原本独立的产业发生关联,出现产业融合的现象。联盟网络使每个领域变得更容易合作并有利于发现新的市场机会。最典型的是时代华纳和美国在线这两个传统娱乐媒体和基于互联网的新兴媒体之间的联盟。

二、组织发展战略的三种思维模式及其比较

组织发展战略考虑的是如何利用自身有效的资源或资产,在充满竞争的环境下去满足顾客的需求,从而实现价值的创造。这样,资源、竞争和顾客三者就构成了组织发展战略的思维出发点。纵观各种战略理论,无不是从这三者出发来考虑企业的战略制定,因此,形成了三种截然不同的战略思维,即以资源为本的战略思维、以竞争为本的战略思维和以顾客为本的战略思维。

1. 以资源为本的战略思维

以资源为本的战略思维认为企业是一系列独特资源的组合,企业可以获得超出行业平均利润的原因在于它能够比竞争对手更好地掌握和利用某些核心资源或者能力,在于它能够比竞争对手更好地把这些能力与在行业中取胜所需要的能力结合起来。

加里·哈默尔和 C·K·普拉哈拉德认为生产商品和提供服务的特殊能力是企业的核心能力,他们提出核心竞争力是企业可持续竞争优势与新事业发展的源泉,并认为核心竞争力应成为企业战略的焦点,企业只有把自己看

作是核心能力、核心产品和市场导向的事业这样的层次结构时,才能在竞争中取得持久的竞争地位。波特也有一个类似的战略考虑,他认为差异化是竞争优势的两大源泉之一。差异化是一种从产品/企业出发的观念,指企业内在的差异化。与普拉哈拉德和哈默尔一样,波特认为应根据企业生产的商品和提供的服务来制定战略。

许多企业由于种种原因而具备了某种资源,如专利技术、自然资源、法律垄断、人力资源、知识学习、治理结构等等,这种资源可以通过企业所提供的产品或服务而体现出来,从而在竞争中具备竞争优势,如美国高通公司在CDMA市场上的成功即是技术优势使然。

2. 以竞争为本的战略思维

过去20多年以来,以竞争为本的战略思维一直占据着主导地位。以竞争为本的战略思维认为在决定企业盈利性的因素中,市场结构起着最重要的作用,企业如何在五种竞争力量中确定合适的定位是取得优良业绩的关键。毕竟,企业需要比竞争对手拥有某些优势才能在市场竞争中生存和发展。因此,如何打败竞争对手、如何在竞争中获得竞争优势就成为这种战略思维的主要焦点。

根据波特的竞争模型,企业战略的制定基本过程如下:首先是利用五种竞争力量模型来分析行业的吸引力,然后识别、评价和选择适合所选定行业的竞争战略,最后实施所选定的战略。一般认为企业可以通过规模经济、范围经济和垂直整合获得竞争优势。企业一旦实现规模经济,规模经济带来的低成本就可以成为企业竞争取胜的法宝,在这种情况下,企业把市场份额作为经营的重要目标,因为高市场份额往往代表着高利润,我国广东格兰仕集团控制微波炉市场即是如此。零售业态的发展与变革无疑证明了范围经济确确实实可以给企业带来竞争优势(沃尔玛即是例证),而思科的成功并购也证实了垂直整合可以帮助企业树立竞争优势。

3. 以顾客为本的战略思维

随着实物经济向服务经济的转变,企业与顾客之间不仅仅是一种交易,而是转变成了一种关系,这样,维系顾客远比吸引顾客重要。网络盛行的今天更是如此,企业都把顾客维系作为企业持续发展的基础与保障。因此,顾客在企业战略制定中的地位越来越重要。

以顾客为本的战略思维认为顾客是企业经营的中心,研究顾客需求和满足顾客需求是企业战略的出发点。正如日本战略专家克尼奇·欧米所说:制定战略时把竞争纳入考虑是十分重要的,但是,我们不应该首先这样来考虑问题,首先要做的应该是仔细研究顾客的需要。对欧米来说,战略始于顾客,顾客决定产品。成功的战略要找到更新的、更有效的方法去满足顾客的需要。艾德里安·斯莱伍克兹基也持有同样的观点,他认为战略的本质就是向顾客提供价值。

以顾客为本的战略思维把顾客视为企业的一部分,它把顾客与企业存在的关系过程中给企业所带来的利润作为顾客价值的度量,亦作为企业盈利能力的度量,因此,发现/引导(甚至是创造)顾客需求、满足顾客需求、维系顾客关系便成为这种企业战略的重点。企业根据顾客来调整企业的各种资源组合和经营行为,以便为顾客提供更多的价值。惠普公司正在积极实现这一变革,把公司的组织结构从以产品线为中心改为以现有顾客和潜在顾客为中心,它首创地设立了客户业务经理岗位,由客户业务经理向顾客提供服务。客户业务经理的绩效不仅仅与销售收入挂钩,还与顾客的满意程度挂钩。因此,他们能真正做到以顾客为中心来开展工作。

4. 三种战略思维的比较

以资源为本的战略思维、以竞争为本的战略思维和以顾客为本的战略思维这三种战略思维并没有优劣之分,仅仅反映了不同环境条件下不同企业制定企业战略时的战略思考方向,当然,企业更多的是综合运用这三种战略思维来制定自己的企业战略。下面,我们来对这三种战略思维进行比较(见表2-1)。

表2-1　三种战略思维的比较

	以资源为本的战略思维	以竞争为本的战略思维	以顾客为本的战略思维
战略思考方向	由内而外	行业内的竞争	由外而内
战略重点	企业独特资源	竞争对手	顾客及顾客需求
战略归宿	充分利用企业的独特资源	比竞争对手做得更好或打败竞争对手	维系顾客或比竞争对手更好地满足顾客
评价指标	企业资产	行业吸引力	顾客价值

以资源为本的战略思维把企业所能掌握和利用的资源视为企业持续竞

争优势的源泉。本质上讲，这是一种从企业出发的战略观点，由内而外来考虑企业战略的制定，因为企业的核心能力决定企业所服务的顾客，决定了要满足的顾客需要。这种战略考虑更多的是企业具备什么独特的资源，如何充分利用这些资源来获得更多的利润。但是，以资源为本的战略存在一个问题，即战略不是以顾客需求为中心。一旦企业的核心能力与顾客需求毫不相关，或企业的差异化不被顾客所认识和接受，那么，以资源为本的战略就会陷入困境。

以竞争为本的战略思维以行业吸引力作为企业战略取向的指标，把竞争对手的经营行为作为自身经营行为的标杆，考虑的是行业内的此消彼长，考虑的是竞争对手之间的你争我夺，考虑的是如何比竞争对手做得更好或打败竞争对手，对于整个行业而言则是一种零和战略。企业若从这种战略思维出发来考虑战略的制定，则不可避免地会或多或少产生三种影响：一是企业注重模仿而不是创新，因而企业常常接受竞争对手的成功之道并进行模仿；二是企业更多的是应对式地展开经营，这是竞争的本质使然；三是企业对新出现的市场和顾客需求的变化把握不够。

以顾客为本的战略思维则是由外而内的一种战略思维方向，考虑的是顾客需求什么，企业应该如何满足顾客的需求，把维系顾客或比竞争对手更好地满足顾客作为企业发展的基础，并由此来对企业进行变革，以应对这种要求。采取这种战略思维的企业以顾客价值作为战略的取向，以价值创新为己任，以价值来维系顾客和满足顾客需求，这样，对整个行业而言是一种非零和的战略。当然，以顾客为本制定战略要求企业能快速理解和把握顾客的需求及需求变化，有足够的柔性来调整自身各种资源的组合，并以顾客能接受的成本向顾客提供产品和服务，这种挑战和压力并不是一般的企业所能面对和应付自如的。

和以资源为本的战略相比，以顾客需求为基础的战略与顾客的关系更为紧密一些。而以竞争为本的战略考虑更多的是企业的外部竞争对手，它考虑的是企业在激烈的竞争环境下如何生存，但并不重视价值创新，从而忽略了企业应该如何发展。在一个追求群赢、竞争与合作并重的知识经济时代里，把竞争对手作为企业的利益相关者可能要更好一些。相对而言，以顾客为本的战略思维则是从顾客需求出发，以价值创新来满足顾客需求，驱使企业不断地创新与变革，以适应不断变化的环境和顾客需求，这更符合知识经济条件下企业战略制定的需求。

第二节 组织发展的战略分析

一、战略分析过程的重要性

一个组织的战略规划与实施的顺利与否,从根本上讲来自于该组织高层领导人在不确定的内外部环境中所作出的正确分析与判断,而科学的分析方法无疑在战略管理者的决策中发挥着重要的作用。随着环境的日益复杂化,战略的规划和实施越来越需要借助于系统分析的方法与支持手段,这也正是当前战略理论研究的一个重要内容。

将组织的发展着眼点落到企业的层面上,我们可以看到:企业的高层管理人员要根据企业的使命和目标,分析企业经营的外部环境,确定存在的经营机会和威胁,评估自身的内部条件,认清企业经营的优势和劣势,并在此基础上,制定用以完成组织使命、达成组织目标的发展战略。根据组织发展战略的要求,管理人员应配置企业资源,调整企业结构和分配管理工作,并通过计划、预算和进程等执行形式实施既定的战略。在执行战略的过程中,企业管理人员还要对战略的实施成果和效益进行评价,同时,将战略实施中的各种信息及时反馈到战略管理系统中来,确保对企业整体经营活动的有效控制,并且根据变化的情况修订原有的战略,或者制定新的战略,开始新的战略管理过程。也就是说,对组织发展战略的管理是一种循环复始、不断发展的系统过程,而战略分析正是这一系统过程的根本出发点。

二、组织发展战略的外部环境分析

1. 政治法律环境分析

政治法律环境是指一个国家或地区的政治制度、体制、方针政策、法律法规等方面。这些因素常常制约、影响企业的经营行为,尤其是影响企业较长期的投资行为。

政治环境对企业组织的影响特点是:

(1) 直接性。即国家政治环境直接影响着企业的经营状况。

(2) 难于预测性。对于企业来说,很难预测国家政治环境的变化趋势。

（3）不可逆转性。政治环境因素一旦影响到企业，就会使企业发生十分迅速和明显的变化，而这一变化企业是驾驭不了的。

政治环境分析主要分析国内的政治环境和国际的政治环境。国内的政治环境包括以下一些要素：

- 政治制度；
- 政党和政党制度；
- 政治性团体；
- 党和国家的方针政策；
- 政治气氛。

国际政治环境主要包括：

- 国际政治局势；
- 国际关系；
- 目标国的国内政治环境。

法律环境分析主要分析的因素有：

（1）法律规范，特别是和企业经营密切相关的经济法律法规。如《公司法》《中外合资经营企业法》《合同法》《专利法》《商标法》《税法》《企业破产法》等。

（2）国家司法执法机关。在我国主要有法院、检察院、公安机关以及各种行政执法机关；与企业关系较为密切的行政执法机关有工商行政管理机关、税务机关、物价机关、计量管理机关、技术质量管理机关、专利机关、环境保护管理机关、政府审计机关；此外还有一些临时性的行政执法机关，如各级政府的财政、税收、物价检查组织等。

（3）企业的法律意识。企业的法律意识是法律观、法律感和法律思想的总称，是企业对法律制度的认识和评价。企业的法律意识，最终都会物化为一定性质的法律行为，并造成一定的行为后果，从而构成每个企业不得不面对的法律环境。

（4）国际法所规定的国际法律环境和目标国的国内法律环境。

2. 经济环境分析

经济环境是指构成企业生存和发展的社会经济状况和国家经济政策。社会经济状况包括经济要素的性质、水平、结构、变动趋势等多方面的内容，涉及国家、社会、市场及自然等多个领域。国家经济政策是国家履行经济管理职能，调控国家宏观经济水平和结构，实施国家经济发展战略的指导方针，对企业经济环境有着重要的影响。

企业的经济环境主要由社会经济结构、经济发展水平、经济体制和宏观经济政策等四个要素构成。社会经济结构指国民经济中不同的经济成分、不同的产业部门以及社会再生产各个方面在组成国民经济整体时相互的适应性、量的比例及排列关联的状况。社会经济结构主要包括五方面的内容，即产业结构、分配结构、交换结构、消费结构、技术结构，其中最重要的是产业结构。

经济发展水平是指一个国家经济发展的规模、速度和所达到的水准。反映一个国家经济发展水平的常用指标有国民生产总值，国民收入、人均国民收入、经济发展速度，经济增长速度。

经济体制是指国家经济组织的形式。经济体制规定了国家与企业、企业与企业、企业与各经济部门的关系，并通过一定的管理手段和方法，调控或影响社会经济流动的范围、内容和方式等。

经济政策是指国家、政党制定的一定时期国家经济发展目标实现的战略与策略，它包括综合性的全国经济发展战略和产业政策、国民收入分配政策、价格政策、物资流通政策、金融货币政策、劳动工资政策、对外贸易政策等。

因此，企业的经济环境分析就是要对以上的各个要素进行分析，运用各种指标，以准确的分析宏观经济环境对企业的影响，从而制定正确的企业经营战略。

3. 企业社会责任的分析

企业的社会责任指的是企业管理者对整个社会的进步和保护社会的整体利益所承担的一种管理责任。那么，企业活动究竟应该对谁负责，负什么责呢？有学者将企业的社会责任的内容做了如下概括和归纳：

- 对股东：证券价格的上升；股息的分配（数量和时间）。
- 职工或工会：相当的收入水平；工作的稳定性；良好的工作环境；提升的机会。
- 对政府：对政府号召和政策的支持；遵守法律和规定。
- 对供应者：保证付款的时间。
- 对债权人：对合同条款的遵守；保持值得信赖的程度。
- 对消费者/代理商：保证商品的价值（产品价格与质量、性能和服务的关系);产品或服务的方便程度。
- 对所处的社区:对环境保护的贡献;对社会发展的贡献(税收、捐献、直接参加);对解决社会问题的贡献。
- 对竞争者:公平的竞争;增长速度;在产品、技术和服务上的创新。
- 对特殊利益集团:提供平等的就业机会;对城市建设的支持;对残疾人、儿童和妇女组织的贡献。

但是,在战略决策的过程中,各个与企业利害相关的团体的利益总是相互矛盾的,不可能有一个能使每一方都满意的战略。因此,一个企业组织的高层管理者应该知道哪些团体的利益是要特别重视的,并以此为指导进行战略决策。

4. 社会文化环境分析

社会文化环境包括一个国家或地区的社会性质、人们共享的价值观、人口状况、教育程度、风俗习惯、宗教信仰等各个方面。从影响企业战略制定的角度来看,社会文化环境可分解为文化、人口两个方面。

人口因素对企业战略的制定有重大影响。例如,人口总数直接影响着社会生产总规模;人口的地理分布影响着企业的厂址选择;人口的性别比例和年龄结构在一定程度上决定了社会需求结构,进而影响社会供给结构和企业生产;人口的教育文化水平直接影响着企业的人力资源状况;家庭户数及其结构的变化与耐用消费品的需求和变化趋势密切相关,因而也就影响到耐用消费品的生产规模等。对人口因素的分析可以使用以下一些变量:离婚率,出生和死亡率,人口的平均寿命,人口的年龄和地区分布,人口在民族和性别上的比例变化,人口和地区在教育水平和生活方式上的差异等。

文化环境对企业的影响是间接的、潜在的和持久的,文化的基本要素如哲学、宗教、语言与文字、文学艺术等,它们共同构筑成文化系统,对企业文化有重大的影响。企业对文化环境的分析过程是企业文化建设的一个重要步骤,企业对文化环境分析的目的是要把社会文化内化为企业的内部文化,使企业的一切生产经营活动都符合环境文化的价值检验。

5. 科技环境分析

企业的科技环境指的是企业所处的社会环境中的科技要素及与该要素直接相关的各种社会现象的集合。粗略的划分企业的科技环境,大体包括四个基本要素:社会科技水平、社会科技力量、国家科技体制、国家科技政策和科技立法。

社会科技水平是构成科技环境的首要因素,它包括科技研究的领域、科技研究成果门类分布及先进程度和科技成果的推广和应用三个方面。社会科技力量是指一个国家或地区的科技研究与开发的实力。国家科技体制指一个国家社会科技系统的结构、运行方式及其与国民经济其他部门的关系状态的总称,主要包括科技事业与科技人员的社会地位、科技机构的设置原则与运行方式、科技管理制度、科技推广渠道等。国家的科技政策和科技立法指的是国家凭借行政权力与立法权力,对科技事业履行管理、指导职能的途径。

如今,变革性的技术正对企业的经营活动发生着巨大的影响。企业要密切关注与本企业的产品有关的科学技术的现有水平、发展趋势及发展速度,对于新的硬技术,如新材料、新工艺、新设备,企业必须随时跟踪掌握,对于新的软技术,如现代管理思想、管理方法、管理技术等,企业要特别重视。

三、组织发展战略的内部环境分析

1. 企业资源能力分析

供应能力的强弱将影响企业的发展方向、速度,甚至企业的生存。企业获取资源的能力,直接决定着企业战略的制定和实施。企业资源供应能力包括从外部获取资源的能力和从内部积蓄资源的能力。

企业从外部获取资源的能力取决于以下一些要素:

- 企业所处的地理位置;
- 企业与资源供应者(包括金融、科研和情报机构)的契约和信誉关系;
- 资源供应者与企业讨价还价的能力;
- 资源供应者前向一体化趋势;
- 企业供应部门人员素质和效率。

企业从外部获取资源的能力影响企业的整体能力和绩效,但内部资源的配置和利用则是最基本、最主要的。企业内部资源的蓄积包括有形资源和无形资源,分析企业内部资源的蓄积能力可以从以下几个方面入手:

- 投入产出比率分析(包括各经营领域);
- 净现金流量分析;

- 规模增长分析；
- 企业相关任务延伸的能力和必要性；
- 商标、专利、商誉分析；
- 职工的忠诚感分析。

2. 生产能力分析

生产是企业进行资源转换的中心环节，它必须在数量、质量、成本和时间等方面符合要求的条件下形成有竞争性的生产能力。有学者认为竞争能力的构成要素包括以下几个方面：

- 加工工艺和流程。加工工艺和流程的决策主要涉及决定整个生产系统的设计。这种决策的具体内容包括：工艺技术的选择、工厂的设计、生产工艺流程的分析、工厂的选择、生产能力和工艺的综合配套、生产控制和运输的安排。
- 生产能力。生产能力的决策主要涉及决定企业的最佳生产能力。这种决策包括产量预测、生产设施和设备的计划、生产日程的安排。
- 库存。库存决策是要确定原材料、在制品和产成品的合理水平。具体的内容包括订货的品种、时间、数量以及原材料的存放。
- 劳动力。劳动力的决策主要涉及工作的设计、绩效测定、工作的丰富化、工作标准和激励方法等内容。
- 质量。质量决策是要确保企业生产和提供高质量的产品和服务。具体内容包括质量的控制、样品、质量监测、质量保证和成本控制。

以上五个方面的优劣势可以决定企业的成败，因此必须要对企业生产系统的设计和管理进行分析，使其与企业的战略相适应。

3. 营销能力分析

从战略角度进行的营销能力分析，主要包括三方面的内容：一是市场定位的能力，二是营销组合的有效性，三是管理能力。市场定位的能力直接表现为企业生产定位的准确性。它又取决于企业在以下四个方面的能力：

- 市场调查和研究的能力；
- 把握市场细分标准的能力；
- 评价和确定目标市场的能力；
- 占据和保持市场位置的能力。

市场营销人员可以根据构成这些能力的因素及自身的经验来评价在这些方面的长处和短处。

4. 科研与开发能力分析

科研与开发能力是企业的一项十分重要的能力,企业科研与开发能力分析主要包括以下几个方面:

- 企业科研成果与开发成果分析。企业已有的科研与开发成果是其能力的具体体现。如技术改造、新技术、新产品、专利以及商品化的程度,给企业带来的经济效益等。
- 科研与开发组合分析。企业的科研与开发在科学技术水平方面有四个层次:即科学发现、新产品开发、老产品的改进、设备工艺的技术改造。一个企业的科研与开发水平处于哪个层次或哪个层次的组合,决定着企业在科研、开发方面的长处和短处,也决定着企业开发的方向。一个好的科研或开发部门,应该能够根据企业战略的要求和实力决定选择哪一个或哪几个层次的有效组合。
- 科研与开发能力分析。企业科技队伍的现状和变化趋势从根本上决定着企业的科研开发能力和水平。分析科研队伍的现状和趋势就是要了解他们是否有能力根据企业的发展需要开发和研制新产品,是否有能力改进生产设备的生产工艺。如果没有这样的人员,是否能在短期内找到这样的人才。否则企业就要考虑和高等院校或科研单位合作,以解决技术开发和技术改造的问题。
- 科研经费分析。企业的科研设施、科研人才和科研活动要有足够的科研经费予以支持,因而应根据企业的财务实力做出预算。决定科研预算经费的方法一般有三种:按照总销售收入的百分比;根据竞争对手的状况来制定;根据实际需要来确定。

第三节 组织发展的战略规划

一、战略规划的界定

战略规划作为第二次世界大战后管理领域所发展起来的新兴管理技术,

在西方发达国家企业中已经普遍得到应用。按照安索夫的划分方法,从20世纪初到40年代末,西方企业所采用的管理技术及管理系统是相当简单的,主要有财务控制、短期预算等。20世纪50年代期间,企业的管理技术进入到长期规划时代;从20世纪60年代开始,西方企业主要是大型企业开始采用战略规划技术,并进入到战略规划时代。自20世纪70年代以来,美国的大中型企业普遍采用战略规划技术,一些小型企业也开始利用战略规划的理论和方法。根据日本通产省的调查,日本70%~80%的大型企业在1977年之后,计划的重心已从对数量的计划转入到选择关键战略的战略规划上来。自20世纪70年代末我国实行改革开放,并确立社会主义市场经济体制以来,企业的外部环境发生了很大的变化,在客观上为企业推行战略规划技术提供了一个充足的外部条件。根据调查,我国企业从20世纪80年代中期开始在企业管理中引进战略规划技术,并逐步建立起比较正规的战略规划系统。

对战略规划形成统一的认识也是一个渐进的过程。20世纪60年代,人们用长期规划一词来描述我们所要讨论的战略规划,后来,相继又有其他的名词,诸如综合管理计划、整体综合规划、正式规划、综合整体规划、企业规划等作为战略规划的同义词被广为使用。这也说明该领域的大多数学者对我们所讨论的战略规划各有自己所钟爱的释义,他们在对该词的抽象程度、实质等方面的理解并不一致。在本书中,作者更赞成应该从几个不同的角度去阐述战略规划以加深理解。本节从四个角度界定了战略规划,要系统理解战略规划的含义,每一个方面都是必不可少的。

第一,战略规划意味着当前决策的未来性。这就表明战略规划考虑的是一名管理者将要做出的实际或可能的决策在一段时间内引起的一连串因果效应。如果管理者对预测的前景并不满意,他就会改变自己的决策。战略规划还考虑未来可供选择的不同道路,对不同选择进行取舍是制定当前决策的基础。战略规划的实质便是对未来潜在的机会和威胁进行系统的辨析,结合其他相关的信息为组织更好地制定当前的决策奠定基础,从而能在将来抓住时机,避开风险。规划也就是勾画美好的前景,并发掘将其变成现实的途径。

第二,战略规划是一个过程。这个过程始之于确立公司的目标,阐释实现该目标的战略和政策,构思详细的计划以保证战略的实施,并最终实现终极目标。这个过程还要求预先决定致力于何种规划,何时进行,如何进行,由谁负责,一切就绪后如何迈开下一步。战略规划的系统性就在于它是在一定时期内众人认可的前提下组织和实施的。

对大多数公司来说,战略规划都是经过一段特定的时间进行构思之后形成的一整套计划。然而它还应当被看作一个发展的过程,对战略的制定尤其如此,因为商业环境是不断发展变化的,这里并不是说每天都要修正计划,而是关于规划的思考要持续进行,在必要时要辅之以适当的行动。

第三,战略规划是一种态度,一种生活方式。有了规划,我们的行为就得基于对未来的考虑,就要坚决地将其作为管理的不可分割的一部分进行持续系统的规划。战略规划并非是规定好的一套程序、步骤、结构和方法,而是思考的过程,是智能的运用。要取得最佳成果,企业的管理者和工作人员必须坚信战略规划有利可图,必须渴望尽其所能做到最好。正如阿柯夫(Ackoff)所说的那样:"做不好并非过错,过错是无可奈何地接受做不好这一现实。"

第四,一个正式战略规划体系联系了三种主要规划:战略规划,中期规划,短期预算和经营规划。在一个公司内部如果权力属于各个部门,那么在每个部门的规划中都可能有这种联系,同时总公司的战略规划和各部门的规划之间又以不同的方式相联系。企业最高管理层制定的战略通过这些联系方式转化成当前的决策。下面的定义同样表达了规划体系的概念:战略规划就是一个公司系统地而且较为正式地确立公司的意向、目标、政策和战略,同时制定详细的规划实施其政策、战略,最终实现企业的目的和基本目标。

二、战略规划的目的

在一个组织采用一个战略规划系统之前,管理人员尤其是高层管理人员对于为什么要进行战略规划、进行战略规划的目的是什么应该有清楚的认识。管理人员应该知道战略计划的制定能为他们和他们的组织做些什么。高层管理人员也必须知道他们想从战略规划系统中得到些什么。只有这样才能保证战略规划能够发挥作用。

一个战略规划系统涉及的目的有很多。表2-2给出了管理人员可能为他们的规划系统提出的多个目的。当然,它们不是相互排斥的,许多目的之间是相互密切联系的。有些目的只涉及一个完整的战略规划系统的几个部分,而且这些目的并不是按照重要性顺序来加以排列的。

表 2-2　进行战略规划的目的

1. 改变公司的发展方向。
2. 加速增长,加速赢利。
3. 提出大量的战略问题供高层管理部门考虑。
4. 把资源集中在重要的事情上。如把资金配置给那些最具有潜力的领域。
5. 提供更好的信息使高层管理部门做出更好的决策。
6. 为预算和短期经营计划制定一个参照系。
7. 根据公司的优势和劣势,对机会和威胁进行分析,使公司更好地意识到自己的潜力。
8. 对各种活动进行更好的内部协调。
9. 进行更好的沟通。
10. 获得对业务的控制。
11. 使管理者们更好地理解正在变化的环境和公司适应环境的能力,从而在他们中产生一种安全感。
12. 对管理人员进行培训,增强危机感。
13. 提供一个路径图来表明公司发展的目的地,以及如何达到这个目的地。
14. 设置更现实、更高要求然而又是可以达到的目标。
15. 根据正在变化的环境和公司的目标来回顾和检查当前的活动以便做出适当的调整和修改。
16. 使人们意识到正在变化的环境以便更好地适应它。
17. 使缺乏活力的公司重新开始它的发展步伐。
18. 因为别的公司已经实施了战略规划。

一个组织进行战略规划会试图达到这些目的中的一个或多个。处于某一特定时期的组织需要达到的某些目的也许更甚于另一些目的。例如,一家多样化经营的大企业也许会发现迫切需要协调各部门间的计划(第九项)。一直经营不佳的公司也许会发现第二项是一个紧迫的目标。

三、战略规划对企业绩效的影响

战略规划与企业绩效的关系历来是战略管理学者们所关心的一项课题。管理实践者们相信,实施战略规划对企业经济效益的改善总是有益的。Glueck 和 Jauch 在理论上对战略规划的作用阐述为:

(1) 有助于企业高层经理人员审视企业所面临的机会和危险,预测出环境的变化,从而使经理人员做出预应性的反应;

(2) 战略规划为企业所有员工指明了企业前进的方向,从而使每个职工的工作目标与企业总体目标相一致起来,保证企业总体目标的实现;

(3) 战略规划亦为管理人员提供了控制和评价企业经营活动的基础,从而保证企业日常活动在企业总体目标范围之内。

在实证层面上,Thune 和 House 以及 Herold 最早研究了战略规划与企业绩效的关系,他们选择年销售额在 7 500 万美元以上的 36 家企业作为样本,其行业分布为医药、化工、机械、石油、食品和钢铁冶炼。研究发现,进行正规战略规划的企业在投资收益率、股权资本收益率和每股收益等财务指标上都明显地好于非正规的战略规划企业。安索夫(Ansoff)等人曾研究过1947年至1966年间战略规划对93宗美国大型企业兼并和收购成功率的影响。通过研究他们发现,从绩效的各个指标上看,样本中采用正规战略规划的企业都显著地超过了非正规战略规划的企业。总体上讲,进行正规战略规划的企业较非正规战略规划企业能较好地预见未来的发展,并大大地降低了兼并活动所带来的不确定性。此外其他诸如Rhyne、Pearce等人的研究都确认了战略规划与企业绩效存在正相关关系。

国内学者杨锡怀等在对企业战略规划系统有效性的实证研究中,得出了以下结论,论证了战略规划对企业绩效的重要作用:

(1)战略规划系统越是规范,企业的经济效益就越好,也就是说战略规划系统的质量如何对企业的经济效益有着极其重要的影响。这一结论与以前类似的研究结果相一致,进一步说明了战略管理理论的正确性。

(2)战略规划实施的历史时间越长,积累的经验越多,规划活动的成熟性也就越高,从而改善了企业的绩效。也就是说,及早实施战略规划,企业可获得较好的经济效益。

(3)要提高企业的绩效,关键是改善战略规划系统,提高战略规划系统的规范程度。

四、战略规划系统的设计与划分

1. 战略规划系统的设计方法

建立战略规划系统是企业有效实施战略规划的有力保障。所谓战略规划系统,是指企业按照战略规划过程的要求而设立的机构、组织、制度、方法等的总称。有四种根本不同的方法可以用来进行战略规划系统的设计。

第一种是从上至下的方法。在这种方法中,集权化公司的规划是由公司的高层管理部门进行的,下属各部门及其外围活动在具体的限制条件(如果有这些限制条件的话)内来制定各种计划。在分权化的公司中,CEO(总裁、总经理)对各部门给出一些指导性的准则并要求获得各种计划。各计划在总部受到审核,然后要么被接受要么被发回各部门进行修改。如果各部门计划合在一起并不能达到高层管理部门所追求的目标,就要在公司一级的水平上为收购、转卖或再集资而制定附加计划。

这一方法的一个明显优点就是：高层管理部门决定公司往何处去，并给予下属部门和分支机构的规划以具体的指导以达到目的。在这一方法中，高层管理部门不得不事先考虑和设计其努力追求的目标以及达到这些目标的各种战略。遗憾的是，高层管理部门不会动辄给予具体的指示，它也许会对现行的规划感到越来越灰心并发出不经意的指示。如果各分支机构的管理人员在从上至下的方法指导下感到受约束，这便是另一个缺点。

第二种是从下至上的方法。高层管理部门采用从下至上的方法，就不用给各部门以指导，而是要各部门提交计划。也许会要求这样一些信息：主要的机会和威胁；主要的目的；达到这些目标的各种战略；以及关于销售额、利润、所追求的市场份额、资金方面的各项要求、雇用一定年限的员工人数等信息。高层管理部门将审核这些资料并遵循与从上至下方法相同的过程。

从下至上的优点是：高层管理部门不用动辄给各部门以具体的指示。高层管理部门也许会认为：没有从上至下的指示，各部门会较少感到约束并将制定出更好的计划。高层管理部门也许希望运用从下至上的方法作为一种学习过程，促使各部门制定计划。而缺点是某些部门管理人员没有从上至下的指导也许会感到无所适从。

第三种方法是从上至下和从下至上两种方法的混合并用。相应地，不仅总部和各部门的直线管理人员在规划过程中要不断地进行对话，而且总部和各部门的职员也因此要不断地进行对话。一般地说，高层管理部门对各部门给出指导性的原则。这些原则宽泛到足以允许各部门在制定它们自身的计划时有较大的灵活性。有时高层管理人员通过同部门管理人员的对话可探讨出一个基本的目标或战略，诸如投资利润率这样的目标也许可用这种对话的方法得到，尤其是在用投资利润率这个指标来衡量部门管理人员业绩的时候。总部和各部门的职员常聚在一起讨论规划手册中的各种变化，在规划过程中使用的各种资料的进展，以及把各种战略推荐给管理人员。这种方法的一个很大的优点就是能够更好地协调各种努力，因此也就花更少的时间和精力而能制定出更有创造性的计划。

第四种方法就是群组规划。在较小的集权化的公司中，CEO（总裁、总经理）所偏爱的规划方法就是在制定正式的计划时，把主要的直线管理人员当作参谋人员。这一方法也用于某些集权化的大公司中。这一群组中的CEO（总裁、总经理）举足轻重。在很多公司中，CEO（总裁、总经理）有规律地与一组行政人员开会，处理公司所面临的各种问题。这个小组的部分时间花在战略规划上面。随着时间的进展,该小组会开发出各种书面计划。有时候规划活动由一个正式的规划委员会来进行,该委员会的负责人由 CEO(总裁、总经理)或他指定的人员来担任。该委员会也许会划定一些具体的时间来制定计划,甚至会选择去一个清静的场所花几天时间专门从事规划活动。

如果 CEO(总裁、总经理)与委员会之间以及委员会各成员之间有着和谐的人际关系,这一方法可能就非常富有成效;另一方面,如果 CEO(总裁、总经理)采取集权主义的态度并对直线管理人员和参谋人员有威逼之势,那么采用这一方法就不大可能有什么成效。

2. 战略规划系统的具体划分

战略规划系统是企业战略制定和实施的重要机制。Pearce 等人认为,正确划分企业战略规划系统的类型对于研究战略规划与绩效的关系具有极大的影响。以往实证研究所出现的结论不一致性的一个重要原因,就是未正确地划分战略规划系统。在本书中,根据战略规划的正式程度将企业的战略规划系统划分为以下五类:

(1)非常正规者。企业在组织结构和战略制定与实施等方面都有非常规范的战略规划系统,高层经理人员都积极参与战略规划活动。

(2)准正规规划者。企业在组织结构和战略制定与实施方面的规范化程度仅次于非常正规者的战略规划系统,但这一类企业必须有 3~5 年或 6~10 年的书面计划。

(3)年度计划者。企业只作年度计划的规划系统,规划形式为 1 年以内的书面计划。

(4)直觉规划者。企业领导者依靠直觉来规划未来的活动,企业没有战略规划部门;不作书面计划;一般 CEO(总裁、总经理)一人靠直觉作出规划,再与下属沟通。

(5)无计划者。企业没有任何计划,只是忙于应付日常的事务。本质特征为没有战略规划部门;没有书面计划;公司各级管理层不参与规划活动。

五、组织发展的战略规划者

在企业战略的形成过程中,上至董事会成员、下至企业的一线员工,许多人都可以作出贡献,而且许多有效的战略规划,确确实实是许多人共同努力的结果。组织发展的战略规划者具体可以划分为以下五种。

1. 董事会

按照我国《公司法》的规定,董事会行使的职权有:决定公司的经营计划和投资方案;拟定公司合并、分立、变更公司形式、解散的方案;聘任或者解聘公司经理;根据CEO(总裁、总经理)的提名聘任或者解聘公司的高层副职、财务负责人并决定其报酬事项。可见法律规定了董事会有战略的最终决策权。在我国,公司制企业仅有10多年的历史,董事会的职能也还很不完善,作用也没有得到充分的发挥。

在西方市场经济国家,历史上,董事会主要关心财务审计和CEO(总裁、总经理)的报酬等问题,对企业的战略管理问题关心不多。然而进入20世纪80年代后,董事会的职责开始扩展到战略管理领域。比较流行的做法是在董事会的现有委员会中增加一个战略委员会,与CEO(总裁、总经理)一起制定企业的目标及实现目标的战略,其中的一项重要职责就是对企业的战略管理过程进行评估,使战略管理过程更加有效。最近,国外一些研究发现,在董事会对战略制定的参与和企业财务效益之间存在着积极关系。但是,由于董事会成员在处理战略问题方面的经验存在差异,导致不同企业的董事会在战略管理中参与的方式和程度也有很大的不同。

在战略管理中,董事会也应该起作用。然而,由于董事会不涉及企业的日常经营业务,对企业经营环境变化的敏感性不如企业经营层,难以最早发现和提出企业应该采取的新战略。但是,董事会成员能够从总体上对企业的未来进行把握,所以,其最能发挥作用的方面是对经营层提出的战略做出评估和抉择。

2. 高层管理人员

高层管理人员是指企业组织顶层相对少的一群人,包括企业的CEO(总裁、总经理)、高层副职及重要职能和业务部门的负责人。在我国许多企业,战略管理主要集中在少数高层管理人员手中,尤其是自20世纪80年代实行经理(厂长)负责制以来,往往由CEO(总裁、总经理)一人来决定企业的发展方向和战略。

企业的高层经营者善于从企业整体层面考虑企业的发展问题,同时也是企业最重要的信息交汇点,不断地进行着企业内外部的沟通工作。所以,与企业内部的其他人相比较,他们对企业的发展方向和战略最有发言权。不同的高层经营者的战略构思和决策方式是不一样的,有的在有了新的战略构思之后,会与相关人员进行沟通和交换意见,听取其他人的建议,也会安排相关人员进行分析和研究;有些则是在有了新的战略构思以后,不愿意与下属人员分享,而是独自对战略进行较长久的思考,在想法比较成熟后才公布于众,然后安排相应的人员将战略做成相应的规划,进而实施。

在企业的经营过程中,CEO(总裁、总经理)实际拥有战略决策权。但是在企业发展到一定规模后,企业所需要考虑的经营环境因素越来越多,如果CEO(总裁、总经理)仍然垄断战略的形成过程,不设置相应的职能部门去处理有关战略问题,不吸收具有潜在战略能力的人员,那么CEO(总裁、总经理)的思考和决策就可能出现片面性,企业的战略选择就会面临着很大的风险。

3. 战略规划人员

随着企业规模的扩大,在战略方案的形成和选择中,战略决策者需要搜集更多的信息,需要更多的分析和论证。这时CEO(总裁、总经理)就必须安排雇员组成一个团队,典型地被称为计划人员,在战略管理中提供帮助。在小企业中,CEO(总裁、总经理)可能安排一个助手,帮助制定战略计划。在大中型企业,CEO(总裁、总经理)可能建立一个由CEO(总裁、总经理)或高层副职牵头的战略委员会或战略部负责企业战略工作,战略规划班子通过搜集和分析数据,向CEO(总裁、总经理)提出建议和报告。

4. 中层管理人员

在传统的战略管理过程中,企业往往将战略思考活动与战略实施活动分开,把它们作为两个完全独立的活动来对待。在这样的管理过程中,高层管理人员进行战略思考,制定战略计划,中层管理人员负责把计划转变成行动,监视和控制所负责的单位的生产经营活动,使活动按照预先设计的轨道进行。虽然这种管理方式并没有完全反映现实情况,但是却适应了企业层级结构的运作方式,以至于变成了许多人的思维定式。在外界环境变化缓慢、竞争不激烈的情况下,这一管理方式也许能够满足企业经营的需要,但却不能满足企业的现实要求。

现在,企业经营环境已经发生了很大的变化,竞争是全球化的,顾客的要求也越来越苛刻,技术更是以史无前例的速度在更新。在这样的环境下,原来以增长和控制为重点的管理已经受到了挑战,如何实现创新,如何对顾客需求的变化及时作出反应成为管理的重点,对中层管理人员的要求也超出了原来的单纯执行已定的计划,而是扩展到为企业开发出具有竞争力的战略,更好、更快地满足顾客的需要,做出应有的贡献。

S. W. Floyd 和 B. Wooldridge 认为中层管理人员有四种不同战略角色,即提出战略备选方案、综合信息、促进适应和实施预谋的战略。实施预谋的战略是中层管理人员的一个基本职能,其他的职能并没有受到战略决策者的普遍重视。

首先,由于中层管理人员对自己所负责的部门比高层管理人员有更深入的认识,对具体经营环节有更多的了解,有机会听到其他部门和下属单位对正式战略提出的不同意见和建议,有助于形成新的战略构思。其次,中层管理的位置也为中层管理人员理解来自组织内外的多种信息提供了一个特别的视角,不断向高层管理人员提供信息,为高层管理人员进行战略决策提供依据。最后,中层经理具有一定的权力,可以在其职权范围内创造出一种适宜变革的环境,使得不同于正式战略的新想法得到讨论,并得到实施。

中层管理人员要想更好地在战略形成过程中发挥作用,必须从企业全局的高度看待和处理所负责的具体问题,并将具体问题的解决提高到战略高度,为企业战略的形成做出贡献。同时,中层管理人员也只有懂得了战略语言,才能与关心企业整体发展的企业高层管理人员进行交流,才能更有效地在战略的形成中对战略决策者施加影响。

5. 具有创新精神的一线人员

为了发现一个更卓越的价值创造方式,必须对产品开发、生产、分销等过程和对利害相关者的需要有充分的了解。对这些具体问题最先有深刻了解的人往往是具体的新产品开发人员、推销员、生产线上的工人。但是由于这些人对企业经营需要改进、需要变革的领域和方向的认识大多局限于自己天天打交道的一个较小的领域或环节,所以往往不被战略决策者所看重,并被认为缺乏战略观念。而恰恰是不被战略决策者看好的对现实的不满和改进的设想,却往往隐藏着许多有利于战略创新的问题。如果战略决策者能够站在战略的高度,对这些小的设想进行战略性思考,就会发现有利于战略创新的许多新想法。

实际上,不仅征求具体战略实施者的建议有助于开发新的战略,而且许多新的战略本身就是那些经常参与具体行动的人在实践中开发出来的。

第四节　组织发展的战略实施

一、战略实施的关键环节

运筹帷幄,决胜千里,生动地刻画了战略对最终战事结局举足轻重的作用。在竞争日趋激烈的今天,全球化和信息化的浪潮风起云涌,企业稍有不慎,便有可能遭受致命打击,战略管理已经成为企业在瞬息万变的市场竞争中立于不败之地的法宝。因此加强对战略管理的研究对指导国有企业的实践具有重要的现实意义。

战略管理可以简单划分为分析、规划和实施三个阶段,长期以来,不少学者就如何对战略进行规划论述较多,而对战略实施的研究却相对欠缺。战略实施是将战略构想转化成战略行动的过程。如果制定的战略不能实施,那么战略制定对企业来说就没有什么价值。美国管理学者波奈玛就战略实施的重要性曾说到:"一个合适的战略如果没有有效的实施,会导致整个战略的失败。但是有效的战略实施不仅可以保证一个合适的战略成功,而且还可以挽救一个不合适的战略或者减少它对企业造成的损害。"而我国企业在制定企业战略时,往往会制定一种关于未来发展的远景,却没有具体的实施方案。

战略实施是一项系统工程,做好从战略发动、战略计划、战略匹配到战略调整等多个环节的工作是保证战略实施的关键。而我国大多企业在以下的一个或多个方面工作不到位,影响了战略实施的效果。因此建议实施企业战略时要做好以下四个方面的工作。

1. 战略实施前的发动工作,提高员工对战略的认同度

一项新战略的出台和实施,做好宣传和发动工作是必不可少的,而这正是不少企业所忽视的。只有让广大员工了解企业战略意图,并认同企业战略目标的前提下,才能调动他们的积极性和主动性,激发出他们的参与热情。因此通过耐心细致的动员,把大家思想和认识统一到企业的价值观和战略目标上显得尤其重要。这需要向员工讲清楚内外部环境给企业带来的机遇和挑战以及实施新战略对员工自身的影响和长远利益关系,依靠战略勾画出的生动而富于创造性的远景来鼓舞员工士气，使企业战略得到员工的充分拥护和支持，从而奠定战略实施和推进的基础。

2. 战略实施前要制定具体和可操作的实施计划

企业战略制定出来以后，往往出于尽早看到战略实施效果的迫切愿望而匆匆上马，甚至认为制定实施计划是在浪费时间或延误战机，那就大错特错了。其实"磨刀不误砍柴工"，"凡事预则立，不预则废"。战略计划可以避免实施过程中出现混乱局面，做到有备无患。实施计划主要包括以下内容：一是将企业总目标、总任务作时间上的分解，明确进度规划和分阶段目标，并分析论证既定时间框架下的可行性；二是作空间分解，制定各事业部和职能部门相应的分战略，在分战略和分任务明确之后，进一步制定相应的措施和策略；三是明确企业不同时期、不同部门的战略重点，哪些指标需要确保，哪些指标可以相对灵活，当指标之间相互冲突时的取舍即战略目标优先权的问题，以便有重点地全面推进企业战略，保证战略目标实现。

3. 战略实施的影响因素要同战略匹配

战略管理的实质是使企业的内部条件与外部环境所提供的机会和威胁相配合，战略作为使企业内部条件与外部环境相连接的中间环节，决定了匹配是战略管理的关键问题。以下从四个方面对战略实施中的匹配问题给以具体说明。

（1）领导风格与战略实施的匹配是战略实施中企业内部要素配合的一个主要方面。由于不同的战略对战略实施者的知识、价值观、技能及个人品质等方面有不同的要求，因此战略要发挥出最大的功效，需要战略与领导者特点的匹配，例如当企业采取增长战略时，需要具有拓荒精神的经理人员；采取巩固地位的战略时，需要一个管家型的经理人员等。一般要从对企业或管理的熟悉程度、产业经验、管理职能的背景情况、冒险性、自主性或被动性、人际关系的能力等六个方面来考察CEO（总裁、总经理）的特征，从而判断领导与战略要求的匹配性。就这一点来讲，我国特殊的国情决定了目前企业很难根据战略选择合适的经理人，这就直接影响到战略和领导之间的匹配性，进而影响战略实施效果。

（2）组织结构与战略实施的匹配 "组织"是战略执行中最重要的、最关键的要素。完善而有效的"组织"不仅为"资源"或"要素"的运行提供最为适当的空间,而且可以部分地补足或缓解资源、要素等方面的缺陷。只有战略与组织结构达到最佳配合时,才能有效实现战略目标,但由于战略的前导性和组织结构的滞后性使组织结构的变革往往跟不上战略实施的需要,组织工作的首要任务就是在经营战略的基础上选择适宜的组织结构。当前企业面临更为动态的市场环境,经营战略的调整和变革均比以前大为加快,致使企业组织工作也处在动态之中。我国企业通常是制定了新的战略和目标,而组织结构依然如旧,"脱胎不换骨",战略实施的结果也就可想而知。

（3）企业文化与战略实施的匹配。加强企业文化建设,保证企业文化同企业宗旨、理念、目标的统一,是企业战略实施成功的一个重要环节。通过企业文化的导向、激励和凝聚作用把员工统一到企业的战略目标上是战略实施的保证。因此企业文化应适应并服务于新制定的战略。但由于企业文化的刚度较大,且具有一定的持续性,当新战略要求企业文化与之相配合时,企业原有文化的变革会非常慢,旧的企业文化常常会对新的战略实施构成阻力,而我国企业在战略实施过程中,常常忽视企业文化建设,从而也影响到了战略实施的效果。

（4）资源分配与战略实施的匹配。企业战略目标的实现需要资源的配合,资源不仅包括物力资源和财力资源,更重要的是人力资源。企业的各事业部和职能部门对资源的要求跟其承担的任务密切相关,因此资源分配,特别是人力资源如何有效合理配置,以满足战略实施的需要应该引起足够的重视。由于资源分配受到诸多因素的制约,又很难具体的量化,再加上我国企业在资源的科学分配上缺少成熟的行之有效的方法,常常出现企业经营战略与实际资源分配严重脱节的现象,具体执行部门由于缺少必要的资源,不能保证战略的贯彻执行。

4. 注重战略实施过程中的调整和变革管理

战略是在不断变化的内外部环境下实施的,环境变化的某些不可预测性会使企业的战略意图和战略行动之间产生不一致。因此战略实施过程中要求战略随环境的变化做出相应的调整和变革,即战略的动态管理。

我国企业战略的调整和变革管理存在的突出问题是企业常常缺乏对外部环境变化的分析和判断。我们知道,外部环境变化是战略调整最主要的原因,因为外部环境突变的可能性不大,多是小的变化累积而成的,企业多对外部微小渐进的变化敏感性不足,尽管企业经营者有时也有所察觉,但不易引起足够的重视,于是危机就潜伏下来了。彼得·圣吉在《第五项修炼:学习型组织的艺术与实务》一书中举过一个生动的例子：如果把一只青蛙放在50摄氏度的水中，它会立即跳出来；但是，如果把它放在15摄氏度的水中，它可能会待着不动，我们慢慢地把水温升高到20摄氏度左右，它可能会变得怡然自得了，我们一直不断地升温，最终会发现，青蛙待在水中一直到被煮熟为止。为什么会这样呢？因为青蛙的感觉器官只能感觉出环境中的激烈变化，而对缓慢渐进的变化反应迟钝。企业系统同样如此，它对缓慢渐进的变化难以感觉，即使发觉也不以为然。但"温水煮青蛙"的例子清楚地告诉我们，企业忽视外界环境的渐进变化将是灾难性的。

二、战略实施的基本原则

企业在经营战略的实施过程中，常常会遇到许多在制定战略时未估计到或者不可能完全估计到的问题，在战略实施中有三个基本原则，可以作为企业实施经营战略的基本依据。

1. 适度合理性原则

由于经营目标和企业经营战略的制定过程中，受到信息、决策时限以及认识能力等因素的限制，对未来的预测不可能很准确，所制定的企业经营战略也不是最优的，而且在战略实施的过程中由于企业外部环境及内部条件的变化较大，情况比较复杂，因此只要在主要的战略目标上基本达到了战略预定的目标，就应当认为这一战略的制定及实施是成功的。在客观现实中不可能完全按照原先制定的战略计划行事，因此战略的实施过程不是一个简单机械的执行过程，而是需要执行人员不断创新，因为新战略本身就是对旧战略以及旧战略相关的文化、价值观念的否定，没有创新精神，新战略就得不到贯彻实施。因此，战略实施过程也可以是对战略的创造过程。在战略实施中，战略的某些内容或特征有可能改变，但只要不妨碍总体目标及战略的实现，就是合理的。

另外，企业的经营目标和战略总是要通过一定的组织职能分工实施的，也就是把庞大而复杂的总体战略分解为具体的、简单的、能予以管理和控制的问题，由企业内部各部门以至部门各基层组织分工去贯彻和实施。组织机构是适应企业经营战略的需要而建立的，但一个组织机构一旦建立就不可避免地要形成自己所关注的问题，即本位利益，这种本位利益在各组织之间以及和企业整体利益之间会发生一些矛盾和冲突,为此,企业的高层管理者要做的工作是对这些矛盾冲突进行协调一致、折中、妥协,以寻求各方面都能接受的解决办法,而不可能离开客观条件去寻求所谓绝对的合理性。只要不损害总体目标和战略的实现,还是可以容忍的,即在战略实施中要遵循适度的合理性原则。

2. 统一领导,统一指挥原则

对企业经营战略了解最深刻的应当是企业的高层领导人员,一般来讲,他们要比企业中下层管理人员以及一般员工掌握的信息要多,对企业战略的各个方面的要求以及相互联系的关系了解得更全面,对战略意图体会最深,因此战略的实施应当在高层领导人员的统一领导、统一指挥下进行,只有这样其资源的分配、组织机构的调整、企业文化的建设、信息的沟通及控制、激励制度的建立等各方面才能相互协调、平衡,才能使企业为实现战略目标而卓有成效的运行。

同时,要实现统一指挥的原则,要求企业的每个部门只能接受一个上级的命令,但在战略实施中所发生的问题,能在小范围、低层次解决问题,不要放到更大范围,更高层次去解决,这样做所付出代价最小,因为越是在高层次的环节上去解决问题,其涉及的面也就越大,交叉的关系也就越复杂,当然其代价也就越大。

统一指挥的原则看似简单,但在实际工作中,由于企业缺少自我控制和自我调节机制或这种机制不健全,因而在实际工作中经常违背着这一原则。

3. 权变原则

企业经营战略的制定是基于一定的环境条件的假设,在战略实施中,事情的发展与原先的假设有所偏离是不可避免的,战略实施过程本身就是解决问题的过程,但如果企业内外环境发生重大的变化,以至原定的战略的实现成为不可行,显然这时需要把原定的战略进行重大的调整,这就是战略实施的权变问题。其关键就是在于如何掌握环境变化的程度,如果当环境发生并不重要的变化时就修改了原定的战略,这样容易造成人心浮动,带来消极后果,缺少坚韧毅力,最终只会导致一事无成。但如果环境确实已经发生了很大的变化,仍然坚持实施既定的战略,将最终导致企业破产,因此关键在于如何衡量企业环境的变化。

权变的观念应当贯穿于战略实施的全过程,从战略的制定到战略的实施,权变的观念要求识别战略实施中的关键变量,并对它做出灵敏度分析,提出这些关键的变量的变化超过一定的范围时,原定的战略就应当调整,并准备相应的替代方案,即企业应该对可能发生的变化及对企业造成的后果,以及应变替代方案,都要有足够的了解和充分的准备,以使企业有充分的应变能力。当然,在实际工作中,对关键变量的识别和应变替代方案的起动运行都是很不容易的。

三、战略失效与战略控制

1. 战略失效

战略在实施的过程中,有时与人们的期望并不一致,当出现非理想状态时,我们就称之为战略失效。战略失效按时间来划分有早期失效、偶然失效和晚期失效三种类型,如图 2-1 所示:

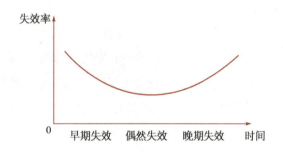

图 2-1　战略失效的"浴盆曲线"

当一项战略开始实施时,就可能遇到早期失效。实践表明,大量的战略实施早期失效率特别高,这是因为新战略还没有被员工理解和接受,或者实施者对新的环境、工作不适应。战略决策者对这种早期失效不可惊慌失措,更不可对新战略失去信心,暂时的挫折并不意味着战略的不合理。战略控制时必须考虑"延滞效应"。

早期失效后,就可能使工作步入正轨,从而使战略进入平稳发展阶段,在图 2-1 中,以"浴盆曲线"的盆底部分表示,所谓偶然失效是指在战略的平稳实施阶段所出现的一些意外情况。当处于偶然失效时,战略决策者决不可掉以轻心,而是应该及时、慎重的处理,维持战略的平稳推进,当战略推进一段时间以后,他们失效的概率又可能会提高。

随着时间的推移,外部环境的变化制约着战略的实施,而进入了"晚期失效"阶段。此时,战略决策者应该适应外部环境的变化,调整转移战略,积极创造条件推进战略。

战略失效的"浴盆曲线",揭示了战略在不同时间时效率高低的规律,分析了不同阶段战略失效的本质区别,为制定正确的战略实施控制策略提供了理论依据。

2. 战略失效的原因

企业战略管理中的一个基本矛盾是既定的战略同变化着的环境之间的矛盾。企业战略的实施结果并不一定与预定的战略目标相一致,产生这种偏差的原因很多,主要有三个方面的原因:

(1) 制定企业战略时的竞争环境发生了新的变化。

如果在外部环境中出现了新的机会或意想不到的情况,或者企业内部资源条件发生了意想不到的变化,而企业无法对变化了的竞争环境进行正确判断的话,就会导致战略失效。

许多企业错误地认识和判断竞争环境所发生的变化。尽管它们中有不少曾占据行业领先地位,呼风唤雨,但它们忽视或误解了竞争环境中变化的征兆,最后导致自身的竞争优势遭受严重侵蚀。要避免误判竞争环境,首先需要培育一种对环境变化敏感的企业文化。正如英特尔的葛洛夫所言,这是一个"只有偏执狂才能生存"的年代。在分析竞争环境时,必须正确定义自己的竞争空间,不能只局限于现有竞争者,必须将潜在和新生的竞争者纳入视野。另外,有必要构建一个行之有效的竞争信息系统,保证相关信息在组织内部的畅通,使其能为各类战略的正确制定提供可靠有效的信息平台。

(2) 企业战略本身有重大的缺陷或者比较笼统,在实施过程中难以贯彻。

一个最为常见的例子就是,有些企业将自己的战略建立在一系列错误的前提条件之上,或者没有随着环境条件的变化而更新战略决策的前提假设。企业要摆脱这种困境,必须时时对自己习以为常的一些假设、前提和理念缜密验证。一些被认作是理所当然的前提条件往往不经推敲便被采用,由此而来的企业经营策略潜藏着极大的风险。另外所有的前提假设应该有很强的一致性,在总体战略框架内彼此能相互印证。同时可以按照对于企业经营战略的重要性的差异,将不同的前提假设分门别类加以区分对待。最后不要忘记对于各种前提假设,随着时间的推移和环境的演变,一定要重新界定以确保它们的有效性。

（3）在战略实施的过程中，受企业内部某些主客观因素变化的影响，偏离了战略计划的预期目标。如某些企业领导采取了错误的措施，致使战略实施结果与战略计划目标产生偏差等。

在企业战略的实施过程中，强有力的领导对最终的成功起着至关重要的作用。但我们经常可以发现不少企业的高级主管要么刚愎自用，要么优柔寡断，对一些基本原则置若罔闻，无法提供在企业实现战略规划时亟须的强有力的领导才干。如此企业往往陷于束手无策的尴尬境地，企业的战略规划也往往成为可望而不可即的空中楼阁。要成功地领导企业达成战略目标，企业主管必须在组织中创造变革的紧迫感，并迅捷果断地采取行动；必须塑造和传达企业的远景规划，以及达成远景规划的具体行动计划；同时要设定企业的奋斗目标，广泛授权给一线员工，使他们为实现企业战略目标奋力争先；另外，必须不断总结战略实施过程中的得失，使已经发生的有益变化制度化。只有这样，才能使企业上下同心同德，朝着既定的战略方向稳步迈进。

对以上企业活动与预定的战略目标偏离的情况如果不及时采取措施加以纠正的话，企业的战略目标就无法顺利实现，要使企业战略能够不断顺应变化着的内外环境，除了使战略决策具有应变性外，还必须加强对战略实施的控制。

3. 战略控制

战略控制主要是指在企业经营战略的实施过程中，检查企业为达到目标所进行的各项活动的进展情况，评价实施企业战略后的企业绩效，把它与既定的战略目标与绩效标准相比较，发现战略差距，分析产生偏差的原因，纠正偏差，使企业战略的实施能更好地与企业当前所处的内外环境、企业目标协调一致，从而保证企业战略实施的有效性。

一般说来，着眼于战略控制与战略实施的时间先后，我们可以把企业的战略控制分为如下三类：

（1）事前控制。在战略实施之前，要设计好正确有效的战略计划，该计划要得到企业高层领导人的批准后才能执行，其中有关重大的经营活动必须通过企业的领导人的批准同意才能开始实施，所批准的内容往往也就成为考核经营活动绩效的控制标准，这种控制多用于重大问题的控制，如任命重要的人员、重大合同的签订、购置重大设备等。

由于事前控制是在战略行动成果尚未实现之前,通过预测发现战略行动的结果可能会偏离既定的标准。因此,管理者必须对预测因素进行分析与研究。一般有三种类型的预测因素:

- 投入因素。即战略实施投入因素的种类、数量和质量,将影响产出的结果。
- 早期成果因素。即依据早期的成果,可预见未来的结果。
- 外部环境和内部条件的变化,对战略实施的控制因素。

(2)事后控制。这种控制方式发生在企业的经营活动之后,才把战略活动的结果与控制标准相比较,这种控制方式工作的重点是要明确战略控制的程序和标准,把日常的控制工作交由职能部门人员去做,即在战略计划部分实施之后,将实施结果与原计划标准相比较,由企业职能部门及各事业部定期地将战略实施结果向高层领导汇报,由领导者决定是否有必要采取纠正措施。事后控制的具体操作方法主要有联系行为和目标导向等形式。

- 联系行为。即对员工的战略行为的评价与控制直接同他们的工作行为联系挂钩。他们比较容易接受,并能明确战略行动的努力方向,使个人的行动导向和企业经营战略导向接轨;同时,通过行动评价的反馈信息修正战略实施行动,使之更加符合战略的要求;通过行动评价,实行合理的分配,从而强化员工的战略意识。
- 目标导向。即让员工参与战略行动目标的制定和工作业绩的评价,既可以看到个人行为对实现战略目标的作用和意义,又可以从工作业绩的评价中看到成绩与不足,从中得到肯定和鼓励,为战略推进增添动力。

(3)随时控制,即过程控制。企业高层领导者要控制企业战略实施中的关键性过程或全过程,随时采取控制措施,纠正实施中产生的偏差,引导企业沿着战略的方向进行经营。这种控制方式主要是对关键性的战略措施进行随时控制。

本 章 小 结

战略理论的发展始终与企业实践密切相关,自20世纪90年代以来,企业战略理论的发展在经过短暂的调整阶段后,开始主动适应外部环境的剧烈变化,在研究范式和重点上出现调整和转移,出现了一种综合以往各个流派观点,同时用统一的理论基础来解释、分析战略问题的研究趋势,为我们重新思考组织发展的战略理论提供了新的思路。

资源、竞争和顾客三者就构成了组织发展战略的思维出发点。纵观各种战略理论,无不是从这三者出发来考虑企业的战略制定,因此就形成了三种截然不同的战略思维,即以资源为本的战略思维、以竞争为本的战略思维和以顾客为本的战略思维。

对组织发展战略的管理是一种循环复始、不断发展的系统过程,而战略分析正是这一系统过程的根本出发点。一个组织的战略规划与实施的顺利与否,从根本上讲来自于该组织高层领导人在不确定的内外部环境中所作出的正确分析与判断,而科学的分析方法无疑在战略管理者的决策中发挥着重要的作用。

本章从四个角度界定了战略规划,要系统理解战略规划的含义,每一个方面都是必不可少的:

- 战略规划意味着当前决策的未来性。
- 战略规划是一个过程。
- 战略规划并非是规定好的一套程序、步骤、结构和方法,它更是一种态度,一种思考方式。
- 一个正式战略规划体系是战略规划,中期规划,短期预算和经营规划的有机统一。

在进行战略规划时,企业需综合运用以资源为本、以竞争为本和以顾客为本这三种战略思维方式,优化配置各种资源,向顾客提供更多的价值,更好地满足顾客需求以实现价值的创造。

思考与讨论

1. 简述战略管理理论的历史沿革及其新发展。
2. 什么是组织发展战略?就组织发展的三种战略思维方式进行讨论和分析,指出你所倾向的观点,并简要说明理由。
3. 为什么要进行战略分析,它的重要作用是什么?战略分析所要考虑的因素有哪些?
4. 试从不同的角度界定战略规划,指出战略规划的重要意义,并就如何建立一个有效的战略规划系统进行讨论。
5. 有效的战略实施需要考虑哪些因素,战略实施的基本原则有哪些?
6. 战略失效的原因有哪些,如何对战略实施进行有效控制?

模块一案例

案例一 战略制胜:通用的远交近攻,重振雄风

企业战略是决定企业生死攸关的大事,对于像通用公司这样的全球性大企业,就更能凸显它的重要。20世纪80年代,面对日本汽车公司的激烈竞争和带有冲击性的影响,通用汽车公司不是坐等灭亡或者是完全指望政府的支持,而是首先采取远交近攻的战略,同日本公司展开针锋相对的竞争。尽管此战略使通用汽车公司不得不放下架子去同日本丰田公司合作,但此一战略举措却对通用汽车的发展产生了深远影响,随后的成功说明了通用汽车公司战略方向的正确性,而且也证明了时任通用汽车总裁——罗杰·史密斯的选择是明智之举。

在通用汽车公司与日本汽车公司争夺美国市场的过程中,史密斯清楚地认识到,日本汽车的优势主要在于价廉,日本的劳动力成本远远低于美国,而据目前国情考虑,通用根本无法在短期内降低劳动力成本。因此,一方面制定"远交"的战略,即直接从日本人手中购买汽车,同时又与丰田公司搞联营,既获得丰田汽车生产技术,又能得到廉价汽车;另一方面史密斯又制定了"近攻"的战略,紧锣密鼓地进行汽车新技术研究开发,以尽快取得日本人无法与之相比的技术优势,为此通用购买了休斯公司,在田纳西州置地,建设规模庞大的汽车生产基地,决心制造出能与日本汽车一决高低的汽车。正是本着这一正确的战略决策,在短短三年内通用公司就走出了亏损的低谷,并取得了50亿美元的盈利。

一、通用汽车公司的尴尬

通用汽车公司位处美国汽车王国的底特律市,是世界最大的汽车制造商。但随着美日汽车制造商之间竞争的加剧,1980年通用汽车公司发生了自20世纪60年代以来的首次年度亏损,亏损额高达76亿美元。对通用公司来说,这是一次地震,而震源却是来自日本。战后日本励精图治,不断发展其汽车制造技术,随着日本汽车制造商实力的不断扩张,五十铃、马

自达、三菱、本田、丰田等汽车纷纷开赴美国战场，与美国汽车就市场份额展开激烈的厮杀，而在这其中，最大、最具威力的日本战车当属丰田汽车公司。到1980年，世界汽车价格高涨，节能、价廉、质优的日本小汽车便大行其道，以大型车为经济支柱的通用公司销售量锐减，连一度最畅销的后轮驱动小型车——切夫也为日产的前轮驱动超小车所替代。广为人知的X型车也遇到大量退货，通用公司终于发生地震。

面对来势汹汹的日本人，通用公司并不是束手无策，被动挨打，事实上早在20世纪70年代中期，它就着手实施了一项耗资达50亿美元的V型车计划，以期能与本田最热门的ACCORD以及同类进口车一较高低。1981年6月，这项计划结出了果子，通用推出了V型车，大出意料的是市场反应冷淡，大量V型车积压，通用公司背负了沉重的债务，五年的努力付之东流。

而与此同时，通用还在日夜不停设计着一种新型车——S型车，也是用于对付日本人，预计1984年投产，可是V型车的前车之鉴，S型车也面临"卿命薄之虞"，是舍是要，通用骑虎难下。从此，通用不得不仰仗其身后这位世界上最威武有力的巨人——美国联邦政府在对日汽车贸易中做手脚维持日子。

二、危难中受命的罗杰·史密斯

罗杰·史密斯生于1925年，1949年他在密歇根大学获得工商管理硕士学位之后，在通用公司当了一名会计，由于勤奋、细心，他获得了好名声。1970年被升为财务出纳局长，一年后成为主管公司财务的副总裁，再过一年他首次出任正职。由于工作成绩卓著，并显示出领导全局的能力，1981年1月，通用公司在遭遇20余年来的第一次严重危难时，把他推上了最高领导的位置，成为通用公司的第10任总裁。

罗杰·史密斯受命于危难之时，首先面对的是严重的财政赤字，随后V型车投产失败，公司雪上加霜，流动资产负债剧增至原来的四倍，流动资金不足原来的五分之一。而此时的S型车也前途暗淡，公司的暗淡和未来发展都叫人一筹莫展。这些都是史密斯的拦路虎，但他更明白，他的真正敌人是日本的汽车制造商，其中对通用最有威胁的是日本最大汽车制造公司——丰田公司。

史密斯很清楚地认识到,美国汽车之所以败给日本汽车主要在成本价上,美国汽车生产厂家的劳动力成本比日本每小时高出8美元,平均每一辆小型车,日本汽车厂家比美国汽车厂家节省500美元。自从V型汽车失败后,史密斯赶快给S型车把脉,得出结论:日本汽车厂可以用比通用少2 000美元的成本生产出一辆类似S型车,如再坚持下去又将是竹篮打水一场空,他果断进行战略调整,S型车计划下马。

由于美国汽车工人联合会的力量过于强大,降低工资水平根本行不通,眼前通用汽车公司要在成本上取得与日本汽车公司同等的竞争力是不可能的,史密斯明白,这是一个长远目标。面对这个一朝一夕不能解决的难题,通用的路在何方?因此,史密斯做出一个长远的打算,他悄悄雇佣了六人的"公司智囊团"制定一个"战略计划",战略目标很清楚:最终打败日本人。由此一个远交近攻的战略应运而生。

三、"远交"明举

史密斯上任前,通用公司的前任总裁们都习惯地把日本汽车商看做敌人而与之斗争,但这回史密斯要改变这个"习惯"。

1981年5月,即史密斯上任几个月后,日本汽车厂家不得不接受华盛顿和东京之间的一个协定,至少在1984年以前,日本压缩对美国汽车的出口。这是美国面对日本汽车产量首次超过美国和日本汽车大举占领美国市场恐慌的结果。

史密斯明白,他只有三年或最多四年的时间来实施新的战略,错过这个时间,日本汽车将恢复对美国市场的大举进攻,通用就再没有机会迎头赶上了。因此他一改前任的做法,停止生产本公司的汽车,转过来与日本汽车商"结交",一方面进行裁员,另一方面购买日本厂家铃木5%的股份,而作为交换,铃木公司将在出口限制解除后,每年卖给通用公司8万辆超小型车。通用将把这些车重新以"斯普林"命名,并通过"雪佛莱"销售系统销售出去,与此同时,日本汽车生产厂家五十铃,也同意每年向通用公司提供20万辆汽车。此后,通用公司又与一家成本低的出口商——韩国的DAEWOO汽车公司达成了类似的协议。

尽管有这些合同和协议，但仍满足不了通用公司的经销系统的需求量，公司每年共需要 100 万辆小型车和超小型车。由于有了进口的限制，通用不可能从日本人手里获得更多的汽车，于是他想到了联营，既满足了销售系统的需要，又填补了公司小汽车生产线的空白。

一个最合适的对象出来了，它就是日本最大的汽车制造企业丰田公司。丰田因为美国限制日本汽车进口，因此打算在美国本土制造汽车，也有联营的想法。1981 年圣诞前夕，丰田派人访问罗杰·史密斯，提及以后两个公司间合作的可能性。反反复复经过多次谈判后，直到 1982 年联营最终有了眉目。1983 年初，通用与丰田宣布两家公司正式联营，定名 NVMI——新联合汽车制造厂。1985 年 2 月，新联合的汽车制造厂的产品雪佛莱·诺瓦斯如期投产了，每辆车的实际成本要比通用自己生产的国内车便宜很多。通过"远交"战略，通用汽车重新获得了成本优势，更重要的是，获得了形成这种优势的核心能力。

四、"近攻"暗施

虽然史密斯不断向日本汽车公司"献媚"，但是同时又不断采取积极举措，其最终目的是为了击溃日本人。通用认识到，自己的不利之处就在于生产技术上比不上日本汽车，至于劳动力成本，完全可以通过高科技和新技术运用来弥补，因此要改变目前这种不利局面，通用就必须加紧开发新技术，使得通用取得一种没有任何日本厂家可以匹敌的技术上的优势。

1985 年 7 月，通用公司宣布选定了位于田纳西州纳什谷以南 30 英里处面积为 2 000 英亩的农场作厂址，与此同时，公司开始对于 20 世纪 80 年代末设计的一种代号通用 -10 型的中型汽车，拨款 70 亿美元，是有史以来开发代价最高的单项汽车生产项目。这一产品由于技术领先和市场定位准确，在市场上可谓是一枝独秀，具有很强的市场竞争能力。

尽管日本汽车在美国市场上节节胜利，但通用公司在美国还是保证了超群的市场份额。通用公司不满足在市场上对日本人进行防守，一方面同日方进行联营，借对方之长；另一方面展开攻势，锐意进取开发新技术，这一战略决策决定了它能够长期保持这一优势地位。正如人们所评价的那样，罗杰·史密斯和他的"远交近攻"战略，的确是"重新设计了整个通用公司"。

案例二 组织变革确保战略调整

再有几个月,北京新奥广厦房地产公司就可以看到自己的西三旗"知本·家"楼盘封顶。如同三年前新奥燃气第一次走出家门一样,这个在北京并不起眼的项目对它来说意义非凡:新奥地产已经不再是集团的"配角",而是新的支柱业务之一。

新奥广厦的一位员工颇有感慨:如果不是集团更换了"方向标",新奥地产可能仍在廊坊周边徘徊。

1. 四易方向:战略调整突破经验之"壳"

资产骤增近20亿,"气化"城市近30座,运行三年的"利用能源、创造满意"发展战略无疑曾为新奥集团驶入快车道立下汗马功劳。

然而快车道上复杂多变的"路况"却引发了新奥集团董事局主席王玉锁的反思:"能源利用"如此宽泛,给新奥定位合适吗?"创造满意"是一个服务概念,用它来诠释能源准确吗?奉行了三年的发展战略能否成就新奥的百年梦想?

历经近一年的"自我检讨",王玉锁在去年年底决意再次更换"方向标":把行业定位由"能源利用"调整为"公用事业",把奋斗目标由"国际知名的能源利用企业"调整为"世界一流的综合性公用事业企业",把"以燃气开发运营为龙头、以新能源利用为后盾、涵盖房地产、市政工程、旅游饭店"的产业结构调整为目前已粗具雏形的"燃气、燃机、置业三大板块'品'字互动"产业群落。

他把这次战略调整看作是公司竞争优势的自然选择。新奥认为,新奥的第一优势就是领先于同行业的服务;其次是多年积累的资源,它包括企业内部的人力、财务、技术、文化、品牌等资源和外部的政府资源、社会资源;再者就是现有管理团队大都对经营城市、特别对服务、物业非常有感觉。这些优势和城市公用事业领域有密切关系,而跟能源本身关系并不太大。

这已经是新奥第四次更换"方向标",而且历次调整都在"顺风顺水"

之时。1993年，新奥业务领域由出租车运营转向城市管道天然气运营；1996年，实施"工业为主，商业为辅，物业为补"的"鲲鹏计划"；1999年，割舍关联度较低的项目，目标圈定能源利用领域，并在燃气运营业务上走出了总部廊坊，快速向外埠扩张。与以往不同的是，这次更换"方向标"不再是仅凭新奥掌门人的个人感觉确定，而是经过多方反复权衡、充分论证的产物。对于王玉锁来说，此番战略变革是新奥又一次"破壳"：当企业良性运行到一定阶段，原有的经验模式极易演变为一种阻碍企业创新发展的"壳"。

2. "品"字互动：信息平台促资源共享

"在未来10年内，我们还是要把主要精力放在燃气产业上。"王玉锁说，所谓"品"字型互动发展格局，就是优先发展燃气主业，兼顾燃气机械和置业产业发展的资源需要。他分析，燃气发展能够有效带动其他产业的发展。新奥燃气扩张模式的成功离不开地方政府的支持和地方客户的信赖，这两大资源可以为置业产业获得土地使用权、开发市场打下良好基础。与此同时，燃气扩张又带动燃气机械的大发展，提高其市场份额，新奥燃气成就大业之后，新奥燃机在行业领域内的地位也可相应确立，同时燃气产业也可进一步降低成本。

"新奥发展战略的实施需要由各产业板块的战略来促成。"据新奥集团策略委员会副主席柳纪申介绍，在未来三年到五年内，燃气产业将继续实施快速扩张战略，力争成为国内客户保有量最多的城市燃气专业运营商，打造出具有国际影响力的中国燃气公用事业第一品牌；置业产业由原来的滚动发展战略调整为积极的地产跟进战略，瞄准政府推动城镇化建设的机遇，力求成为国内有影响力的公用事业配套房地产开发商；燃机产业战略是为燃气配套，做中国燃气机械第一供应商，并且通过OEM的合作方式成为一个世界燃机制造中心。

"资源共享首先是资源共知，所以我们把今年确定为集团信息年，努力搭建一个畅通的信息平台，鼓励各板块之间、各公司之间相互了解，通过资源共享达到资源整合。"王玉锁坦称，目前置业和燃机虽已升为新奥支柱产业，但和燃气相比仍处弱势地位，"品"字型产业结构也尚未真正形成

"互动"。"我们现在是'品'字型,将来要做'一'字型。"他乐观地预测,"比如说等到新奥置业和燃机业务也上市了,销售都能超过20亿,经营优势也凸现出来,这时主业就不用再优先发展,能够真正实现'板块互动、资源共享'了,这方面的潜力将不可限量。"

最令新奥畅想的还是其庞大的客户资源和领先的服务品牌优势。据悉,目前新奥燃气覆盖人口数已超过900万,Call-center系统已经运行一年有余,在管理上已经初步完成了从燃气到其他公用事业的转型准备。"我们可以通过呼叫中心这个平台不断为客户创造价值,逐步建立客户的忠诚度,探索公用事业服务新模式。"王玉锁表示,构建包括物流配送、金融保险服务、物业管理、家政服务、信息咨询、旅行代理在内的综合性连锁服务网络将是新奥的努力方向,此外新奥还可以凭借自身企业形象和服务优势,选择适当的合作对象,适时介入其他公用事业领域。

3. 三权分立制衡:组织变革把握"方向标"

为确保有效实施新的发展战略,新奥将变革之剑刺向组织机构,一个由策略委员会、执行委员会、督察委员会三权分立、相互制衡的治理结构应运而生。

其实新奥的治理结构一直都在不断变换。但王玉锁似乎并不满意,"这么多年来战略一直不太明晰,加上资源有限,导致组织结构调整只是一个修修补补的产物,没有一套比较完整的方案。"他一一列举了种种桎梏:高度集权,管理层级多,造成决策效率不高;滋生官僚主义,出现推诿扯皮现象;三大产业各具特点,虽有内在关联,但也相对多元,单一的运作模式极易导致决策失误,或者出现管理真空,最终影响企业的持续健康发展。

对于变革后的"动力机组"王玉锁也不无担忧。三权分立都脱胎于原来的执行班子,这个背景容易产生两种情况:要么分与不分一个样;要么手里有了权力就出现矛盾,阻碍公司的发展。

于是他在发动这场组织变革时把握四个原则:有利于三权分立与制衡、有利于提高决策效率、有利于实施专业化管理、有利于培养人才。同时他又在执委会之下设立了经营管理、文化行政、财务金融、人力资本四个中心,担负起研究、指导、规范的职能,除了财务、审计、信息、督察和文化可直接延伸到新奥各专业系统最基层外,这四大中心的其他管理跨度不能超过三级。

"这样做有两个好处,一是如果放权管不好,还可以重新收回来。第二就是根据主要经营者的成熟度和行业的成熟度来分期分批地放权,一步到位可能会导致消化不良。"王玉锁对新组织结构运作中有可能出现的各种情况做了充分准备。"现在我们万事俱备,只是人的问题。不会像原来那样,人不行就换机制,现在机制不会再变,干不好就换人。当然还是以培养为主,只要从观念上及时转变,我相信他们都会有一个好的结果。"他表示到年底磨合期结束后,新奥会有更大范围的放权。

案例三　武钢的战略与结构

1. 战略:从专业化到多元化

1992年,武汉钢铁(集团)公司从总体战略角度看是一个专业化企业:非钢铁生产收入仅占企业全部收入的4.7%。但从企业生产组织角度来看,武钢却是一个非专业化生产企业。当时,武钢有职工12.3万人,其中:直接从事钢铁生产(除矿山外)职工仅为2.79万人,占总数的22.7%;非钢铁生产职工从事的工作主要有:(1)社区服务范围内的工作;(2)企业内部的生产生活服务工作。例如,武钢的机械制造系统有职工1万人,固定资产2亿元,其铸造和热处理能力位居中南地区第一名。但由于仅为武钢自身提供产品,设备利用率很低,机修总厂平均轮班系数仅为1.2,远远低于标准轮班水平。

1992年,武钢开始了"精干主体、分离辅助"的企业改革实践。其主要做法是:(1)对钢铁生产主体厂及能源、交通运输单位推行了"集中一贯"管理;(2)对生产生活服务单位进行剥离与重组;(3)对内部的事业性单位实行经费包干,在完成内部规定的工作外,可以对外经营。

这项改革实质上是武钢的公司战略开始从专业化转向多元化。这种战略转变又可分为两个阶段:(1)1992—1998年上半年,武钢的多元化战略是自发形成的,"分离辅助"的目的是"精干主体",提高钢铁生产率,发展武钢的钢铁产业;(2)自1997年下半年开始,武钢的多元化战略进入"自觉"阶段,其目的是通过非钢产业的发展来增强集团公司的整体竞争能力。

武钢多元化经营的"自发"阶段是很有成效的,陆续将16个非钢铁生产的辅助单位从钢铁生产主体中分离出来,按市场经济的原则和行业经营的内在要求,进行生产要素重组,通过实行承包经营或资产经营责任制形式,推动了公司从单一产业向多元产业的转变。1997年,武钢实现销售收入160.78亿元,钢产量达到608.79万吨,在全世界大型钢铁企业中排名第29位,创历史最高水平。武钢非铁产业从业人员6万多人,固定资产重估价值为50亿元,全年实现销售收入40.30亿元(含外销13.66亿元),占公司销售收入总额的25.07%。

武钢多元化经营的"自觉"阶段刚起步一年多,其成效如何还有待进一步观察。值得提及的是,武钢根据战略的转变,同时进行了组织结构的变革,这是多元化经营成功的众多关键因素之一。

2. 结构:从工厂制到母子公司体制

"组织结构服从企业战略"——这是美国著名学者钱德勒在其成名作《战略与结构》(1962)一书中,向人们揭示的企业成长的一个基本且至关重要的原则。其含义是:某项企业战略的实施必须有与其相适应的组织结构来支持,企业战略的转变必须会引起其组织结构的变革,新的企业战略在原有的组织结构框架中难以取得预期的效果。作为企业成长的一项基本原则,钱德勒关于美国企业的研究结论同样适用中国企业。

武钢在执行了五年多的"自发"多元化战略之后,于1998年下半年开始进入到"自觉"多元化战略实施阶段,同时相应地将原有的组织结构——工厂制逐步向适应多元化战略的母子公司体制转变,就是一个典型的例证。

1998年6月21日,武钢召开了《子公司改制动员大会》。武钢(集团)公司CEO(总裁、总经理)在大会讲话中指出:"近几年来,我们进行了'主辅分离',实行资产经营责任制等多项改革,这些改革取得了可喜的成效。但是分离单位没有成为自主经营、自负盈亏、自我约束、自我发展的法人实体和市场竞争主体,集团公司与分离单位的责、权、利划分不够规范,影响了分离单位的发展";"钢铁产业竞争激烈,而非钢产业却有着广阔的市场和发展潜力,武钢也具有发展非钢产业的资源优势、装备优势和人才优势";"必须通过改制,将分离单位发展成为'四有'的法人实体,给子公司创造更为广阔的空间,发挥子公司的积极性和创造性,进一步挖掘存量资产潜力,同时,为下一步吸引新的投资创造条件,加快子公司发展,使其在竞争中发展壮大,从而增强集团的整体实力"。

为此,武钢本着"总体设计、分步实施、平稳过渡、逐步到位"的基本原则,分五块稳步推进组织结构变革:(1)分离单位的改制;(2)母公司机关机构的改革;(3)主体厂的改制;(4)事业单位费用包干;(5)母公司的改革。

但是,组织结构的变革与调整仅是企业多元化经营战略成功的因素之一,想使武钢集团公司的多元化战略全面成功,武钢还应该同时重视其他因素的作用,例如外部资源的利用、企业核心能力的培养以及企业文化的重塑等。

组织 (模块二)：
组织设计与组织管理

在形成了企业的发展战略之后，我们开始考虑战略的实现。这里所关心的问题是：选择一种最有效的方式达成组织的战略目标。我们仍然围绕着有限资源和有限能力的讨论。之所以基于这样的考虑，原因在于影响组织战略实现的因素，以及达成组织目标的效率决定了企业的发展速度，最终决定了企业生存的价值。

这里，我们提出一个简单的命题：在同样条件下（相同的目标，相同的资源，相同的回报），什么样的工作方式达成工作目标的效率最高。

结论：有组织的工作方式可以提高工作的效率。

因此，从一开始，组织的产生是为了解决效率问题。所谓有组织的工作就是通过劳动分工的方式，以有效的组织职能划分，通过分工与协作，最终达成组织的目标。

西方的百年工业文明，管理科学的研究主题总是离不开有关组织与组织管理的讨论。企业管理与发展的现实问题就是为了提高组织运行的效率，获得收益最大化的回报。

本模块的讨论，系统地介绍了西方组织管理的基本理论；组织结构与组织设计的原理和方法；以及如何通过组织学习与组织创新、新兴的组织管理模式更好地发挥组织的效率，推动组织的发展。

本模块的研究内容：

一、组织理论与组织设计
- 组织理论与组织管理原则
- 组织结构与组织设计
- 设计未来的组织

二、组织学习与组织创新
- 组织学习是组织创新发展的基本保障
- 促进组织学习的条件
- 组织学习与管理实践

第三章 组织理论与组织设计

第一节 组织理论与组织管理原则

组织,特别是企业组织,是社会发展过程中劳动分工的产物,是在目标条件下形成的人的有序集合。现代组织理论的代表学者巴纳德从功用上定义:组织是两人或两人以上,用人类意识加以协调形成的活动或力量的系统。这种"协调活动"依据系统原理,使系统中的各种要素相互协调配合,产生"综合效应",保证企业目标的实现。

组织理论的研究是关于一种关于组织运行及有效性的思维方式,是深入、准确地洞察和分析组织的方法,这种观察和思维方式是以组织设计和组织行为的方式及规律为基础的。

组织理论的演进过程见图3-1。

图 3-1 组织理论的演进过程

一、古典组织理论

19世纪末20世纪初的西方社会,随着工业化革命进程,企业取得了迅速的发展,同时,对企业组织的管理提出了新的要求。在泰勒的推动下,开展了科学管理运动。法约尔对其多年管理工作经验进行总结而写成的《工业管理与一般管理》一书,标志着完整的古典组织理论的形成。法约尔也因此成为概括和阐述一般组织管理理论的先驱。至此,古典组织理论形成两大分支:以泰勒为代表的科学管理学派和以法约尔为代表的组织学派。组织学派的另一位大师级人物韦伯从纯理论角度提出了理想的行政组织体系,这种官僚模型具有明确的职务和权利等级,专业化程度高,分工明确,制度规范。韦伯认为,理想的组织模型是超越了人事因素的普遍适用的高效率组织形式,对个人的感情和个性因素不予考虑。值得一提的是,美国的穆尼、古利克和英国的厄威克对古典组织理论进一步系统化、条理化的研究,使之成为更加完整的组织理论。

综观古典组织理论可以发现,泰勒的科学管理学派是站在基层管理者的角度探讨适合于企业日常生产的组织管理模式;法约尔则是立足于企业组织的高层管理,对企业全部活动进行组织设计;而韦伯是从技术层面设计一种普遍适用的理想组织模式。科层制度是古典组织理论对组织结构设计提出的最重要贡献。虽然科层制度在进行工作时更精确、更迅速、更高效的科学管理,摧毁了在管理中束缚生产力的封建关系,但随着人的因素在组织管理中的日益重要,科层制度的缺点也日益体现。在非人格化的管理思想指导下建立起的过分严格的规章制度与机械的组织模式使组织中的沟通易被曲解,组织冲突频繁,这就对管理中对人的重视提出了新的要求。在这一背景下,新古典组织理论应运而生。

二、新古典组织理论

新古典组织理论是以古典组织理论的层级结构为基础,同时吸取了心理学、社会学关于"群体"的理论观点和知识,在对古典组织理论进行修正与补充的基础上形成的。其主要特点是:在集权与分权的关系上主张分权;在组织形式上倾向于扁平型的组织,主张部门化;在组织结构方面,提出了"非正式组织"概念,承认并重视与非正式组织同存的组织结构。

新古典组织理论虽然有许多不完善和不成熟的地方,但把人的因素引进组织理论,可以说是对古典组织理论的质的飞跃。古典组织理论的缺点是把人当做活动的机器,完全忽视了人性、情感对组织效率的影响,而新古典组织理论在行为科学和心理学知识的指导下,深入研究了以人的感情为纽带而建立起来的非正式组织的存在原因与正副作用问题,为组织理论的发展指明了方向并奠定了理论基础。于是,一个重点研究人在组织中作用及如何处理人际关系和激励人的行为科学的组织理论便顺势产生了。

三、行为组织理论

行为组织理论的代表人物有巴纳德、梅奥、马斯洛、赫茨伯格、麦格雷戈等。

梅奥等人的最主要贡献是认为组织不仅是个技术—经济系统,而且是个社会系统,对人的激励不仅有经济方面,还有社会和心理方面。组织成员社会心理方面的满足对组织效率的提高至关重要。巴纳德的社会系统理论与行为科学学派有着密切的联系。从严格意义上讲,"巴纳德可以称作是传统理论与发展中的行为科学理论之间过渡的理论家"。但他所提出的关于协作和其他组织理论,却为行为科学组织理论发展提供了借鉴。马斯洛对人的需求五层次论,赫茨伯格的双因素理论,麦克莱兰的激励需求理论,麦格雷戈 X 和 Y 理论以及舒恩的四种人性假设理论,波特-劳勒模式等都对行为组织理论的研究作出重要的贡献。这些理论都是在对人的需求的不同理解基础上提出了不同的组织管理的激励问题。

四、现代组织理论

现代组织理论也称作现代系统学派与权变学派。

系统论的创立与发展为组织理论研究注入了新的活力。系统组织学派应用系统论的思想、方法和原则全面分析组织的内部结构、管理活动与环境的关系等,提出了使人耳目一新的见解。该理论认为,组织是一个开放的、具有整体性能的社会技术系统。代表人物是霍曼斯、卡斯特、罗森茨韦克和利克特等。

霍曼斯的社会系统模型认为，任何社会组织都处于物理的、文化的、技术的环境中。这些环境决定着社会系统中人们的活动和相互作用。而人们在进行活动和发生相互作用时，又会产生人们之间以及人们对环境的一定感情。

卡斯特和罗森茨韦克的系统组织理论认为，组织是一个人造的开放系统，它由各子系统组成，各子系统之间通过输入与输出的关系而构成一个完整的系统。该理论对组织内各子系统的划分是根据它所起的作用划分的，对于我们认识组织内部构成要素提供了新的思路。

利克特的"交叠群体"组织理论是从另外的角度来阐述组织系统的。利克特打破了过去组织理论中提出的一人一职一位，各部门之间严格划分界限的观念并认为组织是由相互关联并发生重叠关系的群体组成的系统。强调组织通过起"联结针"作用的人进行沟通的重要性。

权变学派强调组织变化无常的性质，认为组织结构本身无优劣之分，只要与环境变化相适应的结构就是有效率的，指出不存在普遍适用的组织管理理论和方法。这一理论是对古典、新古典、行为科学组织理论强调形式、规范模式等思想的彻底否定。

群体生态理论也叫自然选择模型，是阿尔瑞契与普费弗于1976年提出。该理论是把生物学的群体生态理论应用到组织理论分析中的产物。主要观点是组织在环境中生存与否和生物的适者生存规律一样，环境依据组织结构的特点及其与环境的适应性来选择一些组织或淘汰一些组织。群体生态理论强调的是环境选择作用而弱化了组织行动者在决定组织命运中的作用。为弥补这一缺憾，普费弗和萨兰西克提出了资源依赖理论。该理论强调组织从环境中获取资源能力的重要性，其实质是把组织看做是环境关系中的一个积极参与者而不是被动接受者，两者之间是一种互动关系。

总之，现代组织理论把着眼点由组织内部转移到环境，并由组织被动适应环境的观点转变到影响环境，这一理论为组织理论提供了一个全新的视角和分析方法。

五、组织理论发展的新趋势

自18世纪60年代第一次技术革命以来，人类社会共出现了四次技术革命，即生产过程的机械化、电气化、自动化和智能化。这四次不同的技术革命对组织的生产过程、组织结构和管理理念都产生了深刻而不同的影响。前三次技术革命可以看做是对机械技术的改变,是对人类体力的解放,对体能的延伸。由于机械技术具有分工明确、操作程序化和功能单一的特点,因此,出现了与此相适应的标准化的层级结构,对员工的要求只是调动工作积极性以提高劳动效率。而第四次技术革命是对机械技术的彻底革命,正在形成智能技术,这一技术是对人类大脑的解放,提高的不单纯是劳动效率而是智力活动效率。因此,对员工职能的开发成为组织制胜的关键。由于智能技术具有分工不明确,操作非程序化和互动的性质,对规范的层级组织结构是一种严峻的挑战。另外,组织内部成员的构成也发生了明显的变化,脑力劳动者比例不断上升并占据主体地位,使组织采用信息技术和专业知识技术的能力在增强,范围在扩大,应付多变环境的能力也大大提高了。所有这些,都迫使组织结构必然发生彻底的改变以适应技术革命与外部环境的变化。自20世纪80年代以来,组织流程再造、虚拟组织、学习型组织、团队组织、网络组织等新的组织形态的大量涌现,就是对上述变化的一种适应。因此,把组织管理重点由物质层次、管理层次转向意识层次,强调组织文化在组织发展中的作用成为组织理论新的发展趋势。

六、对组织理论的评述

组织理论从20世纪初产生至今已有百年历史。在这百年中,社会生活和社会经济发生了显著的变化,特别是进入20世纪90年代以来,信息技术得到飞速的发展,已成为经济发展的重要推动力量。在社会发展过程中,组织这一社会基本构成单元不断得到发展,随着人们对组织认识的逐步深化,对组织研究的理论体系也日趋完善。组织理论的发展是一个连续的过程,经过古典组织理论、新古典组织理论、行为组织理论和现代组织理论的发展过程,虽然各理论流派观点不一,但总体来说,组织理论对组织的认识是在逐渐丰富、全面、系统的,对我们把握组织本质和活动规律具有重要的指导意义。古典组织理论从组织内部的分工与生产活动入手进行分析,着重研究"效率"、"技术"、"组织结构与层次"、"规章制度"等对组织效率的影响,理论的重点放在对组织管理的基本原则的概括和分析上;最大的缺点是忽视了人的主观能动性。而新古典组织理论和行为组织理论正好弥补了这一不足,把人们的注意力转移到人的心理和行为因素、人性对组织效率的影响方面,指出组织内非正式组织的轨迹,注重"心理与行为"、"人际关系"、"非正式组织"的研究,重视对组织中人力资源的开发与管理,用情感和人的需求来解释提高组织效率的原因。与古典组织理论比较起来,对组织的研究从静态观走向了动态观。

无论是古典组织理论、新古典组织理论还是行为组织理论,多把组织看做一个封闭的系统,与外界环境是截然分开的,没有考虑到环境对组织的影响。另外,把研究重点放在物质之间、员工与物之间的关系分析中,从而忽视了管理者在组织运行中的作用。

现代组织理论中的系统学派和权变学派则注重了环境因素,把管理者作为研究中心,把组织看做是一个开放的系统。组织内各子系统之间、子系统与外部环境之间是一种复杂的互动关系。这一阶段,理论的发展有效地弥补了前一阶段组织理论的不足,特别是权变学派提出的:世上并无一种适应一切组织的结构。这一论点不仅令人耳目一新,也为实践中组织结构设计、组织创新提供了理论基础。

总之,各组织理论从多角度、运用多种方法、借鉴多学科的研究成果对组织展开研究,大大丰富了组织理论的内容,为管理的实践活动提供了系统的理论指导。但也正是这种多角度研究,使组织理论各自独立、各有侧重,使彼此之间缺少统一性。综合各学派的观点,无论组织的研究基于什么样的观点,组织和组织管理的研究均是从经济学和管理学角度着手,以组织为研究中心,分别沿着社会环境中组织之间的关系和组织内部的结构与协调两条主线,探讨组织结构、组织行为和组织绩效三个的方面内容。

七、组织管理原则

如何行使有效的组织管理、使通过组织设计并建立起来的组织结构更加有力地支撑企业的发展,是每一位管理者的责任。有效的组织管理应当遵循以下基本原则:

1. 目标统一性原则

组织结构的设计和组织形式的选择必须有利于组织目标的实现。任何组织都有其特定的目标,而组织结构必须有利于组织目标的实现,否则也就失去了存在的意义。同样道理,每一机构又有自己的分目标来支持总目标的实现,这些分目标又成为机构进一步细分的依据。为此,目标层层分解,机构层层建立,直至每个组织成员都了解自己在总目标的实现中应完成的任务。只有这样,建立起来的组织机构才是一个有机整体,才能为保证组织目标的实现奠定组织基础。

2. 分工协调的原则

分工就是按照提高管理专业化程度和工作效率的要求,把组织的目标分成各级、各部门以至各人的目标和任务,使组织的各个层次、各个部门、每个人都了解自己在实现组织目标中应承担的工作职责和职权。协调则包括部门之间的协调和部门内部的协调。因此,分工协调原则可以这样表述:组织结构的设计和组织形式的选择越是能反映目标所必需的各项任务和工作的分工,以及彼此间的协调,委派的职务越是能适合于担任这一职务的人的能力与动机,组织结构和形式就越是有效。

3. 管理跨度原则

主管人员有效地监督、指挥其直接下属的人数是有限的。管理跨度的限度取决于多方面的因素,如工作类型、主管人员以及下属的能力等。由于管理跨度的大小影响和决定着组织的管理层次,以及主管人员的数量等一些重要的组织问题,所以,每一个主管人员都应根据影响自身管理跨度的因素来慎重地确定自己理想的管理跨度。

4. 权责一致性原则

职权与职责必须相等。在进行组织结构的设计时,既要明确规定每一管理层次和各个部门的职责范围,又要赋予完成其职责所必需的管理权限。职责与职权必须协调一致。要履行一定的职责,就应该有相应的职权,这就是权责一致性原则的要求。如果只有职责,没有职权或权限太小,那么职责承担者的积极性、主动性就必然受到束缚,实际上也不可能承担起应有的责任;相反,只有职权而无任何责任,或责任很小,必将导致滥用权力和"瞎指挥",产生官僚主义等。

5. 统一指挥的原则

组织的各级机构以及个人必须服从一个上级的命令和指挥,只有这样,才能保证命令和指挥的统一,避免多头领导和多头指挥,使组织最高管理部门的决策得以贯彻执行。因此,按照统一指挥的原则去办,指挥和命令如果能组织安排得当,就可做到政令畅通,提高管理工作的有效性,而那些由于"多头领导"和"政出多门"所造成混乱就可避免。

6. 集权与分权相结合的原则

为了保证有效的管理,必须实行集权与分权相结合的领导体制。该集中的权力集中起来,该下放的权力就应该分给下级,这样才能够加强组织的灵活性和适应性。如果事无巨细,把所有的权力都集中在最高管理层,不仅会使最高层主管淹没于繁琐的事务当中,顾此失彼,而且还会助长官僚主义、命令主义和文牍主义作风,忽视了组织有关战略性、方向性的大问题。另一方面,过分分权又往往会造成管理失控,因为毕竟下属的能力也是有限的,而且随下属的素质不同,其完成任务的质量与及时程度也不相同。如果对分担的权力与职责不加以一定的控制,往往又会使高层管理者对一些事务缺乏了解与控制,进而影响到管理的全局。因此,必须做到集权与分权相结合。

7. 精干高效的原则

在服从由组织目标所决定的业务活动需要的前提下,力求减少管理层次,精简管理机构和人员,充分发挥组织成员的积极性,提高管理效率,更好地实现组织目标。一个组织只有机构精简,队伍精干,工作效率才会提高;如果组织层次繁多,机构臃肿,人浮于事,则势必导致浪费人力,滋长官僚主义情绪,办事拖拉、效率低下。

8. 稳定性与适应性相结合的原则

组织结构及其形式既要有相对的稳定性,不要总是轻易变动,但又必须随组织内外部条件的变化,根据长远目标做出相应的调整。一般来说,组织要进行实现目标的有效的活动,就要求必须维持一种相对平衡的状态,组织越稳定,效率也将越高。组织结构的大小调整和各部门职权范围的每次重新划分,都会给组织的正常运行带来有害的影响。因此组织结构不宜频繁调整,应保持相对稳定。但是,组织自身所赖以生存的环境是在不断发生变化的,当组织无法适应变化了的情况时,组织本身就会发生危机,组织的调整与变革就是不可避免的了。

9. 均衡性原则

同一级机构、人员之间在工作量、职责、职权等方面应大致平衡,不宜偏多或偏少。苦乐不均、忙闲不均等都会影响工作效率和人员的积极性。而且,一方面有些人整天忙得不可开交,疲于应付工作中出现的各种问题,而另一方面有些人整天无事可做,人力资源的闲置本身就是一种浪费。

第二节 组织结构与组织设计

一、基本定义

企业的组织结构,是企业全体员工为实现企业目标,在工作中进行分工协作,在职务范围、责任、权力方面所形成的结构体系。这一定义说明:

(1) 组织结构的本质是员工的分工协作关系。

(2) 设计组织结构的目的是为了实现企业的目标。所以,组织结构是实现企业目标的一种手段。

(3) 组织结构的内涵是人们在职、责、权方面的结构体系。所以,组织结构又可简称为权责结构。

这个结构体系的内容主要包括:

- 职能结构,即完成企业目标所需的各项业务工作关系;
- 层次结构,即各管理层次的构成,又称组织的纵向结构;
- 部门结构,即各管理部门的构成,又称组织的横向结构;
- 职权结构,即各层次、各部门在权力和责任方面的分工及相互关系。

组织设计是指对一个组织的结构进行规划、构设、创新或再造,以便从组织的结构上确保组织目标的有效实现。

组织设计是一个动态的工作过程,包含了众多的工作内容。归纳起来,主要有以下几点:

(1) 确定组织内各部门和人员之间的正式关系和各自的职责——组织图与职位说明书;

(2) 规划出组织最高部门向下属各个部门、人员分派任务和从事各种活动的方式;

(3) 确定出组织对各部门、人员活动的协调方式;

(4) 确立组织中权力、地位和等级的正式关系,即确立组织中的职权系统。

组织设计可能有三种情况：一是新建的企业需要进行组织结构设计；二是原有组织结构出现较大的问题或企业的目标发生变化，比如企业经营机制转换后，原有企业组织结构需重新评价和设计；三是组织结构需进行局部的调整和完善。

二、组织结构设计的基本理念

在进行组织设计之前，必须在以下几个方面达到认识上的统一：

首先，要确定判断组织结构有效性的基准，基准可能包括以下几方面：

- 以其他企业为基准：即是否模仿其他企业的组织设计。
- 是否需要管理人员的认同：组织结构取得上下层的共同认同难度很大，特别是在权限的分配上，所以只能达到基本认同，这是组织结构设计的一个影响因素。
- 对绩效的贡献、对竞争优势发挥的贡献（取决于与环境、战略、技术、人员、规模等的整合性）：是组织结构设计的根本标准。

其次，要树立这样一种理念：没有最好的组织结构，只有适宜的组织结构。判断组织结构优劣的标准以是否能促进企业的发展为基准。企业发展了，组织结构也得相应调整，所谓标准的、好的组织结构是不存在的。

再次，组织结构是动态的。组织所处的环境在变化，组织结构必定也要随之改变，没有一成不变可适应所有环境、适应企业发展过程中所有阶段的组织结构。动态性是组织结构的一大特征。但有一点必须注意，组织结构不宜频繁进行调整。

最后，我们必须认识到，一个精心设计的组织架构可有利于组织的成功，但不是组织成功的充分条件，组织成功还受到其他重要因素的影响，如：组织战略、人力资源状况、制度设计和管理、文化建设等。

三、组织结构设计的维度

研究组织的重要一步是考察并描述具体的组织设计维度，组织设计的维度分为两类：结构性和关联性（见图3-2）。结构性维度描述了一个组织的内部特征，它们为衡量和比较组织提供了基础。关联性维度反映整个组织的特征，包括组织规模、技术、环境和目标等，它们描述了影响和改变组织维度的环境,关联性维度可以设想为处于组织结构和工作过程之下的一系列因素的重叠。要了解和评价组织,必须同时考察结构性和关联性维度,组织设计的维度相互作用,能够调节并完成组织的各项目标。

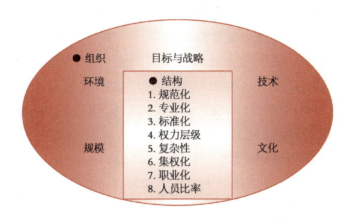

图 3-2　组织结构设计的维度

1. 结构性维度

结构性维度包括如下八个方面:

(1) 规范化,指有关工作的方法和将结果具体化、条文化和强化的期望程度。组织的结构描述为规范程度高,就是采用规则和程序规定每一项工作应该做什么。这样的组织都有标准化操作程序、具体的指导以及明确的政策条文。

(2) 专业化,将组织的任务分解成为单个工作的程度。如果专业化的范围广,那么每个员工只需从事组织工作的很小一部分;如果专业化程度低,员工从事工作的范围也就较广。专业化有时也被称为劳动分工。

(3) 标准化,指以同种方式完成相似工作的程度。不仅生产作业可以标准化,而且各项管理业务,特别是日常的事务性工作,一般都具有标准的程序和方法,也可以实现标准化。在一个高度标准化的企业里,工作内容规定得很详细,相同的工作职务,不论人员是否更换,工作程序和方法不变;同时,相似的工作可以在各个部门或单位以相同的方式进行。管理业务的标准,通常称作管理工作标准。管理业务的标准化程度,具体的可以用已经纳入企业的管理工作标准的数量及其详细程度来衡量。

(4) 权力层级,描述谁向谁报告以及每个管理者管理的跨度。这种层级通过组织表中的竖线描述(如图 3-3 所示),层级与管理的跨度相联系(向监督者报告的员工数量)。管理的跨度狭窄,其层级趋势就多;管理跨度较宽,层级就较少。

(5) 复杂性,指组织活动或子系统的数量。复杂性可以从三方面衡量:横向、纵向和空间。纵向的复杂性是层级的数量;横向的复杂性是横向跨越组织的部门和工作的数量;空间复杂性是指地理位置等方面的数量。

(6) 集权化,指有权作出决策的层级。当企业的经营决策和管理权集中在高层管理人员手中,表明这种组织结构的集权程度是高的;反之,如把其中相当大的部分放给较低的管理层次,则其集权程度是低的,或说分权程度较高。集权和分权都是相对的,没有绝对的集权,也没有绝对的分权。表明职权集中或分散程度的具体标志有:生产计划的品种、质量、数量的决策权;投资决策权;产品销售权;外协决定权;本单位职工的招收和任免权;多大金额的固定资产购置和日常开支的财务决策权;多大范围的物资采购权等。

图 3-3 跨度与层级

(7) 职业化,指员工为了掌握本职工作需接受正规教育和职业培训的程度。如果企业中的多数员工需具有较高文化程度,或经过较长时间的职业培训才能熟练地从事企业中某项工作,则这种企业的职业化程度就比较高。职业化程度通常可以用企业员工的平均文化程度(受正规教育的年限),以及进厂后的职业培训期限来表示。

(8) 人员比率,指组织人员在不同部门及功能间的配置。人员比率包括管理、文秘、专业人员和从事间接和直接劳动的雇员等的比率,人员比率通过以各类人员除以组织人员的总数来衡量。

以上八个结构性维度,概括地反映了一个企业组织结构的主要特征和全貌,是调查和了解一个企业组织结构所应掌握的基本方面。表 3-1 列举了两个不同规模的家用电器企业在结构性维度的区别。

表3-1 两个不同规模的家电企业在结构性维度的区别

序号	维度	甲公司	乙公司
1	权力层级	6个管理层次,总经理管理幅度为8人	3个层次,总经理管理幅度为5人
2	专业化	6部2室,共23个科室	共有3个科室
3	复杂性	外省市有4个分公司和分支机构	全部在本地
4	集权化	事业部分权制	总部集权制
5	标准化	已制定和执行各项管理工作标准	管理工作尚未程序化、标准化
6	规范化	各项管理制度健全,书面文化占较大比重	仅有财务、采购、仓库等几项基本制度,信息交流绝大多数用口头方法
7	职业化	平均受教育年限约10年,职工绝大多数达大专水平	平均受教育年限为6.5年,大多数职工为高中毕业水平
8	人员比率	技术人员125人,占全公司职工5%;基本工人同辅助工人的比例为4:1	技术人员16人,占公司职工1%;基本工人同辅助工人的比例为9:1

2. 关联性维度

企业的组织结构应与企业所处的环境相适应,因为企业最终是要到环境中去运行的。设计什么样的组织结构,要根据企业本身的条件,一方面,设计出来的组织结构要依靠环境资源的支持而成长,另一方面,组织结构的存在是为企业的经营管理活动服务的。因此,因地因事制宜,是现代组织设计的基本思想。企业的组织设计一般应考虑如下关联性维度:

(1)规模是以组织中的人数反映的组织的大小。它可以根据整个组织或具体构成,如公司或事业部来衡量。由于组织是一个社会系统,规模一般是用人数来衡量。其他如:销售总额、总资产等也反映了组织的大小,但它们不能反映社会系统中人员方面的规模。

规模的大小是影响组织结构中各个结构性维度,特别是权力层级的重要因素。规模越大,其内部工作的专业化程度就应越高,标准化操作程序就越应该建立。这样,管理者用于处理日常事务的时间就越少,因而管理跨度就可以大一些。规模大的企业,经营范围宽,业务量大,有些管理职能就可能需要独立出来,这就会增加机构,增加层次。而且规模太大,受管理者能力的限制,分权的程度就会高,有可能需要建立分权式的组织结构。

不过,规模有时不是直接地、分别地引起各个结构性维度的变化,而是连锁地、间接地起影响作用。

(2) 组织技术是生产子系统的属性,它包括用以改变组织从投入到产出的行动和技术,如一条装配线、办公自动化、EGP、CRM 等都是组织技术系统,尽管它们之间彼此各不相同。

组织管理过程中应用技术的复杂程度是影响组织内部协调关系的重要因素。一般来说,技术越复杂,部门或个人之间的交往越多,信息传输量大,传输频次增大,因而相互之间的协调关系也就变得越复杂。为了有效协调,或者增加协调机构,或者调整组织结构。技术复杂程度高的企业,其自动化程度也高,在高度自动化的工作条件下,直接导致操作人员和工作岗位减少,基层管理的跨度可能变小。但对上层管理人员来说,由于专业化程度和标准化程度高,管理跨度也可能增大。总的情况是:组织技术的应用导致了组织中管理人员的比重增大,直接操作岗位减少。

(3) 环境包括所有组织边界之外的因素,主要有产业、政府、顾客、供应商和金融机构等,一般来说,影响组织的最大的环境因素通常是其他组织的存在。这些因素会从环境的复杂性和环境的稳定性两个方面影响组织结构的设计。企业的环境因素越是复杂和多变,则组织设计就越要强调适应性,采取多种的组织对策应对外部环境对企业的影响,其中包括增加组织结构的柔性。

对环境的复杂性和稳定性的界定可通过三个要素来进行:动态性可以用来界定环境变化的速度和幅度;异质性可以用来度量参与人的数量、新参与人出现的频率;容量可以用来确定环境提供的成长空间的大小、资源支持的多少。对于动态异质性的环境来说,由于存在"信息非对称性"和"信息不完全"等问题,可能会产生大量的不确定因素,引发道德风险,这就要求组织设计要具有较强的适应性和柔性。

(4) 组织的目标和战略决定它区别于其他组织的目的和竞争性技巧。目标常常作为公司长远计划的说明记载下来,战略是为应付环境和达到组织目标而描述资源分配活动的行动计划。

战略决定结构。企业组织结构是实现企业经营战略的重要工具。不同的企业经营战略要求不同的组织结构。例如,企业经营领域宽窄不同,有的实行单一经营战略,有的实行多种经营战略,反映在组织结构上,对组织形式

（是采用职能制还是事业部制）及职权的集中程度（是集权多些还是分权多些）的设计会产生很大的影响。又如，不同的战略中心，决定了企业的不同关键职能，从而要求有不同类型的组织结构。有的企业实行以质量为中心的结构，又有的则实行以技术开发为中心的结构。企业经营战略的改变，必将引起企业组织结构相应的改变。我国国有企业从计划经济下的经营机制转换为市场经济条件下的经营机制，这是一次经营战略的重大改变，从而引起了企业组织结构的深刻变化。

（5）组织文化是由员工共享的价值观、信念、理解与标准等的基本组合。这些基本的价值观可能与伦理行为、对员工的承诺、效率或对顾客的服务等有关，并使组织的成员紧密地结合在一起。组织文化是可以操作的，其形式和内容可以通过组织的形态、管理的特征和员工的行为等表现出来。

四、组织设计的程序和内容

组织设计是一个动态的工作过程，包含了众多的工作内容。科学地进行组织设计，要根据组织设计的内在规律性有步骤地进行，才能取得良好效果。

1. 确定组织设计的基本方针和原则

就是要根据企业的任务、目标以及企业的外部环境和内部条件，确定企业进行组织设计的基本思路，规定一些组织设计的主要原则和主要维度。例如，公司一级的管理跨度是宽些还是窄些？本公司要不要设置"公司"机构，部门分工形式是采用职能制还是事业部制，是实行集中统一管理还是分级分权管理，等等。这些都是进行组织设计的基本依据。

2. 进行职能分析和职能设计

这一步骤的内容包括：确定为了完成企业任务、目标而需要设置的各项经营职能和管理职能，明确其中的关键性职能；不仅要确定全公司总的管理职能及其结构，而且要分解为各项具体的管理业务和工作；在确定具体的管理业务时，还应进行初步的管理流程总体设计，以优化流程，提高管理工作效率。

3. 设计组织结构的框架

即设计承担这些管理职能和业务的各个管理层次、部门、岗位及其权责，是组织设计的主体工作。框架设计可以有两种方法：

（1）自下而上的设计方法。即先具体确定企业运行所需的各个岗位和职务；然后按一定的要求，将某些岗位和职务组合成多个相应独立的管理部门（科室和部处）；再根据部门的多少和设计的幅度要求，划分出各个管理层次。

（2）自上而下的设计方法。它的确定程序同上一种方法相反，首先根据企业的各项基本职能及集权程度的设计原则，确定企业的管理层次；再进一步确定各管理层次应设置的部门（如职能处室）；最后，将每一个部门应承担的工作分解成各个管理职务和岗位。由于职务（岗位）—部门—层次三者是相互联系、相互制约的，所以在实践中这两种方法一般是结合起来使用，相互修正，经过多次反复才能最后将框架设计确定下来。

4. 联系方式的设计

这一步是设计上下管理层次之间、左右管理部门之间的协调方式和控制手段。组织联系方式的设计工作非常重要。如果说框架设计的重点在于把整个企业的经营管理活动分解成各个组成部分，那么，此设计就是要把各个组成部分联结成一个整体，使整个组织结构能够步调一致地、有效地实现企业管理的整体功能。

5. 管理规范的设计

这一步骤是在确定了组织结构的框架及联系方式的基础上，进一步确定各项管理业务的管理工作程序、管理工作应达到的要求（管理工作标准）和管理人员应采用的管理方法等。以上这些工作通过管理规范的形式表现出来，成为各管理层次、部门和人员的行为规范。它是组织结构设计的细化，使设计出来的组织结构合法化和规范化，起到巩固和稳定组织结构的作用。

6. 人员配备和训练管理

完成上一步任务后，组织结构本身的设计工作可以说已经完成。但是组织结构最终要通过人来实施和运行。所以组织结构运行的一个重要问题是配备相应的人员。一般来说，结构设计时先暂不考虑企业现有人员的具体情况，而是在设计实施时按设计要求的数量和质量配备各类人员。

7. 各类运行制度的设计

组织结构的正常运行还需要有一套良好的运行制度来保证，这一步工作包括管理部门和管理人员的绩效评价和考核制度；管理人员的激励制度，包括了精神激励和物质激励，例如管理人员的奖惩制度、工资和奖励制度等及人员补充和培训制度等。

8. 反馈和修正

完成了上一步任务后，组织设计的一个完整过程可以说是完成了。但组织设计是个动态的过程。在组织结构运行的过程中，会发现前述步骤中尚有不完善的地方，新的情况也会不断出现，这就要求对原设计做出修改。因此，企业要将组织结构运行中的各种信息反馈到前述各个环节中去，定期或不定期地对原有组织设计做出修正，使之不断完善，不断符合新的情况。

上述的组织设计程序可归纳为表3-2：

表3-2　组织设计的程序

设计程序	设计工作内容
1.设计原则的确定	根据企业的目标和特点，确定组织设计的方针、原则和主要维度
2.职能分析和设计	确定经营、管理职能及其结构，层层分解到各项管理业务的工作中，进行管理业务的总体设计
3.结构框架的设计	设计各个管理层次、部门、岗位及其责任、权力，具体表现为确定企业的组织系统图
4.联系方式的设计	进行控制、信息交流、综合、协调等方式和制度的设计
5.管理规范的设计	主要设计管理工作程序、管理工作标准和管理工作方法，作为管理人员的行为规范
6.人员配备和训练管理	根据结构设计，定质、定量地配备各级各类管理人员
7.各类运行制度的设计	设计管理部门和人员绩效考核制度，设计精神鼓励和工资奖励制度，设计管理人员培训制度
8.反馈和修正	将运行过程中的信息反馈回去，定期或不定期地对上述各项设计进行必要的修正

五、组织结构设计的核心支柱

在设计组织结构时必须平衡考虑权力配置、业绩管理和激励系统的设立,否则就会失去平衡,组织的目标也不会实现。因此,权力配置、业绩管理和激励系统是组织结构设计的核心支柱(如图3-4所示)。

图 3-4 组织结构设计的核心支柱

从图3-4可以看出,一个良好的组织结构设计,必须要有业绩管理、权力分配与激励政策进行支撑,否则,组织结构就是空中楼阁,设计再好也无法发挥作用。

那么,如何设立支持组织结构设计的业绩管理系统、权力分配机制和激励政策呢?

业绩管理系统是一个循环的动态的系统,业绩管理系统所包含的几个环节(绩效计划、持续的绩效沟通、绩效考核、绩效诊断与绩效改进)紧密联系、环环相扣,任何一环的脱节都将导致业绩管理的失败。所以在业绩管理过程中应重视每个环节的工作,并将各个环节有效地整合在一起。这样才能支持组织结构设计的有效进行。

业绩管理系统必须获得激励政策的良好支持才能充分地发挥作用。但是绩效不应仅与工资和奖金挂钩,这样会使员工认为实行绩效管理就是涨工资或减工资。应使激励的手段多样化,如员工个人能力的发展,承担更多的工作责任,获得职位的提升,以及获得公开的精神奖励等。随着资本市场的成熟和规范,还可以尝试股票期权等激励方式。

业绩管理系统和激励政策的相辅相成,在一定程度上支持了组织结构的设计和再设计。但无论业绩管理系统和激励政策多么完善,没有合理的权力分配机制,再合理的组织结构也是无法发挥作用的。因此,权力分配是组织结构设计最核心的支撑体系。

权力分配的焦点主要集中在集权和分权上面,现代企业发展的趋势就是分权,但分权到什么程度不能一概而论,必须考虑分权的成本和收益,图3-5划出了分权的收益与成本曲线(参见图3-5)。

从图3-5可以得出结论:① 把知识和信息转移给拥有决策权的人,会提高决策效率;② 把知识和信息转移给知识信息拥有者,使代理成本增加;

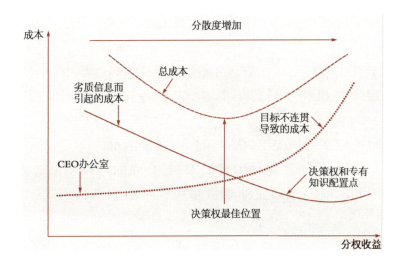

图 3-5　从 CEO 办公室到决策权的距离

③ 决策权的最佳位置是总成本最低处。

因此,总成本最低处是权力分配的最佳位置,这种权力分配,也最能支持组织结构设计体系。

六、常见的组织结构类型

组织结构千差万别,归结起来,最主要的类型主要有以下几种:

1. 简单结构

一种低复杂性、低正规化和职权高度集中的组织结构,在小企业中广泛应用。这种组织结构扁平,仅有两三个纵向层次,员工队伍松散,决策集中于一人。图 3-6 即为简单组织结构示意图。

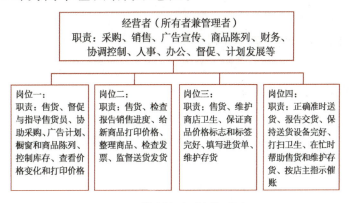

图 3-6　简单组织结构示意图

这种组织结构的优点是：结构简单、权力集中、指挥统一、决策迅速。其缺点是：

（1）由于直线指挥与职能管理不分，管理权限高度集中；

（2）各层领导机构实行综合管理，无专业化分工，不易提高专业管理水平；

（3）在层次较多的情况下，横向信息沟通较困难。

这种组织结构，由于受多种因素的限制，企业的规模不可能大，只适于小型企业。业主制的商品流通企业通常采用这种组织结构形式，如专卖店、方便店等。

2. 职能制

简称 U 型结构（Unity Form），又称直线-职能制结构。它起源于 20 世纪初法约尔在一家法国煤矿担任总经理时所建立的组织结构形式，故又称"法约尔模型"。图 3-7 即为职能制组织结构示意图。

职能制结构的特点在于组织的第二级机构按不同职能实行专业分工，如销售、研发、财务、HR、生产等。该种组织结构实行的是直线—参谋制，即整个管理系统划分为两大类机构和人员：一类是直线管理人员，对其下属直接发号施令；另一类是参谋人员，其职责是为同级直线管理人员提供职能支持，起到一种业务上的指导、服务作用。同时，企业管理权力高度集中，各二级单位只是职能部门，不具独立法人资格，没有独立的对外经营权，整个企业统负盈亏，二级单位只是成本中心，公司总部才是利润中心和投资中心。

职能制的优点主要有以下几点：

（1）按职能划分部门，其职责容易明确规定；

（2）每一个管理人员都固定地归属于一个职能机构，有利于整个组织系统的长期稳定；

（3）部门实行专业分工，有利于提高工作效率，强化专业管理；

（4）管理权力高度集中，便于高层管理者对整个组织的有效控制。

职能制的缺点主要有以下几点：

（1）横向协调差。高度的分工使得各职能部门各司其职，往往片面强调本部门工作的重要性，因此容易产生本位主义、分散主义，造成各部门之间的摩擦和组织内耗；

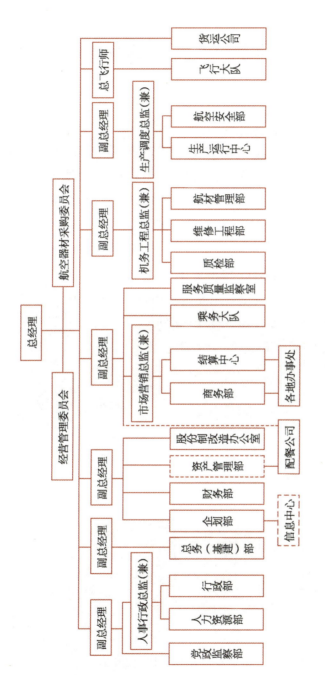

图3-7 XX航空公司组织结构

(2) 企业领导负担重。由于组织高度集权,各部门之间的横向沟通协调只有通过企业高层领导才能解决,因此企业领导工作负担就比较重,难免顾此失彼;

(3) 各部门专业分工,不利于培养素质全面、能够经营整个企业的管理人才。

3. 事业部制

事业部制是在大型企业中,实行分权式的多分支单位(Multidivisional Structure)的组织结构形式,简称 M 型结构,即在总经理的领导下,按地区、市场或商品设立事业部,各事业部有相对独立的责任和权利。企业战略方针的确定和重大决策集中在总经理层,事业部在总经理的领导下,依据企业的战略方针和决策实行分权化的独立经营。各事业部作为利润中心,实行独立的财务核算,总部一般按事业部的盈利多少决定对事业部的奖惩。但事业部的独立性是相对的,不是独立的法人,只是总部的一个分支机构。它的利润是依赖于公司总部的政策计算的,在人事政策、形象设计、价格管理和投资决策方面一般没有大的自主权。事业部内部通常又是一个 U 型结构。事业部制组织结构如图 3-8 所示。

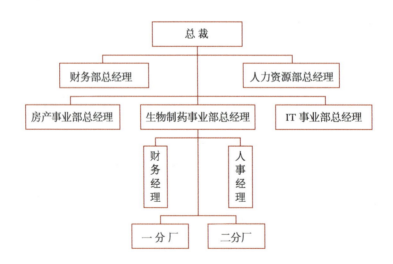

图 3-8　事业部制组织结构示意图

事业部制的优点主要在于:

(1) 各事业部都有自己的经营范围,在此范围内拥有较大的经营自主权,而且对本业务较熟悉,可以根据实际发生的情况迅速做出反应;

(2）有利于高层领导摆脱日常管理事务，更加关注于公司整体发展战略；

(3）事业部总经理负责领导一个自成系统、独立经营的准企业，有利于培养全面发展的企业高级管理人才，为公司总部储备后备人才；

(4）按产品划分事业部，便于组织专业化生产，形成规模经济，有利于节约经营和生产成本。

事业部制的缺点在于：

(1）各个事业部都需要设置一套齐备的职能机构，因而用人数较多，费用较高，往往造成机构重复设置的情况；

(2）各事业部自主经营、独立核算，考虑问题往往从本部门角度出发，忽视整个企业的利益。

4. 子公司制

简称 H 型结构（Holding Company Form）。这是一种比事业部制更为分权的组织结构。子公司制组织结构如图 3-9 所示。

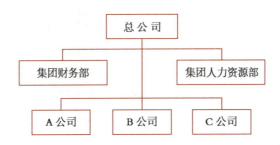

图 3-9　子公司制组织结构示意图

它的特点在于母公司和子公司之间不是行政上的隶属关系，而是资产上的联结关系。当子公司的股权全部归一家公司所有时，称为"独资子公司"或"全资子公司"；如子公司归两家以上公司所有时称为"联合子公司"。母公司对子公司的控制，主要是凭借股权，在股东会和董事会的决策中发挥作用，并通过任免董事长和总经理贯彻母公司的战略意图。

子公司与事业部不同，在法律上具有独立的法人资格，它与母公司各有自己的公司名称、章程，财产彼此独立注册，各有自己的资产负债表。子公司自主经营，自负盈亏，是一个投资中心。

子公司制的优点在于，母公司与子公司在法律上各为独立法人，相对降低了经营风险，子公司有较强的责任感和经营积极性。缺点在于，母公司对子公司不能直接行使行政指挥权力，只能通过股东会和董事会的决策来发挥其影响作用,因此影响较间接、缓慢。另外,母子公司各为独立纳税单位,双方之间的经营往来及盈利所得需双重纳税。

5. 矩阵制

前面提到的各种结构都存在一个共同的缺点,就是横向信息沟通比较困难,缺乏弹性。为克服这些弊端,在企业中根据产品项目或某些专门任务成立跨部门的专门机构,这样形成的组织结构即为矩阵制。矩阵制中成立专门的机构,如 A 产品市场开发小组、全面质量管理办公室等。专门小组的成员由各部门抽调,小组直属分管的经营层。有些专门机构是临时设置的,任务完成后即撤销。矩阵制组织结构如图 3-10 所示。

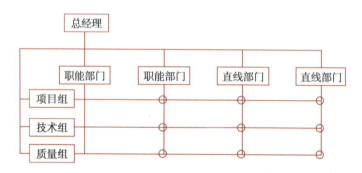

图 3-10　矩阵制组织结构示意图

矩阵制组织结构的优点是:有弹性、适应性好、横向信息沟通容易、协调配合好。其缺点是:缺乏稳定性,双重的领导结构容易产生矛盾。

6. 其他结构

(1) 网络结构:一种只有很小的中心组织的结构,以合同为基础,依靠其他组织进行制造、销售等非关键业务,自己从事擅长的核心业务。也即供应链管理。

(2) 任务小组结构:一种临时结构,用于完成特定的、清楚定义的任务,需要组织的其他单位人员参与。任务完成后,小组自行解散。

(3) 委员会结构:将交叉职能部门的人组织在一起解决问题的一种组织结构。这些不同经验、背景的人聚集在一起,跨越职能界限处理问题。

七、赢得优势的组织设计

职能制结构是最早被大公司使用的,并最终与官僚制联系到一起。事业部制结构是组织的下一个创新,这种模式提供了一个方式,将诸如通用汽车公司(General Motors)和西尔斯-罗巴克公司(Sears Roebuck)这样的大公司划分为更多的可控利润中心。接着发现了跨职能团队的概念,这种团队以横向方式工作,以便实现跨部门的协调。横向团队演进成为矩阵式结构,这种结构同时具有两个方向的层级制度。

新经济条件下的组织设计创新体现在:由纵向向横向管理的重要转变、业务流程的重新设计,也被称为再造工程;以及使用动态网络结构。这种创新通过新的方式开发利用人力资源,给企业的发展带来竞争优势。

1. 建立横向型组织

现在许多公司正在进行转变:摆脱过去上层负担过重的职能式结构,转向另一种模式。事实上,这种模式淘汰了纵向层级制度和老的部门边界。横向型公司具有如下特征:

(1)围绕工作流程或过程而不是部门职能来建立结构。传统部门的边界被打破。例如在克莱斯勒公司(Chrysler),结构围绕新车型开发的核心流程来设计。

(2)纵向的层级组织扁平化,只在传统的支持体系设计职能部门,如财务和人力资源部门存留少量高级管理者。

(3)管理的任务委托到更低的层级。多数职工在多职能、自我管理型团队中工作,这些团队围绕诸如新产品开发之类的过程而组织。比如柯达公司(Kodak),撤除了主管诸如行政管理、生产和研发的副总裁,取而代之的是自我管理型团队。公司拥有100多个这样的团队,为各种各样的流程或项目工作。

(4)顾客驱动了横向型公司。为了使横向设计奏效,流程必须以满足顾客需求为基础,使得员工像和供应商联系一样与顾客进行直接的经常的联系。有时,这些外部组织代表像训练有素的团队成员一样推动了企业的发展。

2. 基于流程重组的组织再造工程

组织横向结构的转变通常与再造工程密切相关。后者是席卷整个美国的最新管理理念。组织再造工程是一种涉及业务流程彻底再设计的跨职能管理过程,它将导致组织结构、文化、信息技术的同时变更,并在客户服务、质量、成本、速度等方面引起绩效的重大改善。很多公司都尽力施行重大再造工程,更多的公司对一个或若干特殊流程进行了再造。组织发现:在后工业社会中旧的做事方式已经不再有效,再造工程是公司用来驱使自身迎接新的挑战的一种方式。

组织的再造工程在本质上意味着:采用全新的流程管理方式,抛弃所有有关现在如何工作的概念;着眼于如何更好地设计工作以取得更好的绩效。其思想在于消除工作流程中的死角和时滞。成功的再造工作是顾客驱动的,例如,从外到内审视工作流程,对南方贝尔公司(Bell South)意味着通过减少一些工作将有关成本削减到零。这些工作在内部受到关注但并不给顾客增加价值,比如职员与职员之间的事务、群体之间的转接等工作。当再造工程驱使公司按照消费者的价值观检查工作和工作流程时,组织更有可能围绕关键目标和核心竞争能力来组织设计流程。再造工程在组织结构、文化、信息系统方面也带来了一些根本的变化:

(1)组织结构。

由于再造工程要审查跨职能边界的工作流程,因此这几年总是引起向更为横向式结构的转变。百事可乐公司(Pepsi-Cola North America)将其职能式、层级式的组织转变为一种围绕顾客服务而设计的组织,七个管理层级减少到四个。与之相似,路易斯安那州(Lousiana)的Premfor银行经过再造工程之后,组织结构更为扁平化,管理层级减少,撤除了一些检查或重复工作的职位,并放宽了总部对地区一级的集中控制。再造工程表明了伴随着对工作转变的设计,组织从纵向到横向的发展,这种工作转变是指由注重职能转向注重流程。大部分再造工程已经使公司完成了一半的改革发展历程,少数公司已经完成了向完全基于流程的组织结构的转化。

(2)文化。

当公司扁平化,更多的权利转向下层时,公司文化便发生了变化。低层的员工被授予决策权,并对绩效的改进负有责任。信任和对过失的宽容成为核心文化价值观。由于再造工程,南方贝尔公司(Bell South)的一些员工实际上因为失败而得到了奖金。主管组织计划与改进的副总裁理查德·哈德(Rechard Harder)说:"在转变行为的过程中需要一些有价值的失败。"在Premier银行,团队被授予有关如何更好地为顾客服务的决策权,质疑与实验成为文化的一部分。

（3）信息系统。

在传统组织结构的公司中，信息系统一般将职能部门内的人员联系起来。但是随着工作流程向过程而不是职能的转变，信息系统也需要跨越部门边界。波士顿的吉列公司（Gillette）公司进行再造，将其订购过程时间从12—15天减少到1—2天。信息系统进行了重新设计，以使接受采购的顾客服务代表能够迅速从他或她的个人电脑或工作站中获得下列资料：顾客情报、最新发明信息、定价数据，以及世界范围的配送日程安排。

再造工程可以带来令人意想不到的效果。但和所有经营理念一样，它也有自己的劣势。

再造工程成本高、耗时多，而且常常是一件痛苦的事情。应该意识到再造工程是一个长期工程，要求在思维方式和组织系统各部分都有重大的转变。

3. 动态性组织网络设计

20世纪90年代，一个重要的趋势是：一些公司决定只限于从事自身擅长的活动，而将剩余部分交由外包组织和企业来处理。这些网络化组织，有时也称为集成式公司，特别是在一些快速发展的行业，如服装业或电子行业，甚为兴盛。但即使在诸如钢铁、化工这类行业中，一些公司也在向这种类型的结构转变。

动态的网络组织结构以自由市场模式组合替代传统的纵向层级组织。公司自身保留关键活动，对其他职能，如销售、会计、制造进行资源外取，由一个小的总部协调或代理。在多数情况下，这些分立的组织通过电子手段与总部保持联系。

八、组织结构与战略的关系

生产力水平决定了企业组织结构模式的发展趋势，在一定生产力水平制约下，企业采用什么组织结构，是与它采取什么样的企业行为密切相关的。而决定企业行为的正是企业所制定的战略。企业组织结构的调整，并不是为调整而调整，而是要寻找、选择与经营战略相匹配的组织结构，切不可生搬硬套。企业是按产品设置组织结构还是按职能设置组织结构，是按地理区域设置分公司还是按用户设置分部，是建立战略事业部结构还是采用更为复杂的矩阵结构,一切必须以与战略相匹配为原则,以提高企业沟通效率、激励员工参与为目标。埃德森·斯潘赛说:"在理想的企业结构中,思想既自上而下流动,又自下而上流动,思想在流动中变得更有价值,参与和对目标分担比经理的命令更为重要。"对特定战略或特定类型的企业来说,都应该有一种相对理想的组织结构。

企业总是处在一个复杂多变的生态环境中。所谓企业生态环境指企业生存与发展所处的自然与社会环境,它包括:市场环境、政策环境、科技环境、地域环境、地缘政治环境等等。因为企业本身是一个开放的系统,它不断地与其生态环境发生物质、能量、信息的交换,企业生态环境的复杂性使得企业与其环境的相互作用异常的复杂。企业对周围环境的反应速度和企业本身组织结构的弹性,成为企业能否持续生存和发展的关键所在。企业面临的生态环境随时都发生着变化。当环境变化只是细微的、不影响全局的时候,企业可以通过对战略行为的微调,使企业在运行中达到平衡;一旦这种变化是对企业有重大影响的,那么制定新战略在所难免,此时创建与新战略相匹配的组织结构是战略顺利实施的重要保障。

战略决定企业的组织结构,反过来,组织结构对企业战略的顺利实施也有着重大影响。由于技术和竞争行为的变化,通常认为,对企业战略的威胁往往存在于外部。肯定外部的变化的作用是毫无疑问的,但是,对战略的更大威胁往往来自于企业内部。一个可靠的战略也会因为竞争观念的误导或组织的重大失误而大失其效。企业的组织结构不仅在很大程度上决定了目标和政策是如何建立的,而且还决定了企业的资源配置。战略指导下的企业行为演变的同时,其组织结构也应相应地发生变化,以新的组织结构实施新的战略,使企业行为达到目标最大化。

第三节　设计未来的组织

一、信息时代的挑战

信息社会的到来使社会生活的方方面面发生了翻天覆地的变化,人类正由工业社会的范式向信息社会的范式转变,这些变化不仅影响到企业的生存环境,也波及企业内部组织结构、管理观念,管理技术。

第一，规模经济的获得越来越难。规模经济产生于以不同的方式和更高的效率来进行更大范围的活动能力，意味着满负荷运行的活动在较大的规模上效率更高。但是规模与经济并不是正比例直线相关，随着规模的扩大，协调的复杂性和非直接成本的跳跃式增加可能导致某项价值活动中规模的不经济。大马不死、大企业不会破产已不再是企业发展恒定不变的规律。

> 1985年时任安然CEO肯尼斯将休斯敦天然气公司卖给世界最大管道公司——英特诺斯，新的安然公司组建后便向多元化、国际化发展。在传统领域，到1995年，安然已成为全美最大的天然气采购商及出售商，控制了美国北方1/5的天然气供应；在新领域，如电力、木材加工、钢铁、宽带网、贷款再保险等方面安然也投下巨资；在国际领域，印度、英国、中国、土耳其、意大利等都有安然旗下公司与企业。经过15年的苦心经营，安然积累了庞大的资金，成为全球最大的能源企业，申请破产时安然的资产规模已达到近500亿美元，但因为其总额超过100多亿美元的投资甚少回收，公司为此背负了312亿美元的沉重债务。在网络泡沫中企业盲目扩张，一旦美国经济快速衰退，经济环境急速逆转，安然无法有效应对、及时改变策略，导致其经营状况也随之急剧恶化。

第二，现在的市场已经从卖方市场转变为典型的买方市场，企业已无法大批量地提供类似的商品。消费需求倾向于新、奇、巧而精的商品，需求日益个性化、多样化，独一无二的商品更受市场的青睐。显然在多品种、小批量的生产条件下，M型结构的优势逐渐丧失，其存在的必要性和可能性越来越小。

第三，传统的、垂直一体化的组织由于经常以联合大企业的形式运作，变得太难以管理而不能生存。

第四，信息技术的高速发展使得市场交易成本大大降低。可以在互联网上很便捷地发布信息，询问价格，寻求合作伙伴。企业联盟可以迅速形成也可在满足需要之后又迅速解散，协调成本很低。反而是大公司机构臃肿，协调麻烦，其内部的交易效率为企业科层组织的效率所左右。

第五，以时间为基础的竞争已成为信息社会企业竞争的一个突出特点。企业的战略体现在：在合适的时间以合适的组织管理模式管理企业，使企业能在最短的时间生产出各类新产品以开拓新的市场。然而大公司的层级组织结构割裂了部门间及职能间的联系、交流与学习，造就的是一个结构化的、充斥着互不信任和一种互相贬低的文化组织。

二、未来组织的变革

1. 未来组织变革的力量

（1）不容回避的全球化。

在全球范围保持有效的市场存在，需要优质的产品、卓越的营销手段和当地管制当局的批准，因此，任何一家在北美、欧洲或亚太市场占有一席之地的大公司，不仅将失去它们产生的附加销售收入，还将冒被竞争对手击败的危险。

（2）企业之间建立生产合作关系。

为了节约管理成本、利用市场知识向客户提供完整的服务，同时因为内在技术向同一方向汇合，不同产品和服务之间的边界正在淡化，企业之间的生产合作关系将越来越密切。

（3）互为补充的技术。

单个企业的力量是有限的，必须使得企业与其他技术上具有互补性的企业联合起来，以利用其现有力量适应特定的市场。

（4）分散风险。

开发成本的上升，导致失败的概率（风险）也随之上升，应采取合作等方式来有效分散风险。

（5）更薄的利润。

为了从低收益的资产与服务性业务中努力获取更好业绩，迫使公司之间开展合作。

（6）管理压力。

为了削减管理成本，管理者将放弃其陈旧的等级制度，将会计职能集中化，把人力密集型业务转移到劳动力更低廉的地方，削减（甚至关闭）公司总部，为削减成本而大量外包。

（7）学习或者消亡。

一个组织想要生存，其学习的进度必须超过、至少要等于环境变化的进度。文化变革和组织变革是保证组织学到必需的任何知识应该最先做的事情。

（8）品牌的力量。

信息社会的发展把世界各地市场拉近了，国际性品牌的力量得到加强，从而产生三方面压力：一是地区性竞争对手参与游戏的赌注提高了；二是直接压力减少，但长期压力却产生了；三是品牌价值越大，越有理由充分开发它。

2. 未来组织变革的方向

（1）水平化。

为获得下属的力量、奉献和创造力，管理者正在把重点从资本的配置转向对知识的管理及学习，并围绕目标、过程和人建立更加柔性、有机的组织。

（2）以知识为基础。

越来越多的企业正在投入新的力量，以评价和发展并更有效地利用其巨额的知识资产。知识资产是未来企业的核心竞争力。

（3）向互联网迈进。

信息技术将帮助不同职能部门间正式与非正式网络的分布与团队工作和项目工作，促进公司内部沟通，并帮助在企业里创造一种信任、合作和协同工作的气氛，也让企业为顾客提供新的产品与服务成为可能。

（4）从庞然大物到虚拟组织。

设计、生产、营销、广告、分配、会计与人力资源都可以从专业厂商处买到，或通过与其他企业的结盟获得。

（5）不断增长的相互依赖性。

企业将通过对非核心资源的处置、表决、结盟、网络化或外包来培育和维护其核心竞争力，这就会导致对外部的依赖增加，与外部的合作加强。

三、未来的组织模式：网络化企业组织

未来组织形态将基本上是虚拟组织或完全成熟的虚拟组织，这种组织是开放的，其组织环境是复杂的。这里称之为网络化企业组织。

1. 网络化企业组织的特点

未来的网络化企业组织呈现出如下特点：

第一，组织的扁平化。组织构建中一种可靠的结构原是具有最少的层次，即拥有一个尽可能"平面"的组织。信息技术的迅猛发展使社会各层面的活动量显著增加，知识流大大加速。时间的压力要求组织做出快速反应和决

策以保持企业的竞争力。传统的等级制严重地阻碍了这种反应和决策。正是企业计算机技术及互联网技术的应用,使企业内外的信息传递更为方便、直接,原有组织内大量中间层面得以删除,管理层次的减少有助于增强组织的反应能力。企业的所有部门及人员更直接地面对市场,减少了决策与行动之间的延迟,加快对市场和竞争动态变化的反应,从而使组织能力变得柔性化,反应更加灵敏。

第二,组织的网络化。在管理组织中,既强调等级,更强调协调。网络化组织的中心有个由关键人物组成的小规模内核,他们为组织提供着持久的核心能力。网络经济条件下可以充分利用互联网强大的整合资源能力,进行网络化的管理。通过互联网的开发,将企业所面临的众多分散的信息资源加以整合利用,通过一个界面观察到很多不同的系统,从而实现迅速而准确的决策。

第三,组织的无边界化。组织更多的不是表现为一种有形的障碍,其界限越来越趋向于无形。企业再也不会用许多界限将人员、任务、工艺及地点分开,而是将精力集中于如何影响这些界限,以尽快地将信息、人才、奖励及行动落实到最需要的地方。"无边界化"并不是说企业就不需要边界了,而是不需要僵硬的边界,是使企业具有可渗透性和灵活性的边界,以柔性组织结构模式替代刚性模式,以可持续变化的结构代替原先那种相对固定的组织结构。

第四,组织的多元化。企业不再被认为只有一种合适的组织结构,企业内部不同部门、不同地域的组织结构不再是统一的模式,而是根据具体环境及组织目标来构建不同的组织结构。目标决定战略,而战略决定结构。管理者要学会利用每一种组织工具,了解、并且有能力根据某项任务的业绩要求,选择合适的组织工具,从一种组织转向另一种组织。

2. 网络化企业组织的表现形式

(1) 转让与收购。

在业务核心化的名义下,公司应该卖掉有问题的业务,并收购那些拥有自己所需要的竞争力的公司,但必须注意,收购是存在风险的,必须仔细权衡。

(2) 战略联盟与合伙企业。

在变化的商业环境中,一家公司(尤其是那些渴望获取新的竞争力的年轻公司)通常只有在其他公司的帮助下,才能实现自己的目标,这是战略联盟和合伙企业得以发展的主要原因。锻造战略性联盟在操作时应该注意下面几点:① 确信可以得到高级管理层的支持;② 谨慎地、透彻地考虑更为广泛的战略与结盟目标；③ 公司是否准备向联盟学习以及帮助联盟向自己学习；④ 像最高执行官那样仔细挑选合作伙伴；⑤ 用开放的思维来协商；⑥ 选择一名优秀的经理掌管事务，并给他一个明确但有弹性的任务；⑦ 得到所有作业层次的承诺。

(3) 外包。

由于一些非核心竞争力分散了管理者对于核心竞争力的关注，因此，很多企业将不能形成核心竞争力的业务外包出去，以维持和发展企业的核心竞争力。保证外包成功的因素有：① 企业管理层在哪些是核心业务、哪些是非核心业务问题上达成共识；② 仔细检查价值链的每一阶段，并将资源集中于有可能或必要提高绩效、降低成本、简化管理的地方；③ 选出最容易或最紧迫的业务领域，并仔细检验工序以检验如何能更有效地完成它；④ 搜集一些供应商的名单，并用它来安排可能影响到的工序、系统和人员；⑤ 选定供应商/或仍将工序保留在企业内；⑥ 对过渡工序和并行处理阶段进行管理；⑦ 对业绩进行管理。

本 章 小 结

组织是两人或两人以上，用人类意识加以协调而成的活动或力量的系统。这种"协调系统"依据系统原理，使系统中的各种要素相互协调配合，产生"综合效应"，保证企业目标的实现。

组织理论并不是事实的汇总，而是关于组织的一种思维方式。组织理论是深入而准确地洞察和分析组织的方法，这种观察和思维方式是以组织设计和行为的方式及规律为基础的。组织理论从经济学和管理学角度着手，以组织为研究中心，分别沿着组织之间的关系和组织内部的结构与协调两条主线，探讨市场结构、市场行为和市场绩效三方面内容。

组织设计是对一个组织的结构进行规划、构设、创新或再造，以便从组织的结构上确保组织目标的有效实现，它是一个动态的过程。

生产力水平决定了企业组织结构模式的发展趋势，在一定生产力水平制约下，企业采用什么组织结构，是与它采取什么企业行为密切相关的。

而决定企业行为的正是企业所制定的战略。企业组织结构的调整,并不是为调整而调整,而是要寻找、选择与经营战略相匹配的组织结构,切不可生搬硬套。

战略决定企业的组织结构,反过来,组织结构对企业战略的顺利实施也有着重大影响。一个可靠的战略也会因为竞争观念的误导或组织的重大失误而大失其效。企业的组织结构不仅在很大程度上决定了目标和政策是如何建立的,而且还决定了企业的资源配置。

战略在变换,环境在变化,决定了企业的组织结构也必须不断调整,以适应未来竞争日益激烈和复杂的需求。未来的组织结构可能会呈现以下特点:水平化、以知识为基础、向互联网迈进、从庞然大物到虚拟组织、不断增长的相互依赖性等。这些特点,描述了未来组织设计的发展框架,为未来组织的发展点明了方向。

思考与讨论

1. 古典组织理论的学者们提出了组织结构的基本模式,你体会它们是怎样的?这些模式今天对企业还适用吗?

2. 在我国企业管理发展史上,对企业组织结构变革的指导,曾经犯过"一刀切"、"一个模子"的毛病,你认为其理论上的根源何在?

3. 让职能机构有职有权才能发挥职能机构的作用,但这样又可能产生职能机构干扰甚至削弱直线组织统一指挥的问题,在组织设计中,可以采取哪些措施防止这一问题的出现?

4. 为了降低环境不确定性对企业内部生产的冲击和干扰,试列举各个专业管理部门应如何发挥其缓冲作用?

5. 我国经济体制从计划经济转向社会主义市场经济,国有企业为适应市场竞争面临战略性变革与调整的压力,如何从组织结构设计上为国有企业改革提供支撑?

第四章 组织学习与组织创新

第一节 组织学习是组织创新发展的基本保障

一、如何理解组织学习

1990年彼得·圣吉的著作《第五项修炼：学习型组织的艺术与实务》出版，"组织学习"一词骤然成为管理的热门词语，圣吉等人继而于1994年推出《第五项修炼：实践篇》，以个案和练习补充前书的学习。

事实上，学习型组织（Learning Organization）虽然是个新名词，组织学习（Organizational Learning）的学说却已有多年的历史；然而组织学习是因《第五项修炼》而受到高度重视，也是不争的事实。

在经济学中，学习被认为是可触摸的、可量化的价值的增殖活动；在管理学中，学习被看作是持续竞争优势的源泉；而在创新理论中，学习则被认为是比较创新效率的源泉。更进一步讲，学习既是一个个体化的过程，又是一个组织化的过程。对于组织化过程的学习来说，它是一个社会或集体现象，它要求共同的交流基础和协调的探索程序。因而，从本质上说，组织学习是一种包括了一系列不同于个人学习的活动。所谓"组织学习"，是指组织成员积极主动地利用有关资料与信息规划自己的行为，以提高组织持续适应能力的过程。组织学习的最大特点是以一个共享的知识基础为中心，正是这个包含着意会知识的组织共享的知识基础使组织行为的变化，乃至组织创新成为可能；否则，组织行为的变化和组织创新就会丧失连续性和自我同一性，组织也就难以保持其应有的完整性。

1. 组织学习可以看作是一个带有控制反馈机制的不断改正组织错误的过程

从形式上看，组织学习包括三种类型：单环、双环和反思。

单环学习，即"知道如何做"，是一种维持学习，主要是用来发现并纠正不符合个体或组织现有规范的偏差，以维持"使用理论"（人们行为背后的假设，却常常不被意识到）的主要特性，实质就是指通过学习来维持个体或组织的现状。在单环学习中，组织成员共同进行探索，发现错误、提出新战略，并且还要评价和确定解决问题的方法。单环学习通常发生于对市场变化情况和竞争对手压力的响应，它是一种企业日常技术、生产和经营活动中的基本学习类型。

双环学习，即"知道为何这样做"，是对自己（个体或组织）行为的正确与否进行反思，以改变"使用理论"中所体现的认知模式。双环学习不仅包括在已有组织规范下的探索，而且还包括对组织规范本身的探索。双环学习经常发生在组织的渐进或根本性创新时期，或者两个组织合并，一个组织的价值观、行为规范被另一个组织成功地接纳的过程中。

反思式学习则经常出现在组织反思以往是怎样学习的以及学习中的不足，从而进一步寻求更好的学习方法的情况下。反思式学习包括有意识地学习、怎样学习以及努力寻找提高单向式和双向式学习效率的途径。因而，反思式学习也是企业根本性组织创新过程中的主要学习类型。

2. 组织学习超越了一个组织内部个人学习的简单相加，它是一个社会过程

组织成员通过共同的观察、评价并采取一致的行动来迎接组织所面临的挑战。组织成员拥有共同的规范、标准以及有关它们的说明。这些，部分是可表述的，部分又是难言的；有时是一致的，有时又是矛盾的。从理论上讲，组织学习过程的目标就是要建立一种可以从自己和别人的经验中学习的机制，并能产生、储存和搜索知识，以达到组织行动的理想效果。在简单的组织学习过程中，组织通过监控环境的变化，解释反馈信号，辨别错误，并改正错误。为了创造性地学习，组织必须具有感知外在环境变化以利于改正错误的监控机制。这种监控机制包括对企业技术创新和组织创新的各类动力源和

信息源的监控。简单的学习过程包括组织的大量渐进型创新。虽然这种组织渐进型创新的每一步都是建立在组织已有的文化基础上的，但随着时间的推移，这种渐进型的创新有可能导致组织的根本性创新。

值得注意的是，简单的组织学习过程主要依靠反馈来刺激学习，而且这种学习过程主要集中于避免组织犯错误或者说避免组织脱离既定的目标和规范。因而，这种组织学习过程模型对于标准化的、保守的以及在一个确定的组织环境中不断上升的组织是合适的，然而对于那些处于动态的或不连续的技术和制度环境中的组织来说则是不适宜的。在那些不断发生巨大技术变革或制度变革的领域，有效的组织学习就不能仅仅是适应环境，而应鼓励那种打破常规的洞察力，以及各种各样探索性试验。既然外部环境和内部条件是不确定的，组织学习过程就应该允许错误出现。

二、组织学习的基本内容

哈佛大学教授大卫·加尔文认为，组织学习活动包括系统地解决问题、试验、从自己的过去与经验中学习、向他人学习以及在组织内传递知识等五项内容，这也是得到人们广泛认可的一种对组织学习的分类方法。

1. 系统地解决问题

解决问题的过程本身就是一种学习活动。通过发现问题，对问题进行分析，最后把问题圆满解决，不仅可以在这个过程中学习到新的知识、方法、技能，而且可以提高个人处理问题的能力。因此，通过发现问题、解决问题来学习不仅是一条行之有效的学习方法，也成为一项重要的学习活动。

所谓系统地解决问题，主要是指利用科学的方法收集数据，系统地分析问题产生的原因，把握不同因素之间的联系，并从中找出解决问题的高杠杆解的过程。所谓高杠杆解，指的是能最有效解决问题的方案，一个小小的改变，就会引起持续而重大的改善。然而，在复杂系统中，寻找高杠杆解并不是轻而易举的，没有简单的规则可循，必须采用科学的思维模式、实用的工具与方法，才能提高找到它的几率。系统地解决问题最突出的特点在于，它不仅要求企业员工掌握必要的方法与技巧，而且需要养成良好的思维习惯，即在观察、分析问题的过程中，避免简单、随意的反应，要尽量收集大量数据资料，并利用科学的方法进行分析和深入思考，避免盲目和片面，力求透过事物的表象揭示其深层次的原因和各种可能的结果。

系统地解决问题是一种重要的组织学习活动。它能把理论与实践结合起来,把学与用结合起来,在用中学,并学以致用。因此,推广系统解决问题的技巧具有重要意义。

2. 试验

试验与解决问题是两种互为补充的学习方式。如果说解决问题主要是为了应付当前困难的话,那么试验主要是面向未来,为了把握机会、拓展空间而展开的创造和检验新知识的活动。

试验可分为两种类型,即持续性试验与示范性试验。

(1) 持续性试验。

由一系列持续的小试验所组成,逐渐积累企业所需的知识。这类试验的意义集中体现在"持续"两字上,必须使一系列试验有一个清晰的战略指导,能满足企业发展的需要,而不是东一锤子,西一榔头,没有明确的目标。这也是实施这类试验的精髓与难点所在。事实上,许多企业都曾组织过不止一次的试验,但真正做到"持续"的却并不多见。

成功的持续性试验必须具备以下几项条件:首先,公司必须确保不断产生新的构思。这一方面有赖于员工的广泛参与,另一方面也要善于从公司外引进智力。其次,要在组织内建立适当的激励机制,既鼓励员工勇于冒险、敢于创新,不挫伤员工的积极性与创造性,又不至于使试验、冒险活动失去控制。最后,要求管理者与员工熟练掌握一定的理论知识与技巧,以利于试验的顺利进行与正确评估。这些技巧有很多不是天生就会的,必须经过专门的培训和有意识的学习。这些理论与技巧包括统计方法(如试验设计方法)、图解技术(如过程分析方法)和创造力技巧等。

(2) 示范性试验。

一般是在某个单位进行比较重大的、系统的变革,其目的通常是为日后即将大规模推行的重大变革做准备。因此,示范性试验不仅比持续性试验规模更大、更为复杂,而且对于组织的影响也更加深远和广泛。

由于示范性试验通常是新思想、新方法的初次运用,除了要求慎重决策、精密筹划、细心推进外,还必须根据实际情况及时调整试验内容,边做边学。同时,高层领导者也必须对试验中涉及组织的大政方针与决策准则的有关内容保持高度的警觉。如果希望通过试验建立新的准则,领导者就必须明白无误地表达出对新规则的支持,否则可能会使员工对新规则是否真正有效产生怀疑,从而莫衷一是。另外,这种试验通常由一个强有力的、跨部门的团队来负责,并直接向最高管理当局负责。除非有明确的指示,否则应将试验结果限于特定的范围,避免对组织其他部门产生冲击,待试验结果稳定、成熟之后再进行推广。

试验也是一种重要的组织学习方式。它对于组织的生存与发展具有重要作用。

3. 从过去的经验中学习

"温故而知新",从自己过去的经验中学习是一种最经济有效的学习方式。重新审视公司过去的成败得失,系统、客观地对其做出评价,并将其向全体员工开放,让他们铭记教训,是组织学习的一项重要内容。然而,不幸的是,很多管理者却对自己的过去这一知识宝藏置之不理,甚至不屑一顾,他们宁愿花大把大把的钱去请咨询人员,也不愿意抽出一点时间整理一下自己的过去,白白让大好的学习机会溜走。

从过去经验中学习的精髓在于使公司养成认清有价值的失败与无意义的成功的思想形式。有价值的失败指的是能使人产生顿悟,澄清人们的认识,从而增强组织智慧的失败。而无意义的成功指的是虽然万事大吉,但人人浑浑噩噩的尴尬局面。表面的成功或相安无事,并不一定意味着可以高枕无忧。同样,对于失败,也不能一棍子打死,必须能透过表象看清事物的本质及其发展规律。因此,从过去经验中学习不能停留于表象,将一些肤浅、凌乱的知识、经验堆砌在一起就算了事,必须对其进行深入的分析、提炼出精华,并上升为可以指导行动的一般理论和基本规律。在知识形成过程中,这是非常重要的一关,而且具有更大的应用价值。

值得注意的是,虽然大多数人都知道"失败是成功之母"的道理,但实际上,对失败的反思往往要比回顾成功困难得多。一方面,人们都有趋利避害和虚荣的本性,不愿意提及失败的痛苦经历,而比较喜欢回忆成功的辉煌;另一方面,在组织中,对失败的反思还必然会涉及由谁来承担责任这一棘手的问题,因此使得对失败的反思难以有效进行。但不能坦诚地面对失败,往往无法发现人或组织存在的缺陷,为以后的发展埋下了隐患。因此,从某种意义上说,失败比成功具有更大的学习价值。

4. 向他人学习

组织不能只从其自身学习,组织外部存在更多、更丰富的知识。聪明的管理者知道,虚心向他人学习可以使自己获益匪浅,即使是毫不相关的领域都有可能激发创新的灵感。向他人学习包括很多内容,几乎囊括企业整个外部环境,从同行竞争对手到不沾边的企业,从顾客、供应商到科研机构、大专院校,从企业管理专家到街头摆摊儿的小贩,都可以成为组织学习的对象。可以毫不夸张地说,现实生活中,学习的机会几乎俯仰皆是。其中,向同行企业学习与向顾客学习是两种主要的学习形式。

(1)向同行企业学习——标杆战略。

由于是同行,它们在对行业、环境的判断以及企业的生产、经营管理方面都有很多"共同语言";同时,行业内一家企业的举动或多或少都会对其他企业乃至整个行业产生影响。这使得向同行企业学习对于企业具有特殊重要的意义。

向同行学习的形式很多,比较常见的有参观观摩、参加经验介绍会或研讨会、人员交流等形式,更为全面、系统的方法是现在风行一时的"标杆战略"。所谓标杆战略,是不断揭示、分析、采纳与实施业界最佳管理实践的一项持续的调查研究和学习活动。

标杆战略不是走马观花、蜻蜓点水一般将"热门企业"或"获奖企业"巡访一番,而应有一套明确、严格的规则和程序。首先,对业内企业进行深入细致的调查,确定业界最佳管理实践并对其进行仔细研究;其次,认真对比自己的实际状况,找出差距,通过系统地勘察、访问,制定改进意见;接下来,认真组织实施。标杆战略不是一个孤立的项目,而是一个循环往复的持续活动。

(2)向顾客学习。

同标杆战略一样,向顾客学习也可以为企业提供大量丰富的信息。与顾客交谈总是能激发学习,因为顾客是使用产品的专家。顾客可以提供最新的产品信息、产品的使用情况、对产品服务的反馈意见、不同产品的优劣以及对产品的改进意见,这些信息可以激发产品的改进与创新;顾客对不同企业的评价与态度,可以作为企业领导者判断竞争形势的重要依据。因此,向顾客学习对于企业各个部门都是非常重要的,上至高层管理者下至一线职工,都要培养起与顾客接触、从顾客处学习的习惯。

与此同时,顾客又是不可靠的。顾客向来是缺乏远见的,他们有时无法准确表达自己的要求,或者描述自己遇到的问题。遇到这种情况,就必须要求管理者深入顾客现场去观察,努力捕捉顾客潜在的需要,引导顾客的需要,不能满足于简单满足顾客的需要。

5. 在组织内传递知识

组织学习不是某些人或某些部门的事,它要求全体成员、所有部门都积极行动起来,促进知识在组织内部快捷流畅地传播。因为知识只有为更多的人所掌握,才能发挥更大的效用。把知识封锁在一个人或一个部门的手中,只会限制组织的成长,是建立学习型组织的大忌。学习型组织的一个基本特征就是开放、自由的组织文化氛围。

促进知识传播的方法有很多种,包括书面或口头报告、经验交流、参观观摩、个人岗位轮换、教育与培训等。在此不再详述。

三、组织学习的过程

考夫曼将个体的学习过程描述为"见—解—思—行"的循环,所谓"见"(Observe),指的是从特定经历中取得素材,不仅指观察,还包括通过各种渠道获得的感觉、知觉等;"解"(Assess)是对得到的素材进行解释、评估,加以理解;"思"(Design)是对解释、评估以后的信息加以总结,形成抽象的概念、理论或模式;而"行"(Implement)则是将概念、理论付诸实践,以检验概念或理论的真伪。

与此相对应,我们认为,组织学习过程包括以下四个环节:

1. 个体学习与创新

指的是个体在观察、思考基础上进行学习和创新。从根本上讲,只有人才能学习,离开了个体的学习,组织将无法学习。虽然个体的学习和创新并不能自然导致团体和组织的学习,但个体学习和创新却是组织学习的基础,是组织学习的"种子"。创新也许来自一个灵感或顿悟,但其实离不开长期的实践积累和总结思考。

2. 制度化的沟通

个体创新成果必须通过一种制度化的社会传播机制,让更多的人了解、掌握、共享，才能促进组织学习。在组织内，要打破部门之间的隔阂，增加员工之间的交流，使知识能够尽快地传播和流动。为了增进员工间的沟通，进而提升学习与创新能力，有些国际知名公司在办公总部里，增设扶手电梯，要求员工尽量用扶手电梯而非升降梯上下楼；有些公司则把公司资料档案集中放在走动式的橱架上，员工需要资料时，再去把资料架推到适当的地点；还有些企业则在办公室的设计上，特别增加了员工可以互相闲聊的交谊空间。类似这些作法，都不是正式的法令规定，而是在员工的工作环境上，自然地增进员工间互动与沟通的机会。

3. 形成学习网络

更多的人在学习和运用该创新成果的基础上，应该给出更多的反馈，形成特定的学习网络（也有人成为实践小组、社团，Community of Practice，简称CoP）。这时候，学习就从少数创新个体过渡到一个或更多的团体，并形成互动。除了企业内部的互动与沟通以外，企业之间的沟通互动也不能忽略，例如，同行业之间可以透过业务的往来或商会、公会的活动而互动。从创新学习的角度来看，除了同业间的沟通交流外，现在流行的异业交流，也十分值得推广。

4. 形成学习机制和学习保证与促进机制

组织学习是一个系统工程，如果不是精心培育，学习就不会真正发生。同样，如果学习只是一个孤立的项目或任务，而不是全体员工发自内心的追求，企业也不会开始真正的学习。因此，在组织学习的第四个环节中，组织应该在整个企业层面上建立学习机制和学习促进与保证机制。所谓组织的学习机制，包括建立组织共享的知识库、知识的显性化、从过去经验中学习和"干中学"（Learning by Action）以及向顾客学习、向他人学习等社会化的制度和规范；而组织学习促进和保证机制，则要从企业文化、规章制度、组织结构与流程以及技术等方面，建立适宜学习、鼓励学习、促进学习的环境。

通过这么一个循环的过程，将促进个体产生更多的创新和反馈，从而使组织学习能够像"滚雪球"一样，越来越壮大。通过促进个体学习，进而带动团队和组织学习，企业就可以建立起灵敏的竞争情报系统，敏锐地察觉客户需求、竞争对手的变化以及技术、社会环境的发展趋势；同时，快速掌握组织内部运转状态以及各项指标的健康状况，每个个体都能理解这个组织的目标,并适时采取最佳的应对策略和行动,从而使企业成为"敏捷"的学习型组织。

四、组织学习与组织创新发展

企业组织创新过程实际上就是一个复杂的组织学习过程。如果我们从组织学习的角度来看企业组织创新过程,那么,企业组织创新就应该是在适应型或创造型组织视野引导下,通过企业不同子系统以及不同职能部门的合作而达成的一种双环学习或反思式学习。根据圣吉的理解,这种学习通常是指包括这样四个环节的循环,即:新洞见的出现→创造新的选择→产生新的行动→观察行动结果,打断了这个循环也就打断了组织学习,正是通过这种循环,组织的新知识得以创造并逐渐积累起来。

在组织创新过程中,人们之所以能够很快地接受并适应组织的新视野、新规范和新要求,很大程度上就在于这种不断循环的学习过程。从组织学习理论出发,结合对企业组织创新的内在过程的描述,我们可以刻画出企业组织创新过程中的学习机制(如图4-1所示)。在这一机制中,随着组织创新模式的不同,组织学习的类型也有所变化。具有组织的根本性创新特点的创新模式,往往伴随着反思式的组织学习,这实际上是一个"学习如何学习"的过程,通过反思组织视野、组织学习方法以及学习中的不足,组织得以迅速把握技术机会和市场机会,从而能够不断地以新的产品和服务来为自己赢得生存空间;而对那些带有渐进性创新特点的创新模式来说,双环式学习经常是一种主导学习模式,通过这种学习,组织能够不断调整和修正组织的视野和规范,从而进一步发挥组织资本的催化功能。另外,在组织创新过程的不同阶段,经常伴随有不同形式的组织学习。例如,在组织创新思想形成阶段,有以获取新的组织知识为主导的学习形式;在组织诊断与模式选择阶段,则主要表现为在观念震荡中学习;在创新设计与时机选择阶段,又主要是在组织冲突中学习;而在实施阶段和创新评价阶段,学习的主导形式是在组织的重新社会化中学习。不同形式的学习有不同的特点,并在组织创新过程中起着不同的作用。在实际组织创新过程中,如果忽视组织创新的隐过程,经常容易造成对相应学习形式的忽略,进而制约了组织创新过程的顺利进行,直接影响到企业的核心能力和整体发展。

因此,根据以上分析,我们可以得出结论:组织学习是组织创新发展的基本保障。

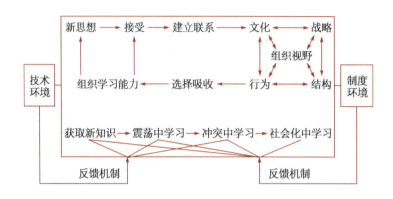

图4-1 企业组织创新过程中的学习机制

从今天知识经济的时代背景来看,组织创新过程中学习机制的本质在于实施有效的知识管理。知识管理就是为企业实现可编码化知识和意会知识的共享提供新途径的管理,其目的在于通过知识共享、运用集体智慧提高组织的应变和创新能力。由于可编码化知识易于整理和进行计算机存储,而意会知识则难以掌握,它集中存储于组织成员的头脑中,是组织成员们所获得经验的体现。因而,知识管理就不仅限于信息管理,而是更侧重于人的智力资源的开发与管理,其本质在于把信息与信息、信息与人、信息与过程联系起来,以利于进行大量创新。

实行有效知识管理所要求的远不止仅仅拥有合适的软件系统和充分的培训,它要求组织的决策层把共享的"知识基"和创新视为赢得竞争优势的支柱。如果组织成员为了保住自己的工作而隐瞒信息,如果企业里所采取的安全措施常常是为了鼓励保密而非信息公开共享,那么这将损害企业的"知识基",对企业未来发展构成巨大威胁。知识管理要求组织成员共同分享他们所拥有的知识,并且要求组织视野能有效激励人们实现知识共享。

第二节 促进组织学习的条件

一、组织学习的失误

许多组织之所以不断衰退、消亡,最终成为短命公司,并不是因为这些组织没有进行学习,而是他们在学习过程中出现了偏差,阻碍了组织进行真正意义上的学习。我们把这种偏差称之为"组织学习的失误"。

1. "单环学习"失误

"单环学习"失误可以分为两大类:一是个体进行了概念性学习但操作性学习被阻;二是个体或组织虽然进行了操作性学习但概念性学习被阻。前者包括"封闭性学习"和"限制性学习";后者包括"迷信学习"和"模糊学习"。下面分别进行叙述并举例说明。

(1) 封闭性学习。

虽然个体学到了知识,但在组织环境中没有采取合适的行为,即个体概念性学习没有被转化为个体操作性学习,这种学习被称为"封闭性学习"。这种学习使得组织的共同认知模式不能真正建立起来。原因可能是因为个体工作负荷过重、动机水平低、兴趣不一致或不愿做等。例如,专利部经理 A 先生了解到竞争对手正在申请一项专利。但他不知道生产部是否对这项专利感兴趣,而且自己也无法判断这项专利的潜在价值。但如果告诉生产部,自己就必须准备详细材料和提出可能的应对策略。这无疑给 A 先生本来就紧张的工作加重了负荷。在这种紧张的环境下,A 先生最终没有通知生产部。结果是竞争对手顺利申请到专利,从而挤占了本公司产品的市场份额。

(2) 限制性学习。

尽管个体想方设法改变组织的某些行为,但组织却漠然视之。个体的操作性学习没有在组织环境中实现。这种学习被称为"限制性学习"。主要是组织中的沟通系统不畅,个体间缺乏合作所致。另外,由于个体的想法及努力被忽视,又导致了"封闭性学习"。例如,B 先生尽管是一名普通员工,但常常会提出很有建设性的建议。可惜的是,主管对此毫不理会,甚至给予冷嘲热讽。经过多次打击之后,B 先生不再提任何建议。

(3) 迷信学习。

由于缺乏必要的行动概念、模式或理论,个体或组织重复习惯性的行为而不知道为什么,缺少理性的思考。这种学习被称为"迷信学习"。原因主要是因为个体认知模式或组织的共同认知模式不适当所致。例如,C 先生是一家商业组织的市场部经理,他评价自己团队的标准有两个:销售额和对利润的贡献率。但他对这种考核办法不太满意,因为当销售额上升或价格走高时,团队成员就把其归功于团队的努力,但当销售额下降或价格走低时,团队成员就把其归咎于市场因素、竞争对手等。但C先生由于没有适当的方法来对团队努力效果与市场影响效果进行区分,也就不可能对团队成员个体的贡献进行评价。C先生这种情况属于典型的个体"迷信学习",其领导的团队就属于组织"迷信学习"。

(4)模糊学习。

使用来解决问题的认知模式是适当的,如果对行动结果缺乏有效的评价,如缺乏反馈,就会导致"模糊学习"的产生。它将会影响组织成员以后的行为及对组织管理制度的信任程度。例如,D公司为了把交货时间由七天缩短为三天,进行了系列的组织变革,但对变革过程缺乏量化的考核,监控也不力。结果是,过了一段时间,组织又恢复到原来的状态。实质上,组织没有进行真正意义上的学习。

2. 双环学习失误

"双环学习失误"主要发生在更新或修正个体认知模式或组织的共同认知模式过程中,有三种类型:"表面学习"、"片断学习"和"投机性学习"。

(1)表面学习。

"表面学习"主要发生在个体水平。当个体没有进行"双环学习",或者即使进行了"双环学习",但没有同时进行操作性学习和概念性学习时,就产生了"表面学习"。个体没有认识到改变认知模式的必要性,或者即使认识到了并且改变了认知模式,但也不知道何时及如何运用它,因此失去了原本能够增长的知识,而且整个组织也没有获得知识的增长。例如,E先生由于其个性特点所致,习惯于独裁式领导。但现在通过阅读一些组织行为学的书籍以及参加高层管理者论坛会,认识到参与式领导的意义。于是,他尝试改变自己的领导方式。但他感觉到下属并不信任,处处怀疑自己的行为。最终,他还是采用以前惯用的独裁式领导("限制性学习")。尽管E先生已经改变了自己对领导行为的认知,但这种转变没有体现到具体行为上,仍采用以前的独裁式领导。因此,E先生的这种改变没有取得真正效果。又如前面提到的C先生,他尽管也改变了其对市场的认知,但却没有能够建立起有效的认知模式。当新的情况出现并需要新的决策时,他就感觉无所适从。因此,又恢复原来的行为。

我们前面讨论的"单环学习"的所有失误都会导致"表面学习"。因为个体为了避免认知的冲突,就认为自己的认知模式是对的,没有必要去改变它。

为此,个体通常会设置种种阻碍使得学习无法进行。

(2)"片断学习"。

"片断学习"发生在组织层面,是指组织没有进行概念性学习。虽然个体进行了学习并改变了自己的认知模式,但如果没有形成组织共同的认知模式,组织旧的认知模式没有发生变化,那么还是产生了"片断学习"失误。在这种情况下,"个体学习"对"组织学习"没有任何贡献。尤其在组织中信息没有自由沟通,或被管理层用来作为维护组织权力手段的情况下,"片断学习"更容易发生。例如,大学管理者没有利用校内资深的管理学教授来解决学校的管理问题,就是典型的"片断学习"的实例。另一方面,"表面学习"很容易导致"片断学习",因为个体没有改变其认知模式,组织的共同的认知模式也就不可能得到改变。例如,F经理聘请了一家管理顾问公司来对公司的生产计划进行诊断。诊断结果表明,生产计划尽管可以得到部分改进,但要取得实质性进展就必须重构组织的客户服务系统。但F经理不想费力与客户服务部交涉。于是,以生产计划委员会的主管的身份,要求咨询员专注于生产计划的部分改进上,对其他方面轻描淡写。结果是,咨询员的分析报告得到广泛的肯定,并立即付诸实施,而最重要的部分却被遗弃在F经理的办公桌上。E经理的行为阻碍了两方面的学习:在个体学习方面,他没有学到更多的东西;在组织学习方面,由于其掩饰了整个咨询报告,使得组织的其他部门无法共享分析结果。于是,组织层面的"片断学习"就产生了。

(3)投机性学习。

"投机性学习"也称"组织限制性学习",是指尽管组织行动的设计或实施旨在抓住确实存在或想象的机会,但却与组织共同的认知模式相矛盾。典型的例子就是某些组织中建立的团队。本来,建立团队的目的是为了完成独立的项目,但团队常常是与组织习惯化的程序和共同认知模式相分离的,因而就阻碍了组织进行学习。例如,G公司的贸易部的创新小组成功开发出一套有效的软件,以帮助本部门进行成本控制、边际效益评定和利润统计,并在实践中不断完善。但过了不久,公司的计划中心也开发出了一套类似的软件。尽管这套软件比贸易部的逊色得多,但计划中心为了便于统一管理,要求贸易部放弃自己的软件系统,采用统一的软件。这样,就使贸易部的创新活动夭折了。贸易部的学习就属于典型的"投机性学习"。不少企业多元化经营的失败,实质就是"投机性学习"所致。尽管企业想抓住良好的机遇,进军新兴行业,但却与组织多年来形成的认知模式不相匹配,失败也就在所难免。

从以上的分析可以看出,各种学习失误是互有联系的。如"限制性学习"可导致"封闭性学习",而"封闭性学习"又可导致组织的"片断学习"。所以,要用系统的观点来研究"组织学习的失误"。得格在研究历史上曾经辉煌的大公司时发现,许多公司的生命期很短,而有些著名的公司在200年之后仍保持旺盛的生命力,其根源是前者没有能够克服"组织学习失误",而后者却能够及时发现并加以克服。得格称后者为"长寿公司",并写出了风靡世界的畅销书《长寿公司》。

二、促进组织学习的条件

要避免以上所述的"组织学习失误",促进组织学习,必须具备以下条件:

(1)解冻,即消除组织的防御机制,改变组织的认知模式,建立相互尊重和开放的组织气氛,引发组织成员进行探询并敢于面对挑战。

(2)促进学习型组织的修炼,通过修炼来克服"组织学习的失误"。圣吉总结出"学习型组织"的五项修炼:①自我超越。自我超越有两层含义:首先是弄清楚什么对我们最重要,其次是不断学习如何更清楚地看清目前的真实情况。自我超越是"学习型组织"的精神基础,表现为不断创造和超越自我。自我超越是个体终身学习的过程,也是组织学习的前提;②改善认知模式。组织的认知模式是建立在个体认知模式的基础上,因此,只有改善个体的认知模式,才能改善组织的认知模式,才能打破组织的防御机制;③建立共同愿景。共同愿景不仅改变了组织与成员的关系,而且改变了组织中成员与成员的关系。因此,共同愿景的存在使组织内部成员放弃旧的认知模式,勇于承认个人和组织的缺点,因而能够激发新的思考和行动方式;④团队学习。团队学习是发展团队成员整体搭配与实现共同目标能力的过程,是建立在"自我超越"和"共同愿景"的基础上。通过学习,人们可以相互帮助,使成员对思维的不一致更加敏感并减少对不一致的不安,并使集体思维变得愈来愈默契;⑤系统思考。系统思考是五项修炼的核心,即以系统而非片断的方法来观察分析事物。它使人们能够看清隐藏在复杂现象后面的结构,并且能够敏锐观察到属于整体的各个互不相关因素之间的联系,使管理者看清问题的关键(杠杆点)。埃斯帕乔在圣吉研究的基础上,增加了第六项修炼,即高效的结构。因为进行五项修炼还不足以使组织进行变革或解决问题,必须要考虑到组织的"细节复杂性",即组织结构。这种组织结构要能给予个体提出问题和实施变革的有效工作空间。圣吉提出的五项修炼主要是针对个体的,而埃斯帕乔提出的第六项修炼主要是针对组织的。这样的话,通过个体层面和组织层面的综合修炼,就会提高组织学习的能力,克服"组织学习失误"。

满足这两个条件,就可以有效地克服学习失误,促进组织学习。有的失误仅需一项修炼,有的却要综合几项修炼。如"封闭性学习",由于是个体概念性学习受阻而不能有效转化为操作性学习所致,因此,要想克服这种学习失误,就需要"自我超越"和"建立共同愿景"两项修炼。通过"自我超越"修炼,组织成员学会在组织环境中采取有效行为,如学会交流。同时,"建立共同愿景"修炼可以使个体与组织融为一体,使得所提的建议容易为他人接受。这样,概念性学习就有可能转化为个体行动。

第三节 组织学习与管理实践

组织学习在企业中的管理实践,主要体现在如下三个方面。

一、以虚拟企业和事业部为目标组织模式的组织创新

从组织创新过程中的学习效应和知识管理出发,我们也许可以更深刻地理解和把握在世界范围内日趋流行的以"虚拟企业"为目标的组织创新,以及我国经济过渡时期大多数企业正在进行的以事业部为目标组织模式的组织创新,并为实际的组织创新决策提供必要的理论框架和实证分析的支持。

Chesbrough 和 Teece 认为,"目前在世界范围内,企业正在掀起一股虚拟化的浪潮,进行分散化、裁员、建立联盟以寻求技术与组织的创新。为什么虚拟企业的思想这么诱人?这是因为人们已经开始相信科层制组织是不好的,而柔性组织是好的。"实际上,虚拟企业是战略与结构的有机结合,它既是一种企业间的暂时组织形式,也是企业有效的竞争战略之一,因而也被称之为"战略联盟"。不同的成员企业通过组建"虚拟企业",可以各自发挥自己的竞争优势,共同开发一种或几种产品,最终把共同开发的产品迅速推入市场。成员公司共同分担所有的成本费用,并分享高技术。"虚拟企业"与传统的企业组织形式相比较,明显地具有松散性、灵活性、生命力强等特点,而且"虚拟企业"的联盟,突出的是技术联盟。但企业间要结成技术联盟,必须具备一定

的条件,即企业需要有"核心"技术存在、企业优势具有互补性、管理上要有一个果断、高效的决策机构。

不难看出,以"虚拟企业"作为目标组织模式的企业组织创新,其本质在于:一方面是通过市场机制来激励企业的创新行为和对环境变化的快速响应,"虚拟企业"利用市场来协调他们的大部分经营活动,可以迅速完成开发、制造、市场化和服务等一系列环节,而这是以往统一的企业所没办法做到的;另一方面则是借助外部环境中的组织资本来实现自身组织资本的增殖,"虚拟企业"可以充分利用外部的人力资源和组织资源,实现资本的快速增殖,正如 Sun Microsystems 公司研发部副总裁 William Joy 所指出的,"并不是所有的计算机工作站行业的聪明人都在 Sun 公司工作,要利用外部资源,最好的方式就是将企业虚化。"也正是这两方面的优势使"虚拟企业"成为许多企业组织创新的理想目标模式。

但是,从企业核心能力成长、组织学习和知识管理的角度看,"虚拟企业"的激励和效率优势同时也是它的弱点。在激励增加的同时风险也会增大,而且随着时间的推移和范围的扩大,通过市场来调节所得到的效率也会越来越低,更重要的是,导向那种过分依赖于"虚拟企业"的组织创新,可能会严重损害企业固有的组织学习机制和知识共享机制,从而影响到企业核心能力的培养和成长。因为,在企业努力寻求市场关系代替原有的组织关系以增加组织的柔性和灵活性的同时,极其容易失去另一种柔性和灵活性,也即来自组织视野的认同和组织学习的柔性和灵活性。企业外部环境的变化总是通过各种途径显示出来,而且这种变化更多地是通过企业的文化子系统或隐含的学习过程表现出来,并且会在整个企业系统内进行传递。如果过分关注于虚拟化而不注意企业核心能力的完整性,将与核心能力有关的辅助或次要功能市场化,那么,以文化为纽带的次级子系统和非正规调节子系统就会失去或难以发挥其应有的作用,造成创新过程中学习循环的中断,严重影响组织知识的有效积累。这种情况的出现,相当程度上在于忽略了企业组织创新的隐过程,仅仅将组织创新视为结构或战略的调整。因为,即使将结构与战略联系在一起,从"战略联盟"的角度来考虑"虚拟企业"的创新过程,往往也仅是从操作子系统和正规调节子系统出发,侧重于产品和技术战略来进行有关导向于"虚拟企业"的结构调整,而没有从与文化子系统乃至组织视野相结合的角度,来全面考察战略、结构与文化的创新过程和孕育其中的学习过程和知识管理过程,以及它们与企业核心能力之间的关系。

因而,目标在于建立"虚拟企业"的组织创新决策,应根据"虚拟企业"主要是一种以技术为核心的战略联盟的特点,有针对性地分析企业拟通过"虚拟企业"进行的技术创新的类型和企业学习机制的特点,进而决定企业的"虚拟程度"。(如图 4-2 所示)

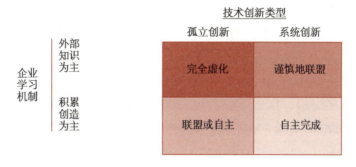

图 4-2 "虚拟企业"决策矩阵

在以事业部为目标组织模式的组织创新过程中存在着类似的问题。人们在把事业部作为继集权的职能制结构之后出现的一种组织结构形式的同时,也同样忽略了事业部所具有的战略和文化意义。因而,在实际的组织创新过程中,就不可避免地只看到作为一种结构的事业部的分散化或分权所带来的准市场激励和由此而来的效率,而忽视了导向事业部的组织创新有可能造成的学习循环的中断、组织学习和知识共享机制的破坏。与目标为"虚拟企业"的组织创新相类似,事业部本质上也是要利用市场或准市场关系来替代传统的组织关系。这里也同样遇到文化,尤其是组织视野的整体性问题,而正是这种整体性最终制约着核心能力的成长。如果不注意文化的整体性以及相应的组织创新的隐过程,事业部势必造成资源、主要是关键人力资源的部门分割。一旦作为核心能力载体的关键人力资源被分割在不同的事业部而缺少有效的流动和交流,那么,企业连续的学习循环将被中断,而有效的组织学习和知识共享机制也会受到威胁,这最终会严重影响到企业核心能力的成长。鉴于此,目标模式为事业部制的组织创新决策和管理,同样应该特别注意对组织创新隐过程的分析,着眼于知识管理,建立信息网络和知识共享机制,并强调一种超越于各个事业部之上的整体组织学习,以使企业核心能力的成长具有坚实的基础。这样才能够既发挥事业部运用市场或准市场激励的长处,又克服其分散化所带来的资源分割的弊病。

二、网络学习

在国外,尽管网络学习的概念提出已有10年,但真正"红火"起来却是近几年的事。随着网络经济的发展,国内一些企业对网络学习也有了较为理性、深入的认识,并有相当一部分先行者开始实施网络学习。中国工商银行于2002年的6月6日全面开始了网络学习的实施,福建实达网络有限公司开始了大规模地实施网络学习,中国平安保险公司、招商银行等也开始在企业内实施网络学习探索。因此,有人说,2002年是中国网络学习的实施年!此时,中国人开始看到网络学习的魅力闪耀。

所谓网络学习,是运用因特网和局域网技术进行网络培训,依托网络多媒体技术、网上社区技术及网络硬件平台,将专业知识、技术经验等通过网络传送到员工面前,使员工可以随时随地利用网络进行学习或接受培训,并将之转化为企业的核心竞争力和企业不断增长的财富。网络学习具有如下特点:首先是网络化,知识可以及时更新,同时保持知识的一致性;其次是个性化,学习的终端是学员桌前的电脑,学生可以根据自己的时间安排学习进度,根据自己的需要安排学习内容;再次是可管理,学生的所有学习活动都被记录下来,作为评估学习效果和分析培训需求的依据。

福特汽车的员工培训正是得益于网络学习。位于美国密歇根州的福特汽车公司设计院(FDI),计划运用网络学习,在四年内对其近两万名工程师和技术员工实施160小时的培训。通过Solstra系统(一种学习管理系统),当福特的工程师们参与培训时,FDI可以监控他们的成绩,跟踪过程,颁发合格证。

目前有几种形态的企业,对于导入网络学习会有迫切的需求。一是为了简化新进人员培训的企业,透过网络学习,可以轻松地让新进人员自我学习公司的组织章程、公司法规、工作流程、企业运作等,再借由适当的自动评价考核机制,迅速让新进人员顺利到职。二是重视员工教育训练的企业,针对每年固定的企业内训或包班,挪出一定比例的课程,改为上网学习,如此不仅可为企业节省员工出差、食宿的费用,也可以减少员工来回奔波的时间,同时也提供员工自主性的学习环境,让员工依个人喜好与需求,自行选择适当的课程,在自己最适合的时间弹性学习。三是以教育事业为主的企业,如继续教育、文化传播业者或企业管理顾问公司,透过网络学习,不仅提供客户更多元的学习环境,也让客户群的学习时间延伸为随时,学习地点延伸为随地,让客户自行选择喜爱的课程,在家或公司自我学习,为企业带来更大的加值利润。四是跨国性的公司,透过网络学习可以在最短时间内将新推出的产品介绍给全球的工作伙伴,让分布于全球的销售人员能立即学习到新产品的规格、优势、服务内容与营销策略。

需要注意的是,由于目前出现的网络学习理论与实务设计方式不一,因此企业在导入网络学习的过程中,应留意企业可能落入的陷阱:

(1)导入成本过高。

企业在导入网络学习过程中,从平台的规划设计、课程制作、师资培训等,无所不包,造成企业巨额负担。事实上,企业花费的主要成本应着重在首次建置学习平台的费用,其他如课程、讲师等,应与企业外部的专业讲师或顾问公司合作,由专业讲师群提供适当的在线教材,企业无需花费太多成本在培训讲师与制作教材上。

(2)过于技术导向。

许多对网络学习学习方式的认知,都太过强调影音学习的重要,却忽略其他简单的学习方式也可以带来的效果。根据国外的研究报告指出,HTML及简报呈现的讲义,仍被认为是最方便的学习方式。因此影音多媒体的学习与HTML及简报软件的学习方式,企业应该可以多轨并行。

(3)参考信息错误。

网络学习最早是应用在学校或学术研究单位,因此许多企业主参考的范例也来自学校的经验与学习流程。但企业主未能深入消化整个网络学习的设计核心,因此造成应用在企业内部的落差,对企业员工的教育训练反而产生负面的影响。

(4)管理机制薄弱。

企业规划者对网络学习、信息科技、网络生态与数据库管理机制未能充分了解与结合,因此无法设计出完整的自动管理与追踪机制,造成学习过程中许多宝贵的信息未能记录下来,也未能充分掌握学习者的个别化需求,只建置出一个事倍功半的学习环境。

(5)学习动机不足。

企业导入网络学习后,常会发现员工上网学习的意愿低落。经营者有必要设计网络学习的激励制度,留意员工因减少外训、出差旅游或人际沟通的机会后,如何激励员工上网学习,而非造成员工额外的时间压力与学习负担。

（6）网络学习被美化。

网络学习被市场趋势与专业媒体的不断报道后，进入被美化，甚至神话的现象。若未能实际深入探究具体的网络学习与网络科技应用层面，却只流于看到浮面的空中楼阁的幻象，未来进入实际的运作过程，将带来更大失望，甚至幻灭。

网络学习是个趋势，但企业规划者，有必要进行全盘性的了解，以免一开始便步入无法自拔的陷阱中。

对国内企业来说，更需要考虑的是员工的接受能力。国内信息化程度相对落后，已习惯传统培训的员工可能在应用网络上有相当困难，不能熟练运用计算机自主学习。因此，虽然网络学习的实施并无行业限制，但国内实施网络学习的企业仍以电脑、金融保险、银行、通讯等网络化程度较高的企业为多。

那么，什么是让员工接受网络学习的关键成功因素呢？

（1）内部营销。

若企业在推动网络学习前，先大力宣传推广，让员工有充分的心理准备，则接受度较高。

（2）学习支持。

若员工进行学习时，无论在技术支持、学习主题、还是行政支持上，都能获得充分的协助，则接受度较高。

（3）学习动机。

假如员工认为所学的课程，对他们而言非常重要，则接受度较高。

三、读书会

如何让组织中的每一个人燃起持续学习的热情呢？读书会就是一种非常有效的实践手段，定期于某段时间，利用不拘一格的教材（可为故事、一本书、案例、录像带等），通过读书会领头人的聚焦式讲座，成员之间相互交流思想，凝聚共识，激发创意，使组织中充满学习的气氛。以下提供读书会一些运作办法以供参考：

（1）参加人员资格：由各公司自行决定。

（2）频率：每月两次，举行日期由各公司先行规定。

（3）时间：于星期六较佳。

(4) 地点：公司内适当场地。

(5) 分组：不限定依级别方式来分组，可依实际需要决定适当分组方式，小组人数须介于 7 人至 15 人之间。

(6) 充电内容：可于每年 6 月及 12 月先行公告下半年度的读书会主题、方向及范围。

(7) 教材：自行选择符合规定的充电教材（可为录音带、录像带或书籍、文章、案例等）。

(8) 进行项目：可参考下述项目，自行选择搭配实施：①领头人引言或导读；②综合讨论；③心得、经验的发表和分享；④模拟（实例）演练；⑤角色扮演；⑥教材研读、观赏；⑦其他合适项目。

(9) 组织：小组长：各组读书会均设小组长 1 名，由组员相互推选产生，任期由各小组自行决定，负责联络、统筹、记录出缺勤状况等。

(10) 领头人：由该组所有人员轮流担任，负责主持、引导该次读书会的进行、教材准备及分发等事宜。

(11) 注意事项：在导入读书会之前，先训练好小组长及领头人，说明读书会的精神、意义及读书会教材准备方向、领头人应有的态度、读书会进行方式及读书会气氛营造等，以达事半功倍的效果。

此外，汇集各组读书会众人的心得及智慧，适时在企业内部网上公布，以促进交流及学习。各个小组长应成为公司内学习的有心人，主动将自己组的过程成果公布于网络上，让各组互动起来，让读书会带领大家共同学习。

本 章 小 结

组织学习是一种包括了一系列不同于个人学习的活动。所谓"组织学习"，就是指组织成员积极主动地利用有关资料与信息来规划自己的行为，以提高组织持续适应能力的过程。组织学习的最大特点是以一个共享的知识基础为中心，正是这个包含着意会知识的组织共享的知识基础使组织行为的变化，乃至组织创新成为可能；否则，组织行为的变化和组织创新就会丧失连续性和自我同一性，组织也就难以保持其应有的完整性。因此，可以这样讲，组织学习是组织创新发展的基本保障。

组织创新过程中学习机制的本质在于实施有效的知识管理。知识管理就是为企业实现可编码化知识和意会知识的共享提供新途径的管理,其目的在于通过知识共享、运用集体智慧提高组织的应变和创新能力。由于可编码化知识易于整理和进行计算机存储,而意会知识则难以掌握,它集中存储于组织成员的头脑中,是组织成员们所获得经验的体现。因而,知识管理就不仅限于信息管理,而是更侧重于人的智力资源的开发与管理,其本质在于把信息与信息、信息与人、信息与过程联系起来,以利于进行大量创新。

组织学习过程可能会存在许多失误。有的失误仅需一项修炼,有的却要综合几项修炼。如"封闭性学习",由于是个体概念性学习受阻而不能有效转化为操作性学习所致,因此,要想克服这种学习失误,就需要"自我超越"和"建立共同愿景"两项修炼。通过"自我超越"修炼,组织成员学会在组织环境中采取有效行为,如学会交流。同时,"建立共同愿景"修炼可以使个体与组织融为一体,使得所提的建议容易为他人接受。这样,概念性学习就有可能转化为个体行动。

思考与讨论

1. 如何理解组织学习?为什么说组织学习是组织创新发展的基本保障?
2. 组织学习包括哪些内容?促进组织学习的条件是什么?
3. 组织学习在企业中的管理实践主要体现在哪些方面?
4. 什么是学习型组织?学习型组织的主要特点和根本要求是什么?你所理解的学习型组织应该是怎样的?
5. 现在有很多企业都提出了建立学习型组织的口号和宏伟目标,但往往"雷声大,雨点小",你如何看待这些现象?这些现象反映出的问题是什么?

模块二案例

案例一 合理的就是最好的——A公司的组织结构设计

A公司是一家生产脱水蔬菜的小企业,员工总数约60人,早期阶段该公司由于没有进行合理的组织结构设计,造成了很大的成本浪费和人浮于事,企业的发展受到了桎梏。

在这个阶段公司的组织结构如下图所示:

在某些专家的建议下,该公司对现有的组织结构进行了大幅度整改,将原来设置的如办公室、储运科、保卫科及财务科等机构按照新的职能制模型设置成了以下新的组织结构:

其中,总经办负责A公司的日常办公接待以及保卫等工作;财务部则保留行使原财务科的职权;营销部负责该公司产品的销售和出口;储运部则负责产成品以及原料的储运;生产部主抓整个公司生产任务的落实。

按说这样一个新的机构设立应该相当明了,各个部门之间相互协调后公司的整体运营也应该亦步亦趋,但事实却刚好相反。据财务部统计,在新组织结构设立后的四个月内公司整体开支较同比增长了10%,意即A公司每月运转开支要比原来增加2万元。而在市场不景气、出口订单渺茫的客观环境下,则意味着该公司每月要多做20万元的销售额才能达到原来的盈利水平,公司上下一时"丈二和尚摸不着头脑"。

其实从A公司的上述结构中,我们不难看出症结所在。虽然新的职能制组织结构将原来的保卫科、办公室整合成了总经办,而且也根据市场表现新设立了营销部,以前的车间变成了生产部,似乎是更加合理了。但仔细观察新明确的部门职责,我们可以发现对于产品成本有决定因素的采购工作成了被遗忘的角落,既不属于生产部,也不属于储运部,成了名副其实的管理"真空环节"。

由于职能制的设立,整个企业的运转机构人员增加,但市场部门在大环境影响下也一时难有作为,这就造成了A公司四个月内企业开支增加了逾8万元,而导致了整个企业的信心涣散。

在公司处于发展阶段时,一定要有成本意识,组织结构的设置也要秉承这个原则,否则就会造成开支增加,使企业的流动资金捉襟见肘。

怎么才能设置较为合理的组织结构,使其在企业开支同等情况下而有更好的工作效率呢?以A公司为例,其实它根本不需要很多的机构,大致可以采取以下的组织结构模式:

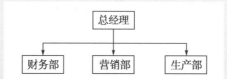

看到这个组织结构设置,大家一定吃惊,一个公司居然没有总经办那成何体统?未免也太不注重企业形象了吧!不错,企业需要良好形象,然而企业形象却不是通过增加部门和冗员来体现的。从A公司的实际出发,完全没有必要设立总经办,原因有下:

(1) A公司是以外贸出口为主的生产型企业,虽然受外贸影响后也开展了内贸,但这只是阶段的营销侧重调整,外贸仍是A公司的赢利载体。A公司的客户群相对集中,很容易掌控,完全可以将原先总经办的职责分担一部分给营销部。原总经办取消后,只配一名行政秘书工作亦有条不紊。

(2) 财务部当然不能动,但财务部必须担纲起成本控制的重任,即对所有涉及成本的工作有权加以监督,采取成本倒算法,这样可以避免成本管理这一细节被遗忘。

（3）生产部在财务部监督下完成采购、生产以及储运、安全等工作，而且还便于工作间的协调，不但物流效率增加，而且产品整体合格率和成本也有所下降。

由于对组织结构进行了精简，使得A公司的企业开支甚至低于原来的水平，也就是说每个月将比采用职能制要减少3万元支出，企业的整体工作效率也得到较大改善。

案例二 "利润中心"总是好的吗？

某机械厂始建于1986年，是一家专业精密铸造厂家，承接各类耐酸、耐碱、耐腐蚀不锈钢、耐热钢、高温钢及各种合金钢精密铸造、锻造、机加工等业务。生产各种不锈钢、阀门及管道配件等。通过10多年的发展，公司已经形成了一条从铸造、锻造、冷热加工到维修等一条龙式的生产线，运转也趋于标准化，该生产线的运作是各个中心（如铸造中心、锻造中心、维修中心等）协作的结果。

但是，问题出现了，由于每个中心都处于这道生产线的某个环节上，并不对具体的利润负责，导致消极怠工现象严重，厂子整体生产效率低下，很难达到创利的目的。鉴于此，在20世纪90年代中期厂里对组织结构进行改革，将每个中心（如维修中心、铸造中心等）都变成独立的、自负盈亏的成本—利润中心。这些中心不但在财务、生产、采购等方面独立自主，相应地在人事方面也享有自主权。

但事与愿违，"利润中心"的建立并未达到理想的效果，反而引发了厂里的各种问题和矛盾，生产效率更加低下，厂子运转大不如前。对此，厂领导们都感到匪夷所思，不知所措。

其实，原因是很简单的，大概体现在以下几点：

（1）从该厂的行业特点来看，由于采用生产线式的运作，需要各中心（部门）的协作和步伐统一，一个中心（部门）出现问题可能会导致整个生产线的失败。但是，如果把每个中心（部门）都变成"利润中心"，中心（部门)只对自己中心(部门)的利润负责,他们可能只会关心如何减少本中心(部门)的运行成本以及增加本中心(部门)的创利能力,而不会关心整个厂子的运行效果。例如,对模具中心而言,生产 A 类模具更能体现自己的财务优势,他们可能会将大部分资源用来生产这种模具,而不会考虑其他部门(或中心)是否需要;对维修中心而言,由于接受外部客户的维修工作更能为本部门带来利润,可能会以各种理由推脱或延缓本厂其他部门机器的维修工作等。

(2) 每个中心(部门)都成了"利润中心",都有了各自的财务和人事权,致使厂里的职能部门(如人事部门)形同虚设,白白浪费成本。

(3) 各中心(部门)只对自身的利润负责,缺少沟通和协作,使厂决策层无法及时得到急需的各种信息,很难做出统一的规划和决策。

(4) 各中心(部门)只对利润负责,可能会促使其产生短视心理,过于追求短期利润,而忽略部门乃至企业的长期发展。

(5) 尽管厂里设有各中心(部门)的协调机构,但该机构并没有足够的权限来统一各中心(部门)的责任,因为如果某部门按照协调机构说的去做,但是却完不成该部门自己的利润指标,该由谁来负责?协调机构不敢负责,其他部门也不会听协调机构的。

(6) "利润中心"的采用,会带来一个严重的问题:每个(中心)部门都对自己的利润负责,谁对整个厂的利润负责?

因此,"利润中心"并不是企业的绝对良方,对于企业组织问题,要学会对症下药,不要盲目信赖"利润中心"的结构模式。

案例三 Rover 公司:组织学习的神话

20 世纪 80 年代末期,Rover 公司,英国最大的汽车制造厂商陷入困境:每年亏损超过 1 亿美金,管理混乱,产品质量江河日下,劳资矛盾恶化,员工士气低落,前景一片黯淡。而时至今日,Rover 成为全球最富生命力的汽车制造厂商之一。在北美和亚洲,其产品供不应求;在过去的几年里,

Rover汽车全球产量几乎扩大了一倍。最近一次对Rover公司34 000名员工的调查表明。超过85%的员工对自己的工作感到满意,认为受到良好的培训,并且愿意齐心协力提高团队绩效。从高层领导到一线员工的一致认为,Rover的变化是致力于学习型组织的努力。

Rover建立学习型组织的历程如下:

1. 建立学习事业部

Rover走的第一步是于1990年5月在公司内部成立了专司学习管理的机构——学习事业部。作为一个独立的实体,学习事业部的主要职责是促进全公司范围内的学习,力求使学习成为公司内每个人和每个单位乃至全公司工作不可分割的一部分,并为学习提供必要支持与帮助。通过学习事业部的工作,个人、团队、部门乃至全公司都可以从不断增长的知识、经验中获益,从员工之间的交流之中获益,从而使公司不断进步。学习事业部的主要工作为:

(1) 倡导学习。

这是刺激、鼓励和扶持员工、团队克服思维局限,不断拓展自我,强化个人与集体的协同。

(2) 学习过程辅导。

为了指导员工与团队顺利学习,学习事业部要给予其必要的工具、技术与物质支持。

(3) 标杆管理。

通过设定标杆,引导、支持员工与团队向公司内外先进生产、管理实践学习,并在公司内合理分配、使用这些知识,在不同部门之间达成知识、技术、数据的共享。

(4) 与供应商、分销商和客户一起成长。

塑造世界一流的企业,离不开供应商、分销商和客户等外部环境的配合。为了提供组织的学习能力,必须提高它们的学习能力,并把它们纳入企业考虑的范围,使它们与企业协调起来,共同进步。

(5) 负责内外部的沟通与交流。

学习事业部很重要的一项任务就是负责内外部的沟通与交流,以便使员工认识到学习的重要性,公众的心目中树立"业界最佳学习型组织"的形象。学习事业部的建立揭开了 Rover 人称为"公司内真正意义上的革命"的序幕。通过学习事业部的努力,学习逐渐在全体员工心中扎下根。

2. 建立组织学习的观念和信仰

Rover 的公司领导认为组织学习是使公司振兴的唯一法宝,Rover 公司在内部大力推广关于组织学习的观念和信仰,并在此基础上推行全面质量管理和顾客满意项目。Rover 关于组织学习的观念和信仰由以下部分组成:

- 学习是人类的天性
- 学习和发展是创造性、凝聚力与贡献的"燃料"
- 每一个人都有两项工作——现在的工作与改善它
- 谁发明,谁受益
- 重视人、尊重人
- 管理不能解决所有的问题

3. 把公司目标和全面质量管理与组织学习联系起来

在建立了组织学习的新观念以后,Rover 公司意识到,还有必要把更明确的目标与组织学习联系起来,并依靠学习来完成这些任务,以达到提高公司绩效的目的。同时,Rover 公司意识到产品、过程和服务的质量对于公司的成败具有举足轻重的作用。而组织学习的原理与全面质量管理活动的精髓有着显著的类似。这体现在两者都有:持续改善、管理引导、全员参与、注重成效等方面一致性。

4. 领导率先示范和组织结构变革

领导者通过角色变更与身体力行,对组织学习表示明确的支持和坚定的信心。其中,首先是集团全体董事会成员不仅兼任学习事业部的主任委员会成员,而且积极参与学习事业部的工作。公司高层领导者作为学习型领导发动全公司学习、致力于学习、提供给员工的学习赞助以及把学习成果运用到工作中来。

Rover 公司开展了学习后,针对原公司僵化和陈旧的组织结构进行了以下的变革:

(1) 精简组织层次。

将过去僵硬的管理层转变为扁平化组织,给个人留出更大的责任和自由余地。

(2) 加强团队建设。

团队可以克服学习障碍,有利于人与人之间相互信任、团结互助的工作关系和宽松的工作环境,有助于个人发展多方面的知识、技能和管理能力。

(3) 删除繁文缛节。

取而代之的是大原则、目标、方针和政策,给管理者留下适当的自由处置的余地,增加公司应变能力,也在很大程度上调动了员工的积极性。

(4) 方便组织沟通。

良好的内部沟通机制可以极大地提高学习的效果。为此,Rover 公司创立了一种内部沟通战略,包括员工可以定期得到学习产品、设立公开记事牌、电子公告牌以及人员流动和工作轮换等。

5. 管理哲学

Rover 公司之所以取得成功的一个重要原因是它坚持"以人制胜"的管理哲学。公司相信员工有能力、有责任心、愿意干好工作,因此,放手授权给有能力的员工,帮助员工成长;公司的成功与个人的成功是紧密相连的。Rover 公司还为每个员工制定了工作保障计划和个人发展计划书,实行浮动的工作责任(能上能下),鼓励每一位员工全心全意投入工作,充分调动每一位员工的积极性和创造性,不仅提高了员工的满意度,而且在公司内形成了良好的学习气氛,为每一位员工的学习也创造了机会与条件。

6. 扩展学习到客户、分销商和供应商

Rover 认识到,一个致力于成为具有世界级竞争力的企业,离不开他的客户、分销商和供应商的支持与配合。在激烈的日常竞争中,企业不能仅仅满足与适应其客户、分销商和供应商的需要,还必须能与他们一起成长。

案例四 创建学习型组织,培育"系统超越"的企业文化

从1999年以来,山东莱阳钢铁公司(简称莱钢)坚持研究、应用学习型组织理论,结合自身的特点,全力创建学习型工厂,使之在实践中形成了系统思考、学习创新、自我超越的企业精神。实践的结果是:由"脏、乱、差"变成了省级"清洁工厂";主要经济技术指标均由原来全国排名30位左右进入了先进行列;转炉工序实现了负能炼钢;近几年减低总成本6.2亿元。

莱钢在建设"学习型工厂"的实践活动中的经验有:

1. 使学习变成人人的参与和感受

(1) 形成"五位一体"的教育格局。

以"提高学习力,挑战新世纪"为宗旨,创办了炼钢厂"新世纪大学",从1995年5月开始,先后成立了干部班、全员参与的普通班、新分配来厂的大中专毕业生组成的状元班、全厂共产党组成的党员班以及与武汉科技大学联办的硕士研究生班,逐步完善"新世纪大学"教育格局。

(2) 推行"工作学习化,学习工作化"的学习理念。

创办"新世纪大学"的目的就是把炼钢厂办成一所学校,使学习渗透到企业的一切活动中:解决问题和开展活动的过程都是学习的过程,而不仅仅是把学习停留在课堂培训中。把学习的意义扩展到向一切可以学习的人学习,向一切可以学习的事学习;重在于学习习惯、学习能力的培养上。让职工把自己从事的工作当作学问来学习和研究,促进职工自主管理意识的提高,而不像以前认为"上班就是干活"的旧观念。

(3) 形成"互动加体验"的学习模式。

采用不同层面的团队共同运用深度会谈的形式,启发大家在无拘无束的探索中,自由交流自己心中的想法,集思广益,使个人看到原先自己没有看到的更本质更深刻的东西,从而超过各自的个人认识。这些交流促进了大家向事物的深层面思考。

2. 让创新成为管理中的常规因素

（1）让创新走进日常工作。

创新不仅是上层领导的工作，同时也是普通职工的工作。为了规范对创新活动的管理，使创新活动健康持续发展，公司制定了技术、管理和思想政治工作创新评价体系，把创新成为中层干部和技术人员业绩考评的重要内容：各类创新项目每季度申报一次，并对实施有效的项目进行一次评估和奖励。把创新成果与工资、职称、先进挂钩，每个项目都有指定的专人负责，权责明确。

（2）在创新中形成具有特色的企业文化。

在管理思想上，公司把构建具有炼钢厂特色的企业文化放在了重要的地位，把企业文化作为整个管理的灵魂来塑造，成立了企业文化建设委员会，策划和指导全厂的企业文化建设，努力打造自己的鲜明个性和风格。

在新的时期，公司确立的共同愿景是"以系统思考为基模，拧三股线为一绳，建学习型工厂；以领先全国为基点，超世界巅峰为目标，创不败之企业"。建立愿景的目的就是要通过这些有形和无形的文化形成一个健康向上的环境，使广大职工从潜移默化中受到感染，受到影响，得到心灵的净化和充实，从而激发起无尽的创造力。

3. 自我超越的重要性

（1）系统思考。

炼钢是一个大系统，如果不是整体地动态地对待工作，就会出现解决一个问题又产生新问题的麻烦，应该运用系统思考，全面分析炼钢厂有什么缺陷和优势。如果从整个莱钢的整体上考虑，炼钢厂仅仅是一个"环节"，因此又把炼钢厂放在莱钢集团中思考，放在全国冶金的大环境中思考，放在市场经济的大潮中思考。这些思考为公司从整体上确定工作思路以及给自己在大市场中的定位提供了科学的保证。

（2）改善心智模式。

通过自我反思，引导职工改善心智模式，学习容纳别人的意见。只有引导职工改善心智模式，才能打破传统的习惯定势，重新认识自己的工作，在接到新任务新指标时，不是看原来是否干过，有无条件干，而是首先想到怎样干,怎样认清规律创造条件主动去干。改善心智模式后就不会事先给自己设置心理障碍,而是打破常规探索新路,使原来不敢想的事情现在做到了,许多原来认为一成不变的事物都向有利有效的方面改进。在推行了自我反思中,突出增强自省意识,转变了大家的思维模式,出了问题,有了麻烦,不是先责怪他人和客观条件而是先向内看自己,找自己的问题。

(3) 激发职工创造性工作热情。

公司先设立了一个比较容易实现的愿景,这一共同愿景在人们心中产生了一股强烈的感召力,唤起了大家的信心和希望。当这个愿景基本实现后,又适时设立了新的共同愿景,为了支撑共同愿景,持续不断地鼓励车间、科室和个人建立愿景,通过发展小团队愿景和个人愿景,分享共同愿景。这样共同愿景就构建在团队愿景和个人愿景之上,使之获得牢固的基础,促使员工认识到自己的目标工作,并感受到日常工作的不平凡的意义,通过企业辉煌实现自己的人生价值。把实现组织目标的共同信念同自己日常工作和劳动联系起来,帮助人们开发自我实现的最高层次的需求,产生自觉的创造性的学习,主动而真诚地投入到自己的工作中去,为企业的整体利益尽心尽力、尽职尽责。

人力资源(模块三):
组织的人力资源管理

前面，我们已经完成了有关战略形成和组织构建的研究。接下来，主要是围绕关于人力资源管理问题的讨论。虽然，以本书的结构，我们似乎得到了这样一个印象：战略、组织和人力资源在整个组织管理的制度设计模型中存在一个先后的逻辑关系，即先有战略，进而设计组织，然后再将人员配备到组织系统中，最后，达成组织目标的实现。其实不然，战略、组织和人力资源三个要素在组织的运行中几乎是同时产生的。从一个关于组织的简单定义来看，组织就是指对完成特定使命(战略)的人力资源进行系统性安排。这一定义的主体因素就是人力资源；所谓系统性安排其实就是组织的设计过程；同时，对于如何达到特定使命的理解就构成了组织的发展战略。这里，我们强调三者固有的、内存的相互关系和系统的支持，因为战略、组织、人力资源共同构成了组织运行和管理的基础，是组织管理制度设计的基础平台。

本模块的研究内容：
一、战略性人力资源管理的组织特征
- 人力资源管理与战略、组织的关系
- 人力资源管理与战略性人力资源管理
- 战略性人力资源管理在组织管理中的作用

二、组织中人力资源管理的系统平台建设
- 人力资源管理的系统平台
- 组织中对人的管理准则(八条圣经)
- 组织中管理者的使命

第五章 战略性人力资源管理的组织特征

第一节 人力资源管理与战略、组织的关系

组织中的人力资源管理是一个人力资源的获取、整合、保持、激励、调整、控制及开发的过程。通俗的理解,人力资源管理主要包括选人、用人、育人、激励人、留人等内容和工作任务。而后者是一些具体的人力资源管理技术。企业的战略也称之为企业的宗旨,往往被认为是对组织生存的一种肯定。企业以其独有的企业的战略,从根本上回答"我们为社会提供什么产品或服务"的问题。企业的战略涉及企业经营的目标,是企业的发展方向。

企业的发展战略能确保企业的行为适应市场竞争的需求,而按照企业战略确定的宗旨和方针设计和实施相应的人力资源管理,保障了企业的管理行为能够按照战略确定的方向前进。企业为了能在市场中获取并保持竞争优势,需要努力提供与众不同的、优质的产品和服务,这就需要不断进行改革和创新,建立合理的组织形式,开发员工的潜力、献身精神,靠团队与合作来把握不断发生的变化。在组织的管理活动中,组织设计是人力资源管理的一个组成部分,属于人力资源管理的工作系统研究,是一项基础性工作。为了实施与完成企业战略,企业需要有效地处理人力资源问题,而要正确处理和解决人力资源问题,首先需要有一个合理的组织结构,使企业的各个层级、各个

部门之间能够合理有效地进行沟通，各种信息能够及时得到传递。由此看来，战略、组织和人力资源管理，它们是相互影响、相依相存的，共同构成组织的三大基础。它们几乎是在相同的时间段内产生的，不存在谁为因谁为果的关系。这一点必须明确。

一、人力资源管理与战略的关系

Peter Drucker 关于战略做过这样的解释：没有一家企业可以做所有的事。即使有足够的钱，它也永远不会有足够的人才。它必须分清轻重缓急。最糟糕的是什么事都做，但都只做一点点，这必将一事无成。不是最佳选择总比没有选择要好。我们说，企业确定战略，其实就是确定自己的发展目标，如何实现这一目标，就必须通过自己的竞争优势。企业有自己独一无二的资源、能力或技术，才能在强手如云的市场中脱颖而出。如果不能形成自己的竞争优势，无法达到行业平均利润水平，只能是出局的下场，谈何实现企业发展目标。战略就是一艘航船的舵，没有舵的船只能在原地转圈；而竞争优势就是支持航船乘风破浪的前进力，它包括油料，也包括舵手，当然还包括影响航船的自然环境等因素。在企业中，竞争优势的形成同样是多因素合力作用的影响，其中最重要、而且越来越重要的一个因素就是人力资源。

人永远是组织的核心，这一点越来越受到企业家和经理人的认可和赞同。组织没有人就不会存在，而大多数成功组织之所以能够成功的关键也就在于能依靠不同人群的通力协作来实现共同的目标。人力资源管理比战略或组织都要更为重要。毕竟，无论是对市场情况的判断、根据判断制定相应战略，还是将这些战略付诸实践，人的因素都是至关重要的。简单地说，如果人力资源管理出了问题，企业将永远不可能充分发挥自己企业的潜力。因此，对于组织中的人如何进行有效的管理、如何让人成为真正能带来价值增值的资源，就成为企业界所共同关心的话题。

传统的人力资源管理通常被认为是一种事务性的工作。但随着社会向前发展，人力资源管理的参谋与咨询作用，以及在制定和执行企业战略方面的作用日益加强，越来越多的企业意识到人力资源的优势在获取企业核心竞争力方面的作用，人力资源管理也成为了获得企业竞争优势的工具。

一个企业获得相对其竞争对手的优势，就必须创造出比其竞争对手质量更好的产品服务，提供竞争对手所不能提供的创新性的产品或服务，或者以更低的成本提供与其竞争者相同的产品或服务。简单地讲,就是要提供高区分度、低成本的产品或服务。愈来愈多的研究表明,人力资源管理的水平对竞争优势的产生有强烈的影响。企业的人力资源管理与企业生产力以及其竞争优势形势的关系可以用图 5-1 来表示:

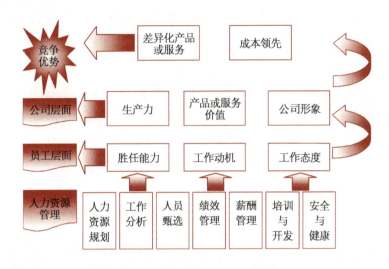

图 5-1 人力资源管理与企业发展的竞争优势之间的关系

从图 5-1 中可以清楚地看出,人力资源管理的各个职能直接对员工的工作态度、知识技能等方面产生影响,管理水平高,可能就容易做出正确的招聘决策,员工的工作态度就端正,情绪就高昂,这些直接导致企业核心竞争产品或服务的形成,最终形成企业竞争优势,达成企业战略目标;而如果管理水平低,这种低水平的管理结果就通过员工层面、公司层面一直传递到战略层面,导致目标的流产。我们说人力资源管理的提高能够提升企业价值,是因为人力资源本身已经成为以企业战略为基础的管理活动。企业战略的落地,是要借助于人力资源管理的具体实施行为来实现的。两者间的关系密不可分。

二、人力资源管理和组织的关系

前面提到,组织设计属于人力资源管理框架中的一部分,从理论上讲,组织设计与组织结构是人力资源管理工作系统研究的重要组成部分。我们知道,有关组织的管理思想和理论是与科学管理的思想同时产生的。古典管理学派是组织理论的奠基者,被西方誉为科学管理之父的弗里德里克·泰勒根据劳动分工的原理,提出了单独设置职能机构的思想,法国的亨利·法约尔更是提出了直线职能制的组织形式,为组织理论的发展奠定了基础。

而人力资源管理理论的提出与建立则是最近三四十年的事情。从历史发展的过程看,组织理论与组织设计技术的发展更为系统、更加完善;人力资源管理则是随着时代的发展和管理环境的变化逐步地趋于完善。虽然两者在环境随时代不断变化的情况下都需要不断更新和完善,但比较而言,前者的理论体系似乎更加成熟。那么,为什么组织建设却被纳入到人力资源管理的框架中来的呢?

首先,这种状况反映了事物发展的一种规律。事物的某一部分先行生长、发展,等到了一定阶段后,另一部分开始在前一部分的带动下生长发育,直到最终整个系统发育完整。人力资源管理的发展就是如此。组织理论和组织设计几乎是与管理思想和管理理论的发展同步进行的,是因为管理理论研究的对象首先是一个组织,没有组织,管理也就无从谈起。

然而作为组织,又必然含有人的因素。组织是对完成特定使命的人们的系统性安排。因此,我们可以说,组织和人有着天然的联系,组织的诞生必然是伴随的人的参与。这样看来,人力资源管理内容中也就必然的包含了组织设计的成分,并且两者在很多内容上多有重合。比如,人员配备和制度设计在两者中都有体现。但是,在管理理论和组织理论产生的早期,管理者和相关研究人员并没有意识到人在组织中的重要性。他们把人和组织看成是和机器设备等物品具有相同地位的因素,没有思想,单纯接受管理,执行命令。就像泰勒所提倡的科学管理方法中一样,人的各种工作动作被细致地分解,严格地以时间等因素来控制,完全将人当作了机器。在这样的背景下,自然也就没有人力资源及人力资源管理的概念实践,组织设计作为管理活动的一个独立内容而存在。

随着社会和技术的进步,仅仅将人看成机器来进行管理,其利润的极限受到了挑战,这种情况下,人的重要性开始突出,人在组织中的作用得到越来越多的认同,人力资源管理的概念和理论开始提出并发展起来。在对这以新的管理活动认识不断深化的过程中,管理学家发现,组织建设实际上本来就应该是人力资源管理的一部分。有了这一部分,人力资源管理的内容就更加丰富和完善。

其次,将组织建设纳入人力资源管理框架中,可以使管理理论和人力资源管理理论研究的框架体系更加清晰。过去,组织设计是组织管理中一个相对独立的活动,有关组织设计的理论研究也在实践中不断发展。人力资源管理活动出现后,不可避免地要涉及有关组合资源建设的问题,如人员之间如何安排才能产生最大效能、什么类型的人员在组织中处于什么位置才能最大限度的增强满足感等等。此时,如果仍把组织建设看成是与人力资源管理不相关的内容,就容易产生认识上的混乱,而将其纳入人力资源管理的框架之内,就可以对整个管理体系中有关组织设计的部分由上到下有一个清晰的认识。

由以上内容可以让我们再次获得这样一个印象:战略、组织与人力资源管理确实是相辅相成、密不可分的,它们三者并行构成了组织的基础性因素。我们在谈到其中任何一部分时,也不可能决然割断同另两者的联系来单独讨论。一个组织诞生之际,就必然已经包含了这三个因素,否则,也就无法称其为组织。

三、战略和组织的关系

一个企业要有效地实施战略,必须建立适宜的组织结构,使其与战略匹配。战略与组织结构匹配的指导原则是:

- 单一业务和主导业务的企业,应当按照职能式的结构来组合;
- 进行相关产品和多样化的企业,应组织事业部的结构;
- 进行非相关产品和服务多样化的企业,应组织成复合式的结构。

组织结构要服从于组织战略。战略具有前导性,组织结构具有滞后性,因此在实施战略时,在组织结构变革上不可操之过急,但又要尽量缩短滞后时间,加快组织结构的变革。

第二节 人力资源管理与战略性人力资源管理

一、传统的人力资源管理

1. 人力资源管理的发展

现代人力资源管理起源于英国对劳工的管理,并经过美国的人事管理演变而来。第二次世界大战结束后,在管理的研究领域越来越注重对人本性的研究,在管理观念上也逐步由只重视人与机器的配合转变为对人的尊重和激励,通过各种手段调动人的积极性,维护人的工作热情,劳工管理的概念被人事管理所取代。

不过,这种转变只是体现在对人的评价比以前更加客观,在对人员进行管理的过程中,如在人员招聘、选拔、分派、工资发放等对员工更加尊重,人仍然只被看成与其他物品一样的、为实现企业目标而必须的一种要素,而它与其他要素不同的、只有人才能具备的能动性特质并没有得到成分的认识和肯定。人事管理在组织中只被视为低层次的、技术含量低的、无需特殊专长的工作,其活动仅限于人员的招聘、遴选、派用、工资发放、档案保管之类琐细的具体工作,后来又涉及职务分析、绩效评估、员工培训活动的组织等工作,从性质上属于行政事务性工作,活动范围非常有限,主要由人事部门的职员具体执行,基本上不涉及组织的高层决策。

20 世纪 70 年代之后,首先是一些企业家逐渐认识到,人与其他的要素在组织中所起到的作用是不同的,人的能动性和创造力是无法取代的,组织对人的利用并不像对其他要素那样充分,人的潜能并没有充分发掘和发挥出来,这种状况不论对企业对组织,还是对个人和社会都是一种损失。在一个越来越注重创新的社会环境中,如果对人的管理能够转换一个角度,以使每个人的潜力能够得到充分发挥、价值得到充分体现,那么无论对个人、组织还是整个社会都能从中获益。要做到这一点,组织就应该把人看做是一种不可替代的资源,不仅仅是组织的雇员,他们在组织中就应该得到更高程度的重视,组织应该能够在对他们更加尊重的基础上对其进行充分的开发和利用。人力资源的概念应运而生,一种新型的、以人本主义管理思想理论基础和主要特质的人力资源管理模式开始于 20 世纪 80 年代逐步凸显,传统的人事管理已明显不适用,从管理的观念、模式、内容和方法等开始全方位地向人力资源管理转变。这种管理模式与传统的人事管理相比,已不仅仅是名词的转变,两者在性质上有了本质的差异。这种管理模式的采用,也为企业带来了丰富的效益。

2. 人力资源管理的内涵

现代人力资源管理(Human Resource Management)是指为了完成管理工作中涉及的人或人事方面的任务所需要掌握的各种概念和技术。它包括:

- 吸引:即进行工作分析;

- 录用：包括对求职者进行甄选；
- 保持：制定有竞争性的工资及薪金以及提供健康安全的工作环境和其他一些福利保障等；
- 发展：包括引导新员工并培训新老员工，以及对员工进行职业生涯规划等；
- 评价：指工作绩效评价；
- 调整：对前面的一些活动随时依据环境和要求的变化做出变革性活动。

（1）工作分析。

一个组织的建立最终会导致一批工作的出现，而这些工作需要由特定的人员来承担。工作分析就是与此相关的一道程序，通过这一程序，我们可以确定某一工作的任务和性质是什么，以及哪些类型的人适合被雇佣来从事这一工作。因此，工作分析的结果提供了与工作本身要求有关的信息。

工作分析的目的是为了解决以下六个问题：
- 工人完成什么样的体力和脑力活动？
- 工作将在什么时候完成？
- 工作将在哪里完成？
- 工人如何完成此项工作？
- 为什么要完成此项工作？
- 完成工作需要哪些条件？

工作分析的结果应用可用图5-2来表示：

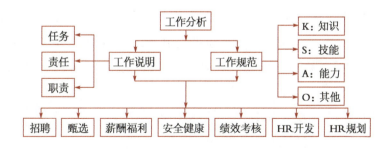

图5-2　工作结果应用图

在瞬息万变的工作环境中，一个适当的工作分析体系是至关重要的，新的工作不断产生，旧的工作要重新设计。工作分析可帮助组织察觉环境正发生变化这一事实。工作分析中的数据实际上对人力资源管理的每一方面都有影响。工作分析资料的主要作用是在人力资源计划方面。仅仅认识到企业需要多少人是不够的,还须要清楚了解每项工作所需要的知识、技能和能力。显然,有效的人力资源计划必须考虑到这些工作要求。

如果招聘者不知道胜任某项工作所必需的资格条件,那么所进行的招聘和选择就将是漫无目的的。如果缺少适时的工作说明和工作规范,就会在没有一个清楚的指导性文件的情况下去招聘、选择员工,而这样做的结果将会是很糟的。

再者,工作规范中的信息在确定人力资源开发需求方面常常是很有用的。如果工作规范指出某项工作需要特殊的知识、技能或能力,而在该职位上的人又不具备所要求的条件,或有新人升到这个职位上来,那么培训开发就很有必要了。

在报酬方面,在用货币体现某项工作的价值之前必须了解其对企业的相对价值。相对来说,工作的职责越重要,工作就越有价值。要求有更多知识、技能和能力的工作对企业来讲就更应该有价值。

在考虑安全与健康问题时,来自工作分析的有关信息也很有价值。例如,一项工作具有危险性,在工作说明书中就应该体现这一点,让员工了解这一信息。

(2) 对求职者进行甄选。

一旦明确了在组织中需要完成哪些工作,下一步所要做的就是制定出相应的职位空缺计划,并决定如何找到合适的人来弥补这些职位空缺。这一甄选过程主要由以下步骤组成:

① 人员需求预测:在进行人员需求预测时,管理者应当考虑的多种因素。然而从现实的观点来看,市场和顾客对组织的产品和服务的需求最为重要。以生产性企业为例,首先要对销售额进行预测,然后决定要满足这些销售额需要生产多少产品。除了生产和销售需求之外,还需要考虑其他几个方面的因素:

- 可能的雇员流动比率;
- 雇员的质量和性质;
- 与提高产品或服务质量或进入新市场有关的决定;
- 导致本部门能够获得的经济资源。

② 组织内候选人供给预测:第一步回答了这样一个问题:"我们需要多少雇员?"这样,在你决定从组织外部雇佣新的人事候选人时,必须首先弄清楚有多少职位空缺的后补人员来自组织内部,即从现有的组织层级中挑选出

来。确立上述内容即是对内部人事候选人供给进行预测的目的。

③ 外部候选人供给预测：如果企业中没有足够的内部候选人可供挑选的话，企业下一步要做的可能就是把目光转向外部候选人——那些目前并不是你组织成员的人。对外部候选人供给的预测包括总体经济状况预测、当地市场情况预测以及职业市场预测等。

④ 工作候选人招募：一旦已经确定需要填补某一空缺职位并且已经获准采取行动，下一步的任务就是建立一个求职者人才库。招募是一项非常重要的活动，因为申请工作的人越多，在进行雇佣决策时可选择的余地就越大。工作候选人的来源主要有以下几个：

- 广告；
- 就业服务机构；
- 猎头公司；
- 校园招募；
- 雇员推荐和随机求职者；
- 计算机数据库；
- 其他。

⑤ 甄选过程：这一过程非常重要。因为管理者的绩效总是部分地取决于下属的绩效，没有适当能力的雇员就不能有效地工作，并影响到其他人工作的开展；有效甄选之所以重要也是因为招募和雇用雇员是需要成本的，甄选的失误会使企业付出巨大的成本代价。在甄选过程中，主要是要对甄选工具的信度和效度进行检验，采用高信度、高效度的测试方法可以在一定程度上减轻失误的可能。

⑥ 确定录用者。

（3）引导并培训新员工。

一旦成功地完成了雇员的招募和选拔，下一步就是要对这些雇员进行上岗引导和培训。在这个阶段，管理者要提供使他们能做好自己新工作的信息和技能。

① 雇员上岗培训：是指给雇员提供有关企业的基本背景情况，这种信息对雇员做好本职工作是必需的。这些基本信息包括：工资如何发放和增加；工作时间为每周多少小时；新雇员将与谁一起工作等。事实上，上岗引导是企业新雇员社会化的一个组成部分。所谓社会化过程是一个不断发展的过程，它包括向所有雇员灌输企业及其部门所期望的主要态度、规范、价值观和

行为模式。如果处理得当,对雇员最初的上岗引导,可以有助于减少新雇员上岗初期的紧张不安,以及可能接受的现实冲击。这里的现实冲击是指新雇员对其新工作所怀有的期望与工作实际情况之间的差异。上岗引导计划是多种多样的,从简短的介绍到正式的计划,不一而足。就长期正式计划来说,新雇员一般会得到一本手册或一些印刷的小册子,就一些常规性问题做一些注解,比如,工作绩效评审步骤、休假规定等等。有些企业还专门举办新雇员联欢会或者其他一些活动来帮助雇员减轻焦虑。

② 培养雇员献身精神:目前,在许多企业中,上岗引导活动已经远远超出向新雇员提供如工作小时数等基本信息的范围。越来越多的企业发现,可以将上岗引导用于其他目的,包括使新雇员熟悉企业的目标和价值观。因此,上岗引导就成为雇员目标和企业目标一体化的一个过程的开端,而这个过程则是赢得雇员对企业及其价值观、目标和信仰的一个步骤。

③ 培训:就是给新雇员和现有的雇员传授完成本职工作所必需的基本技能的过程。因此,培训可以是给一个机械工演示如何操作他的新机器,也可以是给一个推销员示范他应该怎样卖出公司的产品,或者是给一个新主管讲授如何与雇员进行面谈、如何评价雇员。技术培训的目的是为雇员提供完成其目前工作所必需的技能;而管理能力开发则是一种比较长期的培训,其目的是为组织发展和解决某些组织问题而可能出现的某些未来的工作,而开发现有的或将来的管理人员。无论是培训还是开发,培训都是当今最大的业务。而今,越来越多的企业将培训用于两个目的:一个是为雇员传授更广泛的技能,另一个是更多的公司利用培训来强化雇员的献身精神。只有不断地提供改进自我的机会才能使企业雇员建立对企业的献身精神。所以,培训的机会有助于塑造雇员的献身精神。通用的培训技术如下一些方法:

- 在职培训(On the Job Training,OJT):是指让一个人通过实际做某项工作来学会做这项工作。在许多企业中,OJT都是雇员们获得的唯一培训。这通常表现为安排新员工跟着有经验的员工和主管人员学做工作,由这些有经验的工人和主管来实施培训。
- 工作指导培训:许多工作都是由一系列有逻辑顺序的步骤组成,那么最好是一步一步来教。这种逐步渐进的过程被称之为工作指导培训(Job Instruction Training,JIT),它包括依照适当的逻辑顺序列出的某项工作中必需的所有步骤。同时,还要在每个步骤旁边列出相应的"要点"。这些步骤说明要做些什么,而这些要点说明怎样完成这些步骤以及原因。
- 讲座：讲座是一种迅速、简捷同时又能向许多受训人传授知识的方式。例如，当销售人员必须了解某些新产品的特点时，就可以采用讲座的方式。
- 视听技术：利用电影、录像带或录音带等可以产生很好的效果，因此，这些技术得到了广泛的应用。视听手段比一般讲座的花费多，但它也有一些长处。比如，在需要对受训者展示一般讲座中难以表明的事情时，或者是对整个组织的所有雇员进行培训。
- 远距离培训：目前，有些企业还在尝试进行远距离培训。使用这种技术，通过电台接收台，培训教师在中心地点可以对许多边远地方的员工进行培训。

（4）工作绩效评价。

员工上岗之后，其实际工作的效果如何，哪些地方容易犯错，哪些地方掌握得比较好，员工个人有哪些优缺点，这需要人力资源管理人员运用工作绩效评价技术来对雇员的工作绩效进行评价。

① 绩效评价是指一套正式的结构化的制度，用来衡量、评价并影响与员工工作有关的特性、行为和结果，考察员工的实际绩效，了解员工可能发展的潜力，以期获得员工与组织的共同发展。通过绩效考评判别不同员工的劳动支出、努力程度和贡献份额，有针对性地支付薪酬、给予奖励、并及时向员工反馈信息促使其调整努力方向和行为选择组合，使他们最大限度地利用其人力资源来实现组织目标。

② 绩效评价的目的是为了帮助企业维持和提高生产力、实现企业目标的最有效手段之一。除了正式的绩效评价程序之外，管理和评价工作也可以是非正式的。所有的经理人员都会监控员工的工作方式，并评定该种工作方式是否符合企业的需求。这些管理者认识到员工对企业的价值，并努力使员工对企业的贡献达到最大化。尽管这些正在进行的非正式的评价程序非常重要，大多数企业还是会在一年中对本企业进行1~2次正式的绩效评价。绩效评价流行于大大小小的政府和企业之中，因为它可以有多种用途，这些用途对企业和被评估的员工双方都有益。一般而言，可以体现在两方面：管理方面或发展方面。

从管理的角度看，绩效评价结果可以为人力资源管理的各个层面提供服务。比如，绩效评价常常在薪酬决策中决定着绩效工资或奖励工资的有无和多少。我们一直提倡的"按劳取酬"即是这种思想在企业中的应用。另外,绩效评价与其他一些重要的人力资源决策也有直接的联系。比如,通过工作绩效的评价结果来决定员工的晋升、调任和临时解雇等,以及在招聘中将绩效评价结果优秀的员工特征作为甄选标准。还有一点容易被忽略的作用就是,绩效评价还能作为企业在涉及人力资源方面的法律诉讼时的"书面证据"。企业必须保存准确、客观的员工工作记录,以应付可能发生的诸如晋升、薪资分配和停止聘用等有关人力资源管理方面法律纠纷。最后,值得指出的是,要使整个人力资源计划成功,企业还必须掌握员工的工作表现与其所需完成目标的吻合程度。而这种掌握必须依靠细致筹划和管理的人力资源评估程序。由于绩效评估会影响员工行为,因此,它可以直接提高企业工作绩效。

从个人发展的角度来看,绩效评价为评价个人优缺点和提高工作绩效提供了一个反馈渠道。无论处在哪个工作层次员工,绩效评价都会为其提供一个发言的机会以消除潜在的问题,并为员工制定新的目标以达到更高的绩效。现代的绩效评价不再像过去一样只被认为是监督员工工作、为企业赢利的工具,它更注重于为员工制定培训、发展和成长计划。为发展的目的而制定的绩效评价方法认为,经理人员的任务是改善员工的工作方式,而不仅仅是评价员工过去的业绩。因此,绩效评估计划的主要优点之一就是为提高员工工作建立了一个合理的基础,使管理者在绩效评价中的角色也从一个法官变成为一个教练,承担着督导和培训的责任。

③ 人力资源部门负有协调设计和执行绩效评价方案的责任。但最为重要的一点是,直线经理人员自始至终都起着十分关键的作用。这些人可能对评价方案的实际实施负责,并且,如果评价方案取得成功,就必须让他们直接参与到方案中来。

(5) 工资及薪金的管理。

在制定工资及薪金的过程中,要依据一定的标准来制定。这种标准可能是工作的相对价值,也可能是绩效的评价结果,或者两者的结合。如果是依据工作的相对价值,那就还需要用到工作评价技术,这也是人力资源管理所包含的内容。通常,决定薪资水平的因素有以下几个:

① 报酬的公平性:组织要能够吸引、激励和留住有能力的雇员,在很大程度上是通过企业的报酬机制来实现这一目标的。所以组织必须力争报酬公平。公平是指雇员被公正对待的感受。报酬必须对所有相关方面公正实施,而且应该让雇员感觉到是公平的。这其中又包含两个方面的公平:外部

公平和内部公平。外部公平是指企业雇员所获得的报酬比得上其他企业完成相类似工作的雇员的报酬。内部公平是指在组织内部依照员工所从事工作的相对价值而支付的报酬。工作评价是决定内部公平的首要方法。

② 组织因素：组织的企业文化对个人经济报偿有着重要影响。组织经常制定一些正式或非正式的报酬政策，用以确定在劳动力市场上它是一个工资水平领先者，还是一个工资水平落后者，或者它力争在平均水平上。在决策工资支付水平时，组织的支付能力也是一个重要因素。经济上较成功的企业趋向于提供高于平均报酬水平的工资。然而，经济实力仅能确定它支付报酬的最高限。为了达到特定的支付水平，管理者还必须考虑一些其他因素。

③ 劳动力市场因素：不同劳动力市场中的工作报酬会有很大不同。例如，一个大城市中的公司秘书每月可以拿到 2 000 元工资，而一个偏远城镇的秘书可能每月只有 200 元工资。人力资源部门必须看到这些差别，以便在招聘员工中成功。现行工资是决定工资支付的一个重要依据。许多员工将它看做是判断公司报酬政策公平与否的标准。

④ 工作因素：人们所从事的工作是他们将要得到多少经济报酬的一个主要决定因素。组织根据他们所从事工作的价值、责任以及其他与工作相关的因素，例如工作环境，予以支付报酬。可以用工作分析、工作评价等技术来确定工作相关价值。

⑤ 雇员因素：除组织、劳动力市场和工作以外，一些与员工相关的因素对于确定公平工资也是非常必要的。比如，越来越多的企业采用的绩效工资制度就是根据员工的业绩表现来支付工资，它的实施使得员工提高了生产效率，减少了无故缺勤率，增加了员工的工作满足感等。也有很多企业在其制定的报酬制度中考虑了资历、经验和能力等因素。

（6）雇员的福利与保障。

员工福利与保障问题其实是薪酬问题。对人的因素的重视以及组织中人力资源地位的上升，使得雇员福利与保障也引起了普遍关注。同时它也是激励问题和企业的道德问题。

大多数组织已意识到，他们有责任为员工提供保险和其他如健康、安全、保障这类常规福利等方案。福利通常并不直接支付给员工，使员工间接受益。一般地说，员工因为是组织的成员而享受福利待遇。福利一般与工作效率无关，因此起不到鼓励员工提高业绩的作用。然而，有吸引力的福利待遇有助于招聘和留住合格的劳动力。福利的内容通常有以下几项：

① 法定福利：是指国家法律明确规定企业所必须为雇员支付的福利保障项目，包括养老保险、失业保险、工伤保险和疾病保险等。

② 自愿福利：组织会自愿地提供许多福利。这些福利可以分为：非工作时间的工资、健康及保障福利、灵活的工作地点及弹性的工作时间、安全与健康的工作环境、员工福利及额外酬劳。一般来说，这些福利并非法律要求的，在一些企业里它们产生于单方管理决策。

（7）安全与健康的工作环境。

我们所说的安全是指员工不受与工作相关事故的伤害。健康是指员工不患身体或心理疾病。安全与健康问题严重影响着生产效率和工作生活的质量。员工发生事故和患病会显著降低公司的效率和员工的士气。生产线管理人员主要负责保持一个安全、卫生的工作环境，而人力资源专业人员为员工提供专业知识，以帮助他们处理这些问题。

① 安全方案可以通过两种基本方式实现其宗旨。第一种方式是创造一个提高安全水平的心理环境和态度。当工人有意识地想到安全问题时，事故就可能减少。这一态度必须渗透到公司的运转中，而且，强调安全和健康的强有力的公司政策也是必不可少的。第二种方式是发展并保持一种有利于人身安全的工作环境，这样的环境应能够防止事故发生。

② 认为健康取决于医疗保健而且仅仅是不生病的传统观点正在得以改变。今天，许多人认为，最令人满意的健康可以通过环境安全、组织变化和不同的生活方式得以实现，而且人们更加关心员工的精神健康。管理者越来越清楚，长期的生产效率在很大程度上取决于公司员工的奉献和投入。事实上，在过去几年中，与工作压力相关的精神疾病已成为发展最快的职业病。Gallup公司在1998年所负责的一次调查中表明，每年，美国公司中25%的劳动力会出现焦虑症或者与紧张有关的疾病。

以上是人力资源管理在传统意义的主要内容。发展到今天，人力资源管理的内涵已经发生了质的飞跃。它不再仅仅是组织中的职能部门，也不再仅仅承担"选、用、育、留"的传统型任务，它已经在协助制定组织发展战略、进行组织流程再造以及赢取竞争优势中扮演着越来越核心的角色。

3. 直线经理与人力资源经理的区别

人力资源管理活动是需要各级管理者共同参与其中的一项管理活动。

对于上面所讲的人力资源管理的各个活动内容,直线经理人和人力资源经理需要相互配合、沟通完成,但他们的分工却不尽相同。表 5-1 所列示的两类管理者的职责分工区别。

表 5-1　直线经理和人力资源经理责任区分

职能	直线经理责任	人力资源经理责任
吸引	提供工作分析、工作说明书、最低合格要求的资料,使各单位人力计划与战略一致	工作分析,人力资源规划、招聘计划等
录用	对工作申请人进行面试,综合人事部门收集的资料,做出最终录用决策	服从劳动法规规定,考察申请栏目、笔试,进行背景调查,对介绍人进行检查等
保持	公平对待雇员,疏通关系,面对面解决冲突,提倡协作、尊重人格及按贡献评奖	酬劳及福利,劳动关系,健康安全以及雇员服务
发展	在职培训,逐个丰富化,师带徒活动,激励方法应用,给下属的反馈	技术培训,管理发展,与组织发展,职业规划、咨询等
评价	绩效评价,士气调查	研究工作绩效系统和士气评价系统,人事研究和审核
调整	纪律、解雇、晋升、调动等	临时性解雇、退休咨询、其他相关方针、管理制度等

二、战略性人力资源管理

1. 战略性人力资源管理的内涵

在新经济条件下,人力资源管理与组织战略实现之间的关系日渐密切。快速变化的竞争环境,使得企业人力资源经理人必须正视人力资源管理领域的变革,积极地进行职能转变与角色定位。已经有越来越多的企业认识到建立自身的竞争优势关键是如何去建立并运行有效的人力资源管理,企业高层管理者对此寄予很大希望。《今日美国》和德勤会计师事务所在 2001 年的调查中表明,将近 80% 的公司总裁认为,人力资源管理在他们公司里其重要性比过去 10 年有了大幅增长,并且 2/3 的人认为,人力资源在当今世界被看成是一种成本最有限的战略投资。因为员工的技巧、知识和能力是一种最特殊的可再生资源,因此,对于这种资源的管理就更为重要。就像 IBM 创始人托马斯·J·沃森所说:"你可以拿走资本和厂房,但只要拥有员工就可以建立经营业务"。所以"通过人的竞争"成为人力资源管理的主旋律。这种主旋律现在更被发扬光大,和战略紧密相连,以至于管理者们要用"战略性人力资源管理"来强调人力资源管理在当今企业和竞争中的重要性地位与关键性作用。

我们谈战略性人力资源管理,首先要明确的就是它与人力资源战略的区别。虽然所用的文字是相同的,但反映的意义却大相径庭。所谓战略性人力资源管理就是系统地把企业人力资源管理同企业战略目标联系起来,其核心在于通过有计划的人力资源开发与管理活动,增强企业战略目标的实现。这意味着战略性人力资源管理必然涉及人力资源管理系统中的方方面面,从工作分析到招聘甄选,从薪酬福利到绩效考评,每一个环节都要体现与企业战略目标的联系,都要支持战略目标的实现;而人力资源战略指的是人力资源规划与战略的制定实施,它只是属于人力资源管理的一部分,和前文所述的工作分析、招聘甄选等共同构成系统的人力资源管理体系。因此,战略性人力资源管理实际上就是战略在人力资源管理各个方面的映射。人力资源管理体系中的各个组成部分并没有什么结构上的变化,只是现在每一部分的内容都变得更加重要,覆盖的期限更加长远,影响力更大。传统意义上的人力资源管理与战略性人力资源管理的主要变化内容可以在表5-2中反映出来。

表5-2 传统人力资源管理与战略性人力资源管理比较

传统人力资源管理活动	战略性人力资源管理活动
政策的产生与形成:服从于高层管理人员的一致意见	参与组织战略发展决策,并提供有效的人力资源管理政策和策略(计划)的支持
咨询:对直线管理人员就人力资源管理领域进行咨询和提供忠告	为直线管理人员提供人力资源管理技术方面的支持
服务:从事如招聘、考核、培训等方面的工作	监督、控制、反馈和调整组织的人力资源管理活动,整合组织的管理功能
控制:监督所有部门,以保证执行规定的人力资源政策	

一个运营有效的战略性人力资源管理流程如果完成了以下三个方面的任务,就会产生显著效果:

- 对个人进行深入而准确的评估;
- 为培养新的领导层——其目的是为了在整个组织范围内更好地实施战略——提供指导性框架;
- 填充领导输送管道。

但实际上,只有很少数的公司能够同时完成这几项任务。传统的人力资源管理的一个最大不足就是它通常是往后看的,也就是说它更注重人们眼下和以前的表现。但实际上,一个人的潜力如何,更为重要的是看他能否处理明天的问题。有很多这样的人,他们虽然能够很好地处理当前的问题,却无法将自己的部门或组织成功地带到下一个发展阶段。在很多情况下,许多公司甚至都是在财务结果出来以后才想着手调整领导层。这样的人力资源管理有什么意义呢?

战略本身通常不会有太大问题,但由于没有选对人手,许多公司都没有品尝到最终胜利的果实。一个强有力的战略性人力资源管理流程实际上提供了一整套强有力的管理框架,该框架足以确定整个组织在今后一段时期内的对人力资源的需求水平,并帮助领导者为满足这种对人力资源的人才需求做出相应的行动规划。从根本上说,战略性人力资源管理的作用的发挥是建立在以下几个要素之上:

(1) 与公司战略规划及其各阶段目标,包括财务目标及其他方面目标之间的联系:为了执行各个阶段不同的战略,战略性人力资源管理流程需要对特定时期内的领导团队、各部门人员进行重新评估,看看哪些人的技能、知识过时了?哪些人需要进行培训了?哪些人不能再在那个职位上任职了?所有这些决策都应该基于企业的战略来完成,应该瞄准未来而非关注于现在。

(2) 提供不断改进、培训和深入的绩效评价,为公司提供完善的领导层培养渠道:为了实现企业战略,企业必须建立完善的领导层培养渠道。首先需要确定哪些人非常有潜力,应该得到重用,然后确定需要对其进行哪方面的培养,以使其更加胜任未来的工作岗位。这些工作最终将为企业建立一个数量多、素质高的领导人候选群体。对于一个企业来说,没有什么比这个更重要了。企业对未来有望成为领导者的人员提供的改进计划中,不仅包括了一些关键业绩指标——比如说取得的成就和没有完成的目标,还包括了一些关于人员培养需要的清晰具体的信息。这个计划可以帮助员工提高自己的业务水平。

(3) 决定应当如何处理那些表现不佳的人员:即使是最优秀的人力资源管理流程也未必能做到量才适用,而且也不能使每个人的表现都达到预期水平。有些人并不能胜任他的工作,需要被调整到稍微低一级的职位上,而有的经理甚至必须离开自己当前任职的公司。而评价一个战略性人力资源管理流程的标准就在于它是否能够清楚地将这两类人区别开来,以及它是否能够帮助领导者们做出可能会给人们带来的一些痛苦的决定。

(4)改变人力资源部的任务和运营方式:传统人力资源管理的内容需要进行相应的调整,从仅仅行使例行工作的职能部门发展成为一个围绕战略将人员与组织运营紧密联系起来的重要部门。这就意味着人力资源管理的一切活动都要着眼于未来的战略方向,服务于组织的发展蓝图。人力资源管理必须被整合到企业的运营流程中去,它必须和战略、组织运营以及其他活动等结合起来。在这种情况下,企业的人力资源管理部门的工作必须更加以战略为导向,并成为推动企业前进的一股重要力量。

可见,在目前经济形势下的企业里,实施战略性人力资源管理已经成为企业获得竞争优势的必须条件。

2. 人力资源管理经理的角色变化

企业人力资源经理人只有全面迎接时代的挑战,才能在企业发展中发挥应有的作用。

首先,企业人力资源管理者的职责将逐渐从作业性、行政性事务中解放出来,更多地从事战略性人力资源管理工作,包括人力资源政策的制定、执行,帮助中高层主管的甄选,员工的教育、培训、生涯规划,组织发展规划和为业务发展开发、留住人才等等,具有相当的前瞻性。因此,企业人力资源管理部门已逐渐由原来的非主流的功能性部门,转而成为企业经营业务部门的战略伙伴。在1994年美国人力资源管理协会会议中,理事会主席Gale Parker指出:企业再造、结构重组、规模精简的变革大潮都要求人力资源成为首席执行官的战略伙伴,帮助计划、实施组织变革。这就要求人力资源经理人越来越多地参与企业战略制定、组织业务活动安排,领导企业变革,建立竞争优势,传播职能技术并担当起员工宣传者和倡议者的角色,并对员工绩效和生产率负责等。同时,也可以把一些非核心的、过于细节化的传统性人事管理业务外包出去,也将成为企业提升人力资源竞争力的选择,因为这种作业附加值很低,使人分心并偏离重要的战略性事务,不利于提升人力资源管理的形象和重要性。把这些传统事务分离出去,由其他部门或成立"员工事务部"之类的机构去管理,而人力资源部专注于系统性全局性的战略事务。因此,企业人力资源经理人将逐渐从过去那种行政、总务、福利委员会角色转变成为学习型组织、教育的推动者、高层主管的咨询顾问、战略业务伙伴、管理职能专家和变革的倡导者等(参见表5-3)。

表5-3 人力资源管理职能的转变

(从)人力资源管理职能的转变(到)	
职能导向	战略导向
内部重点	顾客重点
被动反应	主动出击
行政管理	咨询者
受活动驱动	受价值驱动
以活动为重点	以有效性为重点
视野狭小	视野广阔
方法传统	思考非传统方法
互不信任	合作伙伴
决策权力集中	决策权力分散
行为型	解决问题型

其次,人力资源经理人还需要具备相应的全球人力资源管理技能,了解并掌握相当的业务知识,要求能与业务部门说一样的"语言"。人力资源管理已日益凸显其在企业价值链中的重要作用,这种作用就在于能为"顾客",既包括企业外部顾客,又包括企业内各个部门提供附加价值。这种内部提供不仅可以实现为业务部门的定制服务,而且可以突显人力资源管理的价值、巩固人力资源部门的地位。人力资源部门应该从"权力中心"(Power Center)的地位走向"服务中心"(Service Center)。人力资源经理人必须具备一套全新的思维方式,去考虑"顾客"需要什么样的人力资源服务并怎样提供这些服务,借此创造在企业中的权威。

最后,人力资源经理人应进行人力资源管理角色的再定位。密歇根大学的沃尔里奇(Ulrich)教授认为,作为企业获取竞争力的帮手,人力资源管理应更注重工作的产出,而不仅仅是把工作做好。根据人力资源管理的战略决策、行政效率、员工的贡献和变化能力这四种产出,沃尔里奇归纳了人力资源管理的四个基本角色。它们分别是战略性人力资源、管理组织的机制结构、管理员工的贡献程度、管理转型和变化(参见表5-4)。

表 5-4　人力资源管理的四个基本角色

角色/区分	有效产出/结果	形象化比喻	行为
管理战略性人力资源	实施战略	战略伙伴	把人力资源和经营战略结合起来
管理组织的机制结构	建立有效机制结构	职能专家	组织流程的再造:"共享的服务项目"
管理员工的贡献程度	提高员工的能力和参与度	员工的支持者	倾听并对员工的意见做出反应:"为员工提供所需的资源"
管理转型和变化	创建一个崭新的组织	变革的推动者	管理转型和变化:"保证应变的能力"

为实现上述角色再定位,企业人力资源经理人需要掌握的四大核心技能:(1)掌握业务。要求人力资源从业人员成为企业核心经营、管理层的一部分,了解并参与基本的业务活动,具有强烈的战略业务导向。(2)掌握人力资源。这是指人力资源管理要确保基本的管理和实践相互协调,并担当起行政职能。(3)个人信誉。这是指人力资源从业人员应具备良好的人际影响能力、问题解决能力和创新能力。(4)掌握变革。要求人力资源管理懂得如何领导企业变革与重组。

第三节　战略性人力资源管理在组织管理中的作用

一、战略性人力资源管理的特点

要明确战略性人力资源管理在组织中的作用,首先得了解它的特点,看看究竟是什么特征使得它得到了众多企业和管理者的追捧。归纳起来,战略性人力资源管理有以下几个特点:

(1)关键性。随着知识经济的到来,生产力的关键要素更多地依赖脑力,人力已成为企业获取竞争优势的关键性资源。因此,企业高层管理者在研究企业目标、战略时,应同步思考未来五年、十年的人力配置,从战略的角度来研究人力资源的开发、培养和使用,使企业的人力资源成为企业真正的核心资源。

（2）开发性。人力是组织的核心资源，是一项投资，企业要舍得对人力资源进行开发投资，以激发员工的潜能，去赢得长期、持久的实力。

（3）整体性。以整合的方式统筹环境、战略及情景因素，从组织整体、跨部门的角度去思考对人的管理这一问题。在现代企业管理中，管理者有义务指导、教育、约束、激励下属人员，提高他们的职业境界与进取精神，提升他们的人力资本价值。

（4）系统性。人力资源管理的各个部分应有机地结合起来，进行系统化管理，以创造出一种协同效果。各种人力资源管理方法的一致性使员工明确可以期望什么，得到什么回报，以及什么事是重要的，从而增强员工的投入，帮助企业利用自己的独特竞争能力来对付竞争对手。

（5）竞争性。人力资源管理的重点应在发展企业可持续竞争优势上，其目的是利用人力资源管理在制定和执行战略中的战略合伙作用，帮助企业制定竞争战略，并采取与企业竞争战略相配合的人力资源管理制度和政策，使企业能有效地开发和利用人力资源，从而提高企业经营绩效和市场竞争力。

战略性人力资源管理所具有的关键性、开发性、整体性、系统性和竞争性等特点，恰恰符合知识经济时代的要求，符合人们对知本的追求，迎合了当今企业和市场竞争的特征，而且众多企业在实践中所取得的战略性的成功，都同时说明了战略性人力资源管理在组织中已经具有举足轻重的地位，它的管理水平和执行能力的好坏，直接反映股东的利润分红上，反映在公司的财务报表上，反映在企业的员工离职率上，反映在整个公司的文化氛围中。这些既然都是企业所有者所重视与关心的问题，那么战略性人力资源管理的作用就不言而喻了。

二、战略性人力资源管理体系

商业战略转化为人力资源行动：战略性人力资源管理是要让日常的人力资源管理活动中渗透企业高层决策的影子。如何将战略和具体的人力资源管理活动相结合，有以下几个步骤。

（1）预测商业趋势：战略的制定必然是以一定的商业预测为前提。没有任何一家企业会无视外部经济、政治及社会文化多方面因素的影响而闭门造就一个企业战略。相对于计划来讲，战略关注的东西可能更长远一些，所以可能在近期中难以获利，但对于企业的长远发展意义重大。

（2）决定战略方向：战略方向是在预测的前提下制定的，因此不可避免的带有一定的风险性。因此，战略一旦制定并非不可修改，战略不是命令，而是一种责任和承诺。战略并不决定未来，只是一种调动企业资源和能量以创造未来的手段。无论是否发生了问题，都要不断地改进它——使它变得更好。对产品是这样，对战略也是如此。

（3）人力资源工具和战略行动相结合：将战略落实到人力资源管理中时，就是要让人力资源管理的各个活动体现企业的战略。在工作分析中要反映出某工作岗位未来发展所必需的一些技能与知识，即使暂时并非急需；招聘甄选的过程所设立的选择标准也要力求着眼于未来，发现面试者的潜力大小，而非目前掌握的技能；在绩效考评和薪资制定中也要与有助于战略实现的考核标准挂钩，使员工从现实利益中体会到自身利益与企业战略的密切联系。

三、企业实施战略性人力资源管理的策略

1. 真正树立"以人为本"的管理思想

以人为本，就是以人为中心。一个企业，尤其是高层管理者是否真正树立"以人为本"的管理思想，直接关系到企业能否有效实施战略性人力资源管理。在企业经营发展过程中，要把对人的能力的培养和积极性的发挥放在头等重要的位置。关心人、尊重人、满足人的合理需求，以调动人的积极性。

以人为本，是人力资源管理的态度、责任和出发点。企业拥有不同的人力资源，人力资源管理的核心是"人尽其才"，即发挥适应岗位需要的人力资源的积极作用。人才的流动是正常的社会机制，培养人、发展人、向社会输送人才是企业社会责任的表现。流动的人才成为企业形象的代言人。因此，以人为本，不仅体现在招人、用人，同样也体现在企业对员工离职甚至离职后的管理态度和具体办法上。企业应该拥有大人才观念，不仅要用待遇留才、感情留才、文化留才、岗位留才，同时更要注重事业留才、机会留才、发展留才。根据"2/8法则"，企业80%的业绩有赖于20%的优秀人才，因此，管理并激励企业中的关键性人力资源成为人力资源管理的重中之重。

以人为本，还体现在所有与人相关的管理环节上，必须要做到细致入微的专业化人力资源服务，如从电话通知应聘者参加考试到现场进行的面试、笔试，从签署劳动合同到新员工入职教育，从老员工的传帮带到员工升职晋

级的人事通知书的发放,从员工投诉到员工离职,甚至离职后的管理,都要求程序规范,细腻周到,个性服务。人力资源工作者既是公司形象的代言人,又是公司利益的维护者,尤其当涉及员工薪资福利、培训发展等员工切身利益时,人力资源的管理往往成为矛盾的焦点,如何妥善地解决问题,化解利益冲突,维护公司和员工的双重利益,不仅要求人力资源工作者有很强的政策水平,相应的劳动法律知识,更要求专业化人力资源管理技术和管理能力的支持。

2. 创建战略性人力资源管理结构

战略性人力资源管理的核心就是有计划的人力资源开发和管理,具体包含三个层次:

(1) 战略层次:此层次的焦点是企业与外部环境截面,主要追求企业整体利益,注重将人力资源管理的诸要素建立在企业管理层共同确定的,符合企业内部各方面利益且得到企业全体员工一致认同的企业发展战略目标及远景规划的基础之上。

(2) 管理层次:这个层次的重点是制定人力资源战略和规划,人力资源的战略规划和方针被细化为具体的人力资源活动方案。重要的是该层次的所有具体内容都应遵从战略层次制定的纲要和方针,切实保证企业发展战略目标的实现。

(3) 运作层次:该层次的主管直接与产品生产或提供具体服务的基层人员接触。人力资源规划在这一层次得到具体的实施,同时,对人力资源规划实施过程进行控制、监督、分析和评价,找出不足给予适当调整,以保证企业战略目标的实现。

3. 做好人员招聘工作

第一,企业在制定人员招聘规划时,应依产业或产品的生命周期加以考察,这样才能维持人力的弹性。

第二,在招聘前要做好工作分析。工作分析以岗位为基础,即明确每位员工的岗位职责,让员工清晰地知道自己的岗位责任、工作内容、工作权限、工作条件、必备的岗位技能及与相关岗位的汇报与负责关系等,尤其强调的是公司应明确告知该岗位的工作标准以及超越或低于岗位标准的奖罚措施,这样,员工会有明确的工作目标,并了解工作的结果,使员工在公司制度和公司文化的大前提下,能够主动实现自我激励、自我管理与自我发展,自然而然地把自己的成长纳入企业既定的目标轨道中,实现共同发展。做不好工作分析,企业就可能出现所选人员不令人满意,从而造成额外费用,增加了成本。

第三,在招聘人才时应重现人才特质的遴选考查。特别在组织忠诚度不是很高的今天,企业应留意员工是否具有长期的合作意愿、尊重工作伦理等特质。人力的特质有时比人力的能力来得更重要。

4. 加强绩效考核管理

以业绩为导向,既是公司的经营目标,也是人力资源管理的重要环节。俗语说:"你考核什么,你就得到什么"。对股东而言,要的是利润;对经营者来说,要的是业绩;对员工来说,要的是个人成就和个人发展。而这一切的基础都取决于公司的经营业绩。因此,企业对业绩的考核,对考核目标的设定,对考核标准的选择,对考核内容的要求将直接体现公司的经营理念和管理思想,并直接作用于企业对员工的激励。

制定科学合理的考绩标准,避免主观随意性,企业也可运用360度绩效考核系统,进行纵横交互的全方位考评。从直线经理、人力资源经理、主管的考核到员工个人考核,同级考核还包括客户对员工的考评。这一考核系统是较为全面公正。还应注意,对工作绩效的考评侧重在绩效的改进上,易细不易粗,而对工作态度和工作能力的考评应侧重长期表现上,宜精不易细,这样员工不会只为迎合量表中设置的项目而工作,减少了盲目性和被动性,对员工和公司的发展都大有裨益。

5. 建立有效的激励机制

建立有效的激励机制,激发和调动员工的积极性和创造性,提高企业的生产力。首先,要建立有效的人员配置机制。根据企业目标和工作任务,按照量才使用、用人所长的原则,对员工进行合理配置和组合,使他们学有所用。同时要有计划地进行工作轮换,给予更富挑战性的工作,从而激发他们的工作热情。其次,要建立合理的物质激励机制,如核薪和调薪以工作价值能力和表现为主;设立绩效奖励制度按月、季依成绩给奖;设立年终奖励制度依职位和考绩给奖等。最后,要建立有效的精神激励机制。管理者应从满足人的精神需要出发,营造良好的企业文化氛围,尊重、理解和关心员工,以激发员工的上进心和积极性。许多事实证明精神奖励比物质奖励更能促进员工作出成绩,是一种更巧妙、更灵活的方式。

6. 加强员工的培训和开发

第一,要对培训和开发有全面的计划和系统安排。人力资源部门必须对培训和开发的内容、方法、教师、教材、参加人员、经费和时间等有一个系统的规划和安排。

第二,要建立培训开发激励机制。培训开发工作应与员工的考核、提升、晋级、调动等紧密结合起来,以提高人们参与培训开发的积极性。

第三,要加强一线员工的培训和开发。

第四,要对培训和开发工作加强评估和总结,吸取教训,不断改进,提高培训和开发实效。

7. 提高人力资源管理者的素质

对于从事人力资源管理的管理者来说,必须掌握有关人力资源各方面的理论和方法,内容涉及招聘、评估、奖励、培训与发展、组织管理、沟通以及其他人力资源专业领域。同时,还要学习和掌握有关本企业生产经营方面的知识,只有这样,才能使人力资源管理与整个企业的使命结合起来,协调发展,使人力资源管理能够解决企业的商业问题,维护企业正常的营业活动,以及支持企业的战略性活动。

总之,人力资源作为企业的核心资源将直接决定企业的核心竞争力。因此,从企业层面,要求企业不仅从战略上建立具有竞争优势的人力资源管理制度,更要求把人力资源各环节的日常具体工作做细、做好、做到家,从而协助公司形成企业独有的文化和氛围,提高公司凝聚力,维护公司的创新和活力。从员工角度则是建立激励员工按照企业与员工共赢的发展之路,在企业中设计自己的职业生涯,不断提高职业技能和水平,在实现自我发展目标时与公司共同成长。

本 章 小 结

　　战略、组织和人力资源共同构成了组织的基础。从本书的结构上来说,似乎是设定了组织的战略并搭建了组织的结构之后才来考虑人力资源的问题,其实不然。战略、组织和人力资源几乎是同时产生的。企业战略确定了企业存在的理由,它能保证企业的行为适应市场竞争的需求,始终努力地朝既定的方向前进;以此为基础设计的人力资源管理流程则在实践过程中保证了企业的行为符合所设定的战略要求,不发生偏离轨道的现象。组织设计也是一项基础性的工作。从管理框架上来说,它属于人力资源管理的一部分。只有拥有一个合理的组织结构,使内部的沟通及时顺畅、成本最低,才可以正确处理和解决人力资源问题。因此,对于战略、组织和人力资源,我们必须认识到它们是相互依存和相互影响的,对一个企业来说都是同等重要的。

　　人力资源管理的内涵是在不断充实和丰富的。从传统的人事管理到现代意义上的人力资源管理,工作所涉及的范围已经从单纯的档案文书管理等一般性工作内容拓宽到从招聘到安置员工、从培训到绩效考核、从薪酬福利到员工发展等一个完整的人力资源管理流程,具有很强的系统性和科学性;发展到今天,战略性人力资源管理概念的提出进一步将人力资源管理的内涵扩充了,使之和一个企业的战略紧密相连,每一个环节都体现出对企业战略的支持性。战略性人力资源管理实际上就是战略在人力资源管理各个方面的映射,人力资源管理体系中的各个组成部分并没有什么结构上的变化,只是现在每一部分的内容都变得更加重要,覆盖的期限更加长远,影响力更大。战略性人力资源管理之所以这么重要,与它所具有的关键性、开发性、整体性、系统性和竞争性等特点是相关的,它迎合了人们对知本的追求,迎合了当今企业和市场竞争的特征。

思考与讨论

1. 现代意义上的人力资源管理指的是什么？它与战略、组织有什么关系？是如何支持企业获取竞争优势的？
2. 什么是工作分析？它在人力资源管理系统中是如何发挥基础性作用的？
3. 什么是战略性人力资源管理？它和传统人力资源管理有什么区别？
4. 直线经理和人力资源经理所承担的职能有什么不同？在战略性人力资源管理中人力资源经理的角色是怎样的？
5. 战略性人力资源管理的特点是什么？它在组织管理中的作用是什么？

第六章 组织中人力资源管理的系统平台建设

第一节 人力资源管理的系统平台

提到平台,人们很自然地想到了一个很大的空间,在它上面可以承载很多东西。组织也需要这样一个载体或者说是一个框架,可以让各项工作活动在这个框架的基础上顺利开展,有条不紊地运行。于是,我们提出人力资源管理系统平台建设的基本概念,就是基于人是组织最核心的资源——人力资源的有效利用是组织得以发展、前进的有力保障这样一个基本思想。究竟什么要素构成了组织人力资源管理的系统平台?我们先得从那些导致人力资源管理行为的有效性的因素着手,因为它们是最基本的因素,因此也就构成了系统平台建设的基本内涵。

一、有效的人力资源管理活动模型

什么样的人力资源管理活动可以称之为有效?一般说来,必须具备以下三个特征:
- 高满意度;
- 适度的人力成本;
- 高工作效率。

为了形成高满意度、适度的人力成本和高工作效率,我们可以通过满足一些可操作的因素来达成(参见图 6-1)。例如为了获得高工作效率,组织的结构必须合理,工作设计必须科学。如果一个仅拥有一二百人的小企业建立起高达七八层的组织层级结构,即使其他的管理措施再有力再合理,也无法使这个企业获得高工作效率。因为如此高的层级结构严重地影响了信息的向下传达和员工意见的向上传递,很容易产生官僚主义。韦尔奇在上任初期就将 GE 高达 29 级的组织结构迅速消减成六级结构,也就是为了获得高工作效率,减少官僚主义对组织效率的削弱。

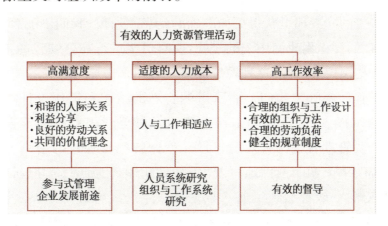

图 6-1 有效人力资源管理活动的构成因素

总结起来,高满意度的获得可以通过以下方面表现出来:

- 和谐的人际关系;
- 利益分享;
- 良好的劳动关系;
- 共同的价值理念。

要获得这些方面的表象,必须在企业中建立起一种参与性文化,让员工参与到企业日常管理中去。比如业绩计划的制定不再单单是由上级制定,应该多多和员工讨论,多听取员工的意见,这样一方面可以提高员工接受计划任务并全身心投入工作中的可能性,另一方面也大大提高了员工作为组织一员的满意度。除此之外,对于企业未来发展的规划也应该让员工尽可能多地了解。这样,他们不仅会看到自己发展的前景所在,而且也更容易理解现下一些管理行为的合理性,从而更加配合管理者的行动。

适度的人力成本讲得通俗一些,其实可以理解为将合适的人在合适的时间、合适的地点安排在合适的岗位上。企业中没有所谓最好的人才,只有最合适的人才；企业也不需要所谓最优秀的人才，而只需要最合适工作要求的人员。就像在许多企业，有时新的被选中的人并不比其他落选者更加优秀，他之所以被选中，只不过是因为他更加适合把这项业务推进到下一个阶段罢了。虽然是一句非常简单的话，但要将它落到实处，并非一件易事。这必须事先对人员系统进行研究，对组织和工作系统进行研究。组织和工作系统的研究可以在组织建立时就形成一个框架性的构想，在实际操作过程中也可以不断进行调整和变动，逐渐形成一个比较合理的设计。但对于人员的研究却比较困难，因为必须要经过一定时期的观察才可能对他们有一个较全面的了解，才能从他的业绩以及与其共事的同事那里获得更加准确的信息。所以，我们不能奢望一开始就用对人，但我们要积累我们用人的经验，要对员工进行充分细致的了解观察，不断进行人员与岗位的匹配，这种思想应该一直用来指导人力资源工作的开展。

高工作效率除了我们上面所讲的合理的组织和工作设计之外，还可以通过有效的工作方法、合理的工作负荷以及健全的规章制度等来得以实现，而这些都需要管理者进行有效的督导。就像曾经参观过的南京某一个工厂，虽然工作说明书上明明白白地写着"每次取用零件为四只"，但所有现场的工人都是一把抓，一般都达到了七八只之多。生产线旁边虽然站了四五个车间管理者，但没有一个对这种行为进行制止。因为从工人到管理者都普遍认为，多拿几个不会影响工作的进展，说不定还能提高效率。可实际上呢？由于没有按工作标准来操作，工人们所生产出来的原件总是有些微小的变型，结果在这条流水线的最后加了一道工序：微调。工作效率提高了吗？员工工作效率的低下归根到底是管理者的责任，因为你没有进行有效的监督指导和管理，而这恰恰是你的职责！

二、有效的人力资源管理功能模型

前面我们讲了有效人力资源管理的活动构成，如果将这些活动归归类，就可以体现在人力资源管理的各个功能上了。图6-2就是我们将这些活动归类后的情况。因为我们的目标是为了保持组织的高绩效，从而更好地适应不断变化的环境，最终实现组织的战略，因此，我们的人力资源管理功能就要围绕这一中心来进行，同时也要体现上面讲过的那些活动。比如为了让员工获得高满意度，我们要建立参与性的企业文化，要让员工看到企业的未来发展远景，这些活动可以落实在几项人力资源管理功能上。在发展方面，我们要在绩效管理的过程中体现参与性。绩效周期初期,管理者可以和员工一起进行绩效计划的制定;绩效实施阶段,管理者可以和员工一起对一些情况或变化进行讨论、采取措施;在绩效评估与面谈阶段,管理者也应该给予员工充分发表自己意见的机会;而在绩效改进阶段,员工的培训计划或管理者给予的指导也应该获得员工的肯定与积极投入。在激励方面,企业应该让员工看到自己是在和企业一起成长,体现利益分享的理念,在薪酬福利方面应该给予员工充分的激励,虽然这不是激励的全部内容,但却是必不可少的。如此操作,我们就将能形成高满意度、适度的人力成本以及高工作效率的各项活动归结到人力资源管理的各项功能中去了,这样就保证了我们最终获得有效的人力资源管理流程和高的组织绩效。

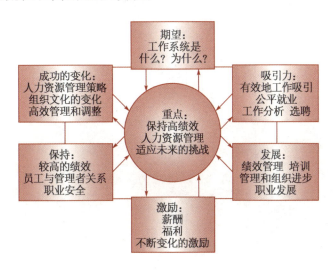

图 6-2　人力资源管理功能模型

三、人力资源管理的系统平台

基于前面的讨论,就可以建立起人力资源管理的系统平台了。我们将人力资源管理的各个功能分类,发现有两个大的系统在支撑着组织战略的实现:一个是组织与工作管理系统,另一个是支持企业文化实施的相关的人力资源管理活动。在此只进行组织与工作管理系统的介绍,这一部分内容更加明显的体现出企业人力资源管理系统中组织与工作管理的特征,是组织管理的重要组成部分。后一方面的介绍已经在第五章中加以阐述,主体内容包含在人力资源管理具体实施的技术与方法上(参见图6-3)。

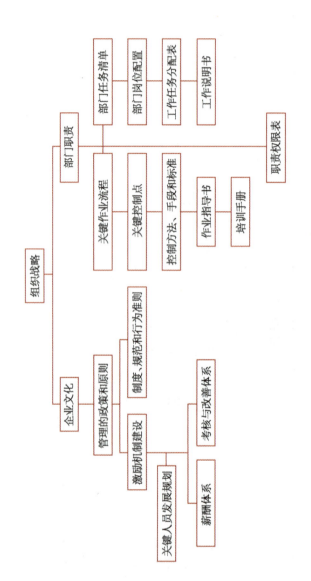

图 6-3 人力资源管理的系统平台建设

从图6-3中,我们对人力资源管理的平台就有了一个清晰的认识。左边是企业文化与政策管理系统,右边是企业组织与工作管理系统。组织与工作管理系统是以部门职责为主线,围绕它,我们要进行关键作业流程和关键控制点的设计,我们要清楚地出具部门任务清单、工作说明书和作业指导书等一系列文本,最终这些都要汇聚在一起,形成一个完整的、有指导意义的员工手册,它既是入职者的工作指南,也是以后进行绩效考核的依据,因此有着重要的基础性作用。

组织与工作管理系统的目的在于如何建立一个有效的分工协作体系,以体现生产力的最高水平。就像本书前面所提到的,组织结构或工作设计本身如果不合理的话,其他措施再有力,也不能实现高的效率和生产率。因此,组织和工作管理系统之所以能构成人力资源管理的平台,其意义就在于此。从宏观上讲,保证此系统有效,就是要让企业的人力资源数量与质量与企业的物质技术基础相适应;从微观上讲,就是要让每个员工从事的工作与其工作对人的要求相适应。如何保证这些目标实现?一般来说,需要进行以下几个方面的工作:

- 组织的设计和部门职责设计;
- 工作的责任与权限设计;
- 部门的工作任务清单;
- 部门的工作和岗位设计;
- 部门的工作任务分配;
- 岗位任职资格的确认和工作说明书;
- 关键业务流程;
- 流程的关键控制和作业指导书;
- 关键业务的培训手册。

下面,我们将对这九个方面一一介绍。

1. 组织的设计和部门职责设计

我们通常所指的组织,当它从一建立起,客观上就已经存在了一个组织结构和相应的工作内容,即使这两部分都没有被严格定义过或刻意设计过,不管它们是不是科学合理,总之,它已经被建立并付诸于实践了。组织建立后所有的人力资源管理活动都是在这个组织结构的框架中进行,目的是将所有设计好的工作内容合理高效的完成。组织结构设计和部门职责设计为人力资源管理的各种活动提供了最基础的依据和框架。

（1）组织设计的理论与实践。

① 组织的定义。

提到组织，我们想到的往往是一个个组织实体，如企业、非营利组织以及政府机关和社会团体等，那么组织究竟是一种怎样的实体呢？

管理心理学家巴纳德认为："组织是一个有意识的协调两人以上的活动和力量的合作体系"。另一位管理心理学家孟则认为，"组织是为达成共同目的的人所组合的形式。一个组织群体，如果想要有效地达成其目标，就必须在协调合作的原则下，各人做各人不同的事"。

企业组织是众多组织中的一个重要类型，它是由两个和更多的个人在相互影响与相互作用的情况下，为完成企业共同的目的而组合起来的一个从事经营活动的单位。

具体说来，企业组织的任务有如下三条：一是规定每个人的责任；二是规定各成员之间的关系；三是调动企业内每个成员的积极性。

正如管理心理学家艾伦所提出的，企业"组织的任务是确定和组合所要完成的工作，限定和分派权责，并建立关系，使人员能有效地达到目标的过程"，此外，"为求达成某种共同的目标，经由人员的分工及功能的分化，并利用不同的权力与职责而合理地协调一群人的活动。"

经过上述一系列活动，组织最终在职务范围、责任、权力等方面所形成的结构体系就是组织结构。组织结构的本质是组织内员工的分工协作关系，其内涵是人们在职、责、权方面的结构体系，又称权责结构。这个结构体系的主要内容包括：职能结构，即为完成企业目标所需的各项业务工作及其比例关系；层次结构，即各管理层次的构成，又称组织的纵向结构；部门结构，即各管理部门的构成，又称组织的横向结构；职权结构，即各层次、各部门在权力和责任方面的分工及相互关系。

建立组织有以下几点意义：

第一，组合所有资源以达到期望的目标：很难凭借单个人所拥有的资源和能力去完成的事，在组织中能有效的得以解决，这也是组织最初建立的意图所在；

第二，有效地生产产品和服务：亚当·斯密的劳动分工理论阐明了分工带来的高效产品与服务，组织中所存在的职能结构就是在这一思路指引下所设计出来的；

第三,为创新提供条件:思想的碰撞很容易产生新的火花,拥有更多人力资源的组织成为人们探索、创新的摇篮;

第四,运用以计算机为主的现代制造技术:现代企业的高效率要求使得计算机成为办公自动化不可或缺的一个基础,无纸化办公、电子文件的传输以及网上会议等形式的采用,使得计算机成为组织中的关键硬件设施;

第五,适应并影响变化的环境:组织形成之后,既受外界环境的影响,又会影响外界环境,形成一种互动关系。它必须对周围环境的变化做出迅速反应,同时也力求自己的一举一动对市场产生影响,甚至成为引领市场需求的开拓者;

第六,为所有者、雇员和顾客创造价值:对于组织而言,它有多种利益相关者,最初组织关注的更多是所有者的利益;逐渐发现,只有满足消费者的需求之后,才能有效地为所有者创造价值,因此又提出了"顾客就是上帝"的说法;发展到今天,组织蓦然回首,才发现要想实现让顾客满意、为所有者创造价值,得首先让自己的员工获得足够的满意度,这才开始重视人力资源管理;

第七,适应多样化、伦理、职业形态以及雇员的激励与协调等进一步的挑战:现代社会的发展对企业提出了多方面的要求,员工多样化的管理、全球化竞争对员工管理的要求、组织再造的现实性、社会责任对企业的要求等,都使得组织形式不断向前发展、接受挑战。

② 组织的有关概念。

a. 管理幅度与管理层次。

任何主管能够直接有效指挥和监督下属的数量总是有限的,这个主管直接领导下属的数量或者一个上级机构能直接管理下级机构的数量被称为管理幅度(Span of Control)。基于同样的理由,最高主管的委托人也需将受托人担任的部分管理工作再委托给另一些人来协助进行,依此类推,直至受托人能直接安排和协调组织成员的具体工作任务活动,由此形成组织中最高主管到具体操作者之间的不同管理层次(Lever of Control)。一个组织管理层次的多少,受到组织规模和管理幅度的影响。在管理幅度一定的条件下,管理层次与管理幅度成反比。

管理幅度在很大程度上决定了组织的层次和管理人员的数目,有效管理幅度的大小受到管理者本身及被管理者素质、工作内容和性质、工作环境与工作条件等诸多因素的影响。每个组织都必须根据自身的特点,来确定适当的管理幅度、相应的管理层次。针对不同的环境,有的组织用扩大管理幅度和减少管理层次的方法,构成扁平式组织结构(Flat Organization);有的企业则采用缩小管理幅度和增加组织层次的方法,形成垂直式组织结构(Tall Organization)。管理的有效幅度的大小受到这样一些因素的影响:

第一,工作能力:主管的综合能力、理解能力、沟通技能较强的话,其有效直接管理的下属就可以多一些;如果下属具备符合要求的能力,受到过良好的培训,工作成熟度较高,组织的管理幅度便可适当放宽。

第二,计划的明确程度:下属的工作性质大多是由拟定实施的计划所规定的,如果这些计划订得好又切实可行,那么组织的管理幅度可以扩大;相反,下属必须自己去做许多有关计划的事情,他们需要大量的指导,那么管理幅度必然会小一些。

第三,管理层次:主管所处的管理层次的不同也在一定程度上决定了它的管理幅度的大小。一般而言,越是处于高层的管理者其用于指导、协调下属的时间就越少,其管理幅度较中层和基层管理人员就越小。

第四,工作条件:组织内部的工作环境、条件,包括管理者助手配备的情况、信息手段配备情况和下属工作地点的相似性等情况,也会影响到主管人员的管理幅度。

第五,变革的速度:组织变革的动力直接来自外部环境的不断变化,当组织处在一个相对稳定的外部环境中,其内部的变革速度相对较慢,管理相对来讲比较容易,管理者可以拥有较大的管理幅度。当组织处于一个不断变化的环境时,组织内部的变革速度较快,管理者面临的管理幅度受到一定的限制。

b. 集权与分权。

在集权(Centralization)的组织中,决策权在很大程度上向处于较高管理层次的职位集中;在分权(Decentralization)的组织中,决策权则在很大程度上分散到处于较低管理层次的职位上。集权对于组织来说,至少有这样两方面的好处:一是可以确保组织总体政策的统一;二是可以保证政策执行的高效率。但是过分集权也会给组织带来这样一些弊端:降低决策的质量、降低组织的适应能力、降低组织成员的积极性和参与性等。

考察一个组织的分权程度,不在于形式上的分权,而在于更多、更重要的决定是否交给较低的管理层次做出。分权可以通过两种途径来实现:改变组织设计中的权力分配和主管人员在实际工作中的授权。

集权和分权相结合是组织发展的基本条件,不存在绝对的集权与绝对的

分权。组织应区别不同的环境,有针对性地采取集权与分权相结合的模式。影响集权与分权的因素有:

第一,组织规模:组织规模大,决策数目多,协调、沟通及控制不易,易于分权。相反,组织规模小,决策数目少,分散程度较低则易于集权。

第二,组织形成的历史:若组织是由小到大发展起来的,则集权程度较高;若组织是由重组或合并形成的,分权程度则较高。

第三,决策的代价:要同时考虑经济标准和诸如信誉、士气等一些无形的标准。一般而言,对于较重要的决策,成本投入较大的决策,由高层管理人员承担的可能性较大。重大决策责任重大,因此往往不宜授权。

第四,管理哲学:主管人员的个性与所持的管理哲学影响着组织内部权力的分配。

第五,主管人员的数量与管理水平:组织内主管人员的数量充足且综合素质较高,管理能力强,则可较多地分权,相反则趋于集权。

第六,控制技术及手段:通讯技术、统计方法以及其他技术的改善都有利于趋向分权。

第七,组织的动态特性:正处于发展中的组织,要求分权;较完善的组织,趋于集权。

c. 直线与参谋。

组织职权的规定,是组织结构的核心内容。只有明确地规定职权,才能把分工好了的组织部门和组织层次连接为一个整体,才能使已经决定的管理幅度获得最佳的组织效果。

职权是指经由一定的正式程序赋予某一职位的权力。同职权共存的是职责,职责是某项职位应该完成的某项任务的责任。在组织中,基本的信息沟通就是通过职权来实现的。通过职权关系上传下达,使下级按指令行事,上级得到及时的反馈信息,作出相应的决策,进行有效的控制。

在组织中直线与参谋是两种不同的职权关系。直线职权是指授予一位管理者指挥其下属工作的权力,拥有直线职权的管理者均有权命令和指挥其下属的工作并无须征得他人意见而做出某些决策。参谋职权是指一种服务和协助关系,授予参谋人员的是思考、筹划和建议的权力。正确处理好直线人员与参谋人员的关系是保证组织有效运行的重要环节之一。在处理直线与参谋的关系时,首先要分清双方的职权关系与存在的价值,从而形成相互尊重、相互配合的关系;其次,直线经理应尊重参谋人员拥有的专业知识和技能,自觉地利用他们做好工作;参谋人员也应时时提醒自己不要越权与篡权。

在实际工作中,由于主管人员缺乏某些方面的专业知识,为了提高管理效率,他们将自己的一部分直线职权授予参谋人员或另一个部门的主管,这部分职权就叫职能职权。职能职权更多地是由一些职能管理专家组成的小组行使。

d. 正式组织与非正式组织。

正式组织与非正式组织都是客观存在的事实,但只是到霍桑试验之后人们才意识到非正式组织的存在及其在管理中的作用。

正式组织一般就是指在一个正式组织的企业中有意形成的职务结构。它具有一定的目标,并且由规章、制度、政策等来规定各成员间的相互关系和职责范围,对个人具有强制性。在正式组织中,以效率为主要标准,要求组织成员为了提高效率而确保形式上的协作。尽管我们称某一组织为正式的组织,丝毫也没有说它是一成不变的或是有什么不适当的限制的意思。如果管理人员想要做好组织的工作,组织的结构一定要提供这样一个环境,使个人不论是现在或是将来的工作中都十分有效地为集体目标作出贡献。

正式组织必须具有灵活性,在最正式的组织中,应留有酌情处置权的余地,以利用有创造力的天才并承认个人的喜好和能力。但是必须把集体情况下的个人努力引向集体的和组织的目标。

巴纳德在《总经理的职能》一书中认为,任何没有自觉的共同目的的共同个人活动,即使是有助于共同的结果,也是非正式组织。因而,午饭时的棋友们所形成的非正式关系可能有助于实现组织的目标。就一个组织上的问题求助于你认识的人,即使他可能在另一个部门,也要比求助于你只是在组织图中知道的人要容易得多。基思·戴维斯把非正式组织描述成"并不是由正式组织建立或需要的,但由于人们互相联系而自发形成的个人和社会关系的网络"。因而,非正式组织——不在于组织图上的关系,可能包括机械车间的班组,同在一层楼的员工,或者经常在英语角碰头的伙伴等。

对非正式组织存在的原因、方式的探寻是社会心理学中的一项特殊研究,这些动态的个人之间的关系受这个集体中的人数、所涉及实际人员、与该集体有关的事物、该集体领导的变化以及不断变化过程的影响。管理人员必须要注意到非正式组织,避免与之对立。当他们管理他们的下属时,会感到利用这种非正式组织是有利的。

③ 组织设计。

a. 组织设计是以组织结构安排为核心的组织系统的整体设计工作,是组织总体设计的重要组成部分,是有效实施管理职能的前提条件。组织设计工作的操作性很强,一般来说有以下几个步骤:

第一,判断所需完成的必要工作:这里,需要把组织的任务分解成可由个人完成的工作,看看究竟由多少工作得完成。

第二,把个人工作合为一体:哪些工作可以由一个人来完成,尽量将相关性强的工作安排给同一个人以有效的方式把工作组织起来以便各项工作可以相互补充、有序地进行。

第三,分配权力:工作安排完成之后,就要将工作的权限分配下去,看看哪些是决策性质的,哪些是协助性质的,等等。

第四,整合人员和工作以保证组织目标的实现:将人与事进行匹配,让合适的人做合适的事,寻求最有效的整合方式。

b. 进行组织设计时应该考虑多种因素,主要包括企业所处的外部环境、企业战略、企业的技术水平、企业规模及企业所处的生命周期等。

第一,企业的外部环境:企业的外部环境存在多种因素在不同角度对企业的不同方面起着作用,比如说行业、供给和需求情况、政府甚至国际环境。尤其是在全球经济一体化的格局下,企业所受的影响更加复杂多变。进行组织设计时就要使组织的内部环境与外部环境相适应,从而更好地生存和发展。比如可以通过增加组织中的部门和职位来增强组织的对外缓冲作用,也可以增加组织的有机性特征以适应复杂的外部环境。

第二,企业战略:企业战略是影响组织设计的又一重要因素。历史的发展表明,企业战略决定着组织结构的形式,反过来,组织结构与企业战略适应与否又是决定战略能否顺利实现的重要因素。不同的产品经营战略要求有不同的组织结构与之相适应,例如单一经营战略只需要简单的职能式结构,而多种经营战略就需要事业部式的结构来满足减少经营风险、维持均衡投资利润率的要求。另外,不同风格的战略思想也对企业组织设计有影响。比如保守型的战略思想偏向于建立机械式的组织结构,而敢于冒风险的战略思想就偏向于有机性的组织结构。

第三,技术水平:企业的技术水平在不同层次上、从不同的角度分析,对企业组织结构影响的方式也不一样。一般来说,随着单件生产到连续加工生产技术复杂性的提高,管理层级数目、管理人员占总人数的比例都明显增长,说明生产技术复杂性提高后,管理的强度和管理的复杂性也随之提高。直接劳动和间接劳动的比例随技术复杂性在下降，组织结构的有机形成中间小、两头大的现象是因为，大批大量生产条件下，标准性的要求比其他两种类型高，因此规范化程度、集权化程度、沟通方式等的要求也高，有机程度则较其他两种类型低。服务业又与制造业有着迥然不同的技术特点，诸如生产与消费的同时性、产品的无形性、员工与客户关系的密切性等，这些都要求企业的组织结构有着相应的反映。一般说来，服务型企业规模都不太大，服务网点分散，对职员的专业要求较高，结构上还具有分权化、规范少、任务界限不严格等特点。

第四，企业规模：企业规模的大小也是影响企业组织结构的一个重要因素，与前面讨论的环境、战略、技术等因素一样，是影响组织设计和组织功能的一个关联性因素。大企业为了防止管理上的混乱，往往需要一个标准化的、机械性的组织结构，这种结构能够保证大型企业的上百个部门协调地完成复杂的工作任务，生产出复杂的产品，但这种结构往往也是阻碍企业实现迅速创新的一个重要因素；小企业的组织结构则相对灵活，这种灵活性是他们成功的一个关键要素，但由于小企业自身的劣势，他们又总是在寻求成功的同时不断扩大组织的规模。

第五，企业生产周期：美国的奎因和卡梅隆对于企业生命周期提出了"四阶段论"，认为企业的发展可分为四个主要阶段，在每一个阶段上，企业都有与之相应的组织结构形式，在这种形式下，企业可以稳步成长，成长到一定程度，这个阶段固有的危机便开始逐步显示出来，原有的组织结构也已不再适应企业急需发展的需要，这时企业需要新的结构、新的规章制度来急需促进企业的成长，当企业完成了组织结构的转换，原有的危机得到了解决，企业就又进入了一个新的发展阶段。

c. 组织设计有两项基本要求，即分工和协调。分工主要取决于工作性质和技术体系，它使企业的总体任务按照一定的要求进行分解。协调涉及控制和信息沟通，使已分解的任务能有效地完成总体的目标。在组织设计的过程当中，企业高层管理人员要对企业组织活动和组织结构进行设计，其任务是为实现企业组织的目标而建立的信息沟通、权力和职责的正式系统。通常的组织设计有以下几种：

第一，机械式组织设计：

- 职能型结构：是按履行的职能的相似性将工作进行组合分类，它的优点在于它从专业化中取得了优越性，因为同类的人员在一起可以产生规模经济,减少人员和设备的重复配置,以及通过给员工们提供与同行们有共同语言的机会而使他们感到舒适和满足。但其缺点也很明显。组织中常常会因为追求职能目标而看不到全局的最佳利益,很少了解其他职能的人在干什么。这种结构的另一个缺点是它不能对未来的高层经理提供训练的机会,因为职能经理们看到的只是组织的一个狭窄的局部。

- 分部型组织:是设计建立自我包容的单位。每个单位或事业部一般都是自治的,由分部经理对全面绩效负责,同时拥有充分的战略和运营决策的权力。中央总部对各分部提供支持服务,同时,总部也作为一个外部监管者,协调和控制各分部的活动。因此,在既定范围内,各分部是相对独立的,分部型组织结构有效地防止了职能型组织的缺点,但它带来的另一个缺点是使活动和资源出现重复配置,这就导致组织的总成本上升和效率的下降。

第二,有机式组织设计:

- 简单结构:指的是低复杂性、低正规化和职权集中在一个人手中。它是一种扁平组织。这种组织反映灵活、快速、运营成本低、责任明确。但通常它只对小企业适用。
- 矩阵结构:这种结构创造了双重指挥链,它使用职能部门化来获得专业化经济,但在这些职能上,配置了一些对组织中的具体产品、项目和规划负责的经理人员。这种在横向的传统职能部门的基础上增加纵向坐标的结果,就将职能部门化和产品部门化交织在了一起,因此称之为矩阵结构。矩阵式结构的优点显而易见,可以兼收职能部门化和产品部门化的优点而避开它们的缺点,但同时也难以协调各职能专家的活动。
- 网络结构:是一种依靠其他组织以合同为基础进行制造、分销、营销或其他关键业务的经营活动的结构。它是小型组织的一个可行选择。它对于新技术、时尚,或者来自海外的低成本竞争,能具有更大的适应性和应变能力。但它的控制力相对来说就比较薄弱了。
- 其他选择:有时管理当局可能要保持总体的机械式结构,同时要获得有机式的灵活性。一个可考虑的选择是,将一个有机式结构单位附加在机械式单位上,比如说建立一个任务小组来完成某个特定的复杂任务,或者组建一个委员会,可以将多个人的经验和背景结合起来。

将上述内容进行总结,我们可以用表 6-1 来进行比较,得到更清楚直观的印象(参见表6-1)。

表6-1 组织设计选择

设计选择	优点	适应的组织类别
职能型	专业化的经济性	单一产品或服务的组织
分部型	对结果的高度负责	大型组织
简单型	快速、灵活	小型组织,处于简单环境中
矩阵型	专业化的经济性和对产品的高度负责	由多个产品或规划,需要依靠职能专长的组织
网络型	快速、灵活	工业企业,发展初期
任务小组	灵活	组织中有些任务是独特的、不常见的
委员会	灵活	需要跨职能界线的专门技能组织

(2) 部门职责设计。

组织存在必然有其存在的理由,也就是要实现一定的目的。确定了目的之后,要完成哪些任务、做哪些工作就可以确定下来了。接下来的工作就是设立部门来分别完成这些工作任务。通常同类的工作应该归属于同一个部门。如大型银行企业,其基本工作包括审计、企业研究、法律、营业、总务、人力资源、公共关系等几个方面,这些方面就确定了设立与其对应的部门;而百货公司的基本工作则大致包括会计、商品销售、人力资源、推销、总务、运输、送货等,这时就要相应的调整其部门的构成了。有时为了实现企业目标,企业还会确定一些专门的、企业认为有价值的工作任务,并设计相应的部门,如一个大型的制造性企业在某一地区专门设立了一个负责企业成长的职位,后来还成立了一个成长部。可见,部门并不是固定不变的,而是根据工作内容、行业特征、环境情况等因素综合考虑后设立的,其最终目的还是为了有效地协调好工作的开展。我们可以从表6-2中了解部门职责的概念(参见表6-2)。

2. 工作职责和权限设计

理清了部门职责之后,就必须从关注部门转为关注具体的工作了。在每一个部门里都有一系列的工作,我们要对这些工作的职责做一个系统的分析,这就需要我们全面收集某一工作的有关信息,对该工作的目的、内容、承担责任、工作环境和条件等方面进行系统分析和研究。

表6-2 某中心财务室工作职责

财务室工作职责
一、部门管理职责
二、财务管理职责
三、部门日常管理及其他职责

1. 根据中心发展目标对本部门组织架构、部门职责、岗位职责、任职资格进行适时调整
2. 负责编制、调整、修订部门业务与工作的流程及流程控制
3. 负责部门内人员招聘、培训、业绩评估、工作分配、日常监控等管理
4. 内部文件与信息的分类归档、保存、销毁等
5. 总经理随时交办的有关事宜
6. 负责组织编制中心财务预算
7. 负责组织完成财务部门的会计核算及财务管理工作
8. 制定中心的财务管理制度,并监督各部门认真组织实施
9. 协调财务室与中心各部门的工作关系
10. 协调处理好中心与财政、税务、银行、审计、工商等政府职能部门的关系
11. 协助中心主任做好中心的财务管理工作,当好参谋
12. 汇总中心各部门资金用款计划,并报送中心负责人
13. 在授权范围内,审批资金支出及费用报销
14. 组织财务部门按期完成会计报表并报送有关部门
15. 负责向中心负责人提供中期和年度财务报告
16. 负责组织按期申报和缴纳增值税、所得税、城建税、教育费附加、印花税等
17. 负责会计电算化的规范操作工作
18. 负责中心的资产清理工作
19. 负责中心财务状况分析
20. 完成中心负责人交给的其他工作任务
21. 负责审核原始单据、填制记账凭证
22. 负责记账凭证输入电脑、审核、过账、结账工作
23. 负责流动资产的核算
24. 负责固定资产的核算
25. 负责负债与净资产的核算
26. 负责填写中心的应上报国税、地税月税务申报明细表及综合表
27. 负责纳税申报及落实上缴税金工作
28. 参与制定及落实中心的各项财务制度
29. 参与制定中心的成本、费用计划
30. 负责中心人工成本的核算工作
31. 按会计期间编报资产负债表、利润表、现金流量表
32. 负责企业的现金管理
33. 按审批结果和财务政策支付资金或报销费用
34. 现金与银行存款的日清月结、账实相符
35. 负责核对银行存款日记账、银行对账单,未达账项查找原因
36. 负责做好现金及银行存款日记账
37. 按规定将有关原始凭证交会计审核及记账
38. 负责工资核算及发放工作

人力资源管理的任务就是要让合适的人在合适的时间、合适的地点做合适的事情,而要使人员和工作匹配、要使该工作真正为企业实现价值增值做

贡献,前提条件是要研究清楚该工作是做什么的(What)、为什么要设立该工作(Why)、工作的时间要求(When)、工作的地点环境(Where)、什么样的人才能做好这份工作(Who)、这份工作服务的对象是谁(Whom)、工作的程序规范如何(How)以及为此项工作支付的费用(How Much)等。同时,还有很重要的一点是:这项工作的权限如何,也就是说它和其他工作岗位之间的权力分配结构。

比如说对于一项任务来说,会计的权限可能是承办,而财务部经理的权限可能是审核,而公司副总的权限可能是复核和审批等。同一项任务可能需要很多人参与其中,但他们的权限大小必定有大有小,各有侧重,权限设计就是用来解决这样一个问题。

3. 部门的工作任务清单

将部门里每个工作岗位上的员工职责都理清楚之后,汇总起来就可以形成初步的部门工作任务清单。如果其中有重复的细目,就可以对其进行归并和总结。我们要得到一份工作任务清单,可以通过让部门里所有员工连续几个工作日填写每天的工作内容,然后将其汇总,这样的方法比较方便和快捷。

4. 部门的工作和岗位设计

工作和岗位设计是为了达到组织目标而采取与满足工作者个人需要有关的工作内容、工作职能和工作关系的设计。这种设计的好坏将直接影响到组织内每个员工的工作绩效,从而影响到整个组织的绩效。现代企业为了适应知识型员工的出现,进行了一系列工作设计上的发展和创新,在保留传统工作设计方法——如工作专业化、工作轮换以及工作扩大——的基础上,又实施了工作丰富化、工作团队等方法。尤其是工作团队方式的采用,很好地适应了大多数企业的需要,即充分利用了企业内的资源,又给员工的学习和成长提供了平台。

5. 岗位的工作任务分配

部门的工作内容和责任要分配到各个具体的工作岗位上去,部门的最终目标和职能才会实现。如果要分配得当,其实也不是件容易事。在很多企业都存在着岗位责任大小、工作内容多少不相平衡的现象。有的岗位得天天加班否则休想完成任务,有的岗位又一天到晚悠闲自在,而且工资也不少拿,这就是岗位的工作任务分配不均,这种现象一旦发生,就很容易造成内部不公平,导致组织士气下降。

6. 岗位任职资格的确认和工作说明书

要做到人员与岗位匹配,除了清楚工作岗位的内容和权限等因素外,还要清楚岗位对任职者在学历、特定知识、特定经验以及特定能力方面的要求。这是招聘员工时对应聘者"硬件"方面的规定,如果达不到,就很可能无法有效完成工作;对于现有员工,如果没能完全满足任职资格要求,就必须由企业提供相应的培训,或者员工自己得朝着目标要求努力;而在企业对员工进行绩效考核时,任职资格要求又为评估标准提供了模板,成为衡量员工是否合格的一个基本要求。

确认了任职资格要求,再加上前面已经进行的工作职责和岗位工作任务分配,我们就可以得到一份工作说明书了,它详细地告诉任职者关于工作的信息和规定以及关于工作对他们的要求,让员工能有一个清晰明白的了解和认识。

7. 关键业务流程

前面所讲的都是针对每个点上的工作展开的,当把所有岗位职责理清楚后,就有必要将同一个流程上的点连起来,形成企业的业务流程。而对于那些直接影响到企业组织绩效的关键业务流程,我们就必须格外关注,一个环节出了问题,员工没有完成自己的职责的话,就可能导致整个流程受阻或瘫痪。

8. 流程的关键控制和作业指导书

对于整个流程的操作规则及每个岗位的职责权力,我们可以将其按流程的进展顺序排列在一起,形成一份作业指导书,用来对任职者进行操作上的指导和职责上的提醒。

9. 关键业务培训手册

对于很多非常重要的工作岗位,可能任职者并不完全具备相应的技能或知识,或者这个岗位上要求的技能知识的更新程度很快,这时就有必要给员工提供一份关键业务培训手册,让他们了解企业和工作对他们的希望与要求,以便他们能更好地了解工作内容,对自己的现状与希望的状态做个比较,激发他们参与培训、提高自己的能力。

对以上九个方面资料进行系统整理后,我们就能够得到一本全面而关键的员工手册。这本手册介绍了从部门到岗位的各个重要环节,不仅可以为新进员工提供充分的指导,也能够为已经在岗的员工解决疑难和困惑。因此,我们说这本手册中关于组织与工作的系统介绍,为企业的人力资源管理搭建了一个基础性的平台,为企业今后的各项人力资源管理工作的顺利开展奠定了基础。

第二节 组织中对人的管理准则

几乎没有简单的和万能的原理能够解释组织中人的行为。在自然科学中有定律——化学、天文学、物理学等,这些定律是稳定的,适用的范围很广。它们使得科学家能够归纳出地球引力,或者充满信心的把宇航员送到太空中去。然而,正如一位杰出的行为科学家精辟的总结:"上帝将所有容易的问题都给了物理学家。"人是很复杂的,他们各不相同,这就使得我们很难总结出简单、准确而实用的定律。同样情境中的两个人的表现常常大不一样;同一个人在不同的情境下的行为也会有所不同。

组织绩效最大化这一目标使得我们必须使用适当的管理方法来促使员工个人绩效最大化,而采取何种管理方法才能实现这一目标取决于管理者对人性所做的假设。正因为此,在管理学发展的过程中就提出了X理论、Y理论以及Z理论等关于人性的假设。如果认为人是积极肯干的、是愿意将工作视为自己的乐趣来源的,其管理方法可能就比较民主并尊重劳动者,激励他们发挥自己的潜能;如果认为劳动者是懒惰的、是厌恶劳动的,其管理方式就可能以命令和严格的控制为主。因此,我们说,管理者对人的假设系统将很大程度地影响管理方式,继而影响到管理的效果。

通过多年在企业中的观察与了解,我们在此也提出八条组织对人的管理原则,这并不完全等同于如今现有的管理理论,而是我们多年从事人力资源管理研究和为企业提供咨询服务,结合中国企业的实际状况所做的总结和提炼,我们称之为"人力资源管理的八条圣经"。

一、人性是恶的

中国传统文化强调"人之初,性本善,性相近,习相远",认为人生下来都是善良的,人和人之间的本性没有太大的区别,只不过习惯不同罢了。在这种思想的引导下,如果对人进行了监督和控制,就说明是对对方的不信任;最好的方式是给予对方充分的尊重和依靠对方的自觉。这种方法可行吗?我们试想,如果在企业中我们相信只要我们尊重员工,员工就会自觉自愿地努力工作,真的就能使企业的效益最大化?西方的管理思想与中国的不同。他们认为人生来就是恶的,是有罪的,耶稣就是替人类赎罪的化身,因此人类应该敬重耶稣,应该存着感恩之心,努力工作,多做善事,以免死后落入地狱。我们认为人性是恶的,因为现实中无数的事例验证了它的存在。看到百年老字号巴林银行如何毁于一个年轻职员之手,我们怎样才能相信人性本善呢?这里,基于人性是恶的管理假设,并不意味着在管理的过程中把员工都看成是坏人;其目的在于:当假设员工是坏人的时候,在制度设计上保证,如果员工出现问题,组织可以最大限度地保证采取有效的应对和管理措施。

二、人是没有自觉性的

从小老师就教导我们要"自觉遵守纪律"。如果人生来就有遵守纪律、遵守约束的自觉性,为什么需要不断地提醒别人注意呢?就像老师从来都不用提醒我们"中午大家要自觉吃饭"一样,因为每个人肚子饿了都会寻找食物。人生来对纪律约束都有排斥和抵触的情绪,如果不要求早晨八点到校,相信大多数学生都会等完全睡醒了再说。在企业中也是如此。如果没有准点打卡的纪律约束,并且是与个人工资相联系的,可能就不会有那么多员工在严冬里抢在天亮前就起床去挤公车了。因此,人是没有自觉性的,人必须在制度与纪律的约束下才会规范自己的行为和态度。如果我们把对员工的管理基于他们的自觉性身上,组织的效率就难以保障。对人的管理,重要的在于制度的保障。制度保障的结果是,无论什么人,做什么工作,工作的结果是一样的。当然,这只是一种最高境界的管理理想,但是组织的人的管理的无限追求。

三、人是需要控制的

既然人是没有自觉性的,那么就需要以有效的手段来控制。西方管理学界百年思想浓缩的精华总结出一句话"管理就是控制"。现在流行着各种各样的管理思想,但没有哪一种管理方法中不包含着控制的思想。就像前两条圣经所讲的,人性既然是恶的,人既然是没有自觉性的,怎么能不需要控制呢?比较中外企业,我们发现一个共同的规律:企业管理得好,就是管理的控制到位。

控制就是监督各项活动以保证它们按计划进行并纠正各种重要偏差的过程。所有的管理者都应当承担控制的责任,即便他们的部门是完全按照计划运作着。因为管理者对已经完成的工作与计划所应达到的标准进行比较之前,他并不知道他的部门的工作是否进行得正常。如果不对员工实施有效的控制,就难以保证他们的工作沿着组织的目标方向前进。对员工的控制系统越完善,管理者实现组织的目标越容易。

四、人是重要的

经济学所有理论所依赖的基础就是:资源具有稀缺性。对于合格的员工来讲同样如此。不仅人的数量稀缺,个体员工的能力也是有限的。一个企业的成长壮大需要各种类型人才的累加,不仅要满足数量的要求,而且同样反映在质量要求上。企业的竞争优势归根结底就是两样:人力资本和非人力资本。在企业创建初期,可能会将资金、原材料等因素放在第一位,但当企业发展到一定阶段时,客观上就对人力资源提出了更高的要求,不仅要在用人上下功夫,有效的人力资源管理显得更为重要。只有将上至高层管理者下至普通员工都视为重要的公司资源,才能有助于企业的成长壮大。

五、人是难于管理的

我们强调人是重要的,但另一方面的事实是:人是难于管理的。人力资源同其他非人力资源最大的不同是人力资本具有不可分割性,这就注定了随着人力资本的价值增高,其流动性也将增大,管理的难度也就增大了。现在很多高科技企业的员工流动性都非常大，就是因为这些企业中的员工都是高学历高素质的知识型员工，他们会按照自己认为正确合理的方式来行动，而这就给管理带来了很大的难度。因为管理者不可能针对每一个员工来设计一套适应他的管理方法，而基本上统一的管理方法又不能令每个员工满意，这就导致了流动性的居高不下。因此，管理是一门技术，更是一门艺术。艺术需要灵活又不失其主旨；艺术要将管理中的难点以四两拨千斤之力巧妙地化解掉。人是难于管理的，但如果有管理的技巧与艺术，人也是能够管理好的。

六、人是需要尊重的

在这里，我们强调对人的尊重，更多的是强调组织中对人的管理的公平。我们认为：管理的公平性特征就是对人的最大的尊重。

面对外部不公平和内部不公平两种现象，后者更让员工难以忍受。人是需要被尊重的，如果一个企业中存在不公平现象，就是对员工的不尊重。根据激励理论家马斯洛的需求层次理论，每个人都有五个层次的需要：生理需要、安全需要、社会需要、尊重需要和自我实现需要。从激励的角度来看，没有一种需要会得到完全满足，但只要其得到部分地满足，个体就会转向追求其他方面的需要了。按照马斯洛的观点，如果希望激励某人，就必须了解此人目前所处的需要层次，然后着重满足这一层次或在此之上的需要。在现代企业里的员工尤其是知识型员工，其需求的层次一般都比较高，对于尊重的需要就更加明显。在这种情况下，给予员工充分的尊重就是给予他们最大的激励之一。

七、人是多样化的

今天组织的特征是工作人员多样化，即员工在性别、民族、国籍和种族方面更具有异质性，多样化的含义还包括任何不同性质的人，如残疾者、上了年纪的人等。不久以前，我们还用"溶化锅"方法来处理组织内的差异，我们会假定不同的人会在某种程度上自动同化。但现在我们认识到，当雇员们参加工作时，他们并没有把他们的不同生活方式、家庭需要和工作风格同化，从而使组织更能够包容多样化的人群。

工作人员的多样化已经对管理实践产生了重要影响。管理者们将不得不改变他们的哲学,从同样对待每个人转向承认差别和适应差别,从而确保雇员的忠诚和更高的生产率,而又不发生性别歧视。

八、人的管理是一门科学

管理是一门科学,管理并不是管理者随心所欲的结果,它是有规律可循、有技术支撑的。特别是对人的管理,不仅人力资源管理研究对人的管理,此外,心理学、社会学、经济学、组织行为学等相关学科的研究为人力资源的管理提供了广泛的理论研究和实践基础。仅就人力资源管理的薪酬设计而言,它是一项建立在组织与工作系统研究、工作分析、工作评价、薪酬调查、劳动力市场分析、公平管理、员工心理研究等一系列管理的理论与实践基础之上的一整套管理工作系统。其中的每一项工作都体现了管理科学的研究思想和科学的研究方法,最终才能保证企业的薪酬制度设计的公平性、合理性和科学性。

此外,面对人力资源这种特殊的管理对象决定了其管理的难度和复杂性。因此,在遵循科学管理的前提下,管理的灵活性更加体现出多种学科的综合应用特征。

第三节 组织中管理者的使命

管理者是在组织中工作的,但并非所有在组织中工作的每一个人都是管理者。为简单起见,我们可以将组织的成员分为两类:操作者和管理者。操作者是这样的组织成员,他们直接从事某项工作或任务,不具有监督其他人工作的职责。相反,管理者是指挥别人活动的人,他们一定要有下级。

人力资源管理的核心任务有两个,一个是要找到企业所需要的人,另一个则是如何让这些人有效地工作。前者我们认为是要建立一个在契约基础上的利益交换平台,这种契约不仅包括利益契约(即员工为企业做事,企业为其支付报酬)和社会契约(即企业和员工各自担任的社会角色),还包括心理契约(在组织中,每个成员和不同的管理者,以及其他人之间,在任何时候都存在的没有明文规定的一整套期望(谢恩,1980)),这种心理契约又直接与我们后者所要建立的激励平台相关。因为一旦员工在心理上对企业形成认同，则更容易接受企业的战略以及任务分配，和企业同心同德，共同前进。

管理者的使命就是要使上述两个核心任务得以实现。但这两个任务的具体内容并不是一成不变的，它也是随着企业发展的不同阶段表现出对管理者不同的使命要求。因此，要准确理解管理者的使命，我们首先要明白企业发展进程的特征。

一、企业发展阶段及其管理者使命的特点

由图6-4可以看出，企业发展一般会经历五个阶段：当企业规模很小而且刚刚成立时，企业的基础是比较薄弱的，根基还不稳固，企业可能会遭受还未壮大就无声无息地消失掉的危机。因此，这时要鼓励创新，让企业小而活，增强企业的适应性，在恶劣的竞争环境中顽强地成长起来；度过了企业的危机阶段，逐渐稳定，开始初具规模时，就进入了控制阶段，这时的管理者对权力的意识开始增强，企业开始通过集权来促进其成长；但是集权不能解决规模较大企业的管理问题，因为头绪繁多，如果事必躬亲的话，结果可能是什么都做不好。因此，高层管理者开始实行一定程度的分权，从宏观上进行控制而不再是事无巨细一览无余，这是企业的自主阶段；组织规模越来越大，也越来越成熟，官僚作风也渐渐开始浓重，管理者需要管理的人手、方面都很多，需要方方面面进行协调才能完成任务，否则可能互相掣肘，这是官僚阶段的特点；最后当企业规模非常大的时候，也进入了很成熟的时期，管理者和员工都应该彼此合作才能真正合众人之力实现企业的目标与战略。

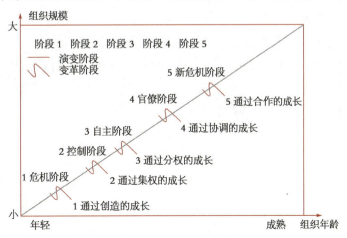

图6-4　企业发展的生命周期图

在企业发展的不同阶段,员工的职业能力表现出相应的适应性发展。在第一阶段,企业给员工提供了充分的创造与求新的空间,员工的创造力得到很自由地发挥;第二阶段,由于管理者的集权,员工得到更多地关于服从方面的锻炼,不善于听从命令的员工可能不会很好地在企业中生存下去;进入第三阶段,企业开始强调员工的自主性管理,要学会在管理者的指引下自觉地管理好自己,做好工作,提高效率,而不需要管理者的不断提醒;官僚阶段里,企业中弥漫着官僚作风的气息,这时员工对人际关系的处理就显得非常重要,如何在这种企业中很好地生存下去是员工需要艺术性地去处理的问题;最后一个阶段既然强调合作,那么团队意识必然是员工需要必备的一项能力。如果个人意识太强,就很难和大家融合,工作开展也会受到障碍。

针对员工在不同阶段所表现出来的相应特征,管理者的使命是不尽相同的。管理者必须意识到这一点,有针对性地对员工进行管理,满足企业所处阶段应该提倡的主题。比如,在第一阶段,管理者的管理方式可能是以求新为主旨的,是奖励创新的,不论在招聘或者进行绩效考核时,有强烈的创新欲望和创新能力都是其考虑的重要因素之一。但一旦进入第二阶段,这种氛围完全改变。经常提出与管理者不同建议的员工不再吃香,听话顺从的员工开始得到重视,管理者要努力寻找适应企业这种文化的员工,并给他们提供学习发展的机会。因此,随着企业规模的扩大和不断走向成熟,管理者也在对自己的使命不断进行思考,他们也可能常常产生一些困惑:

- 对员工是控制,还是激励?
- 是让谁的利益最大化?
- 员工需要的是物质还是精神的满足?
- 需要让谁满意,可以允许谁不满意?

这几个问题因企业的发展阶段不同而答案各异,这是管理者应该认识、了解和做出解答的。他们必须明白自己的使命是什么才能回答这些问题。

二、管理者的使命

我们对下面几个问题解释清楚之后,就能对管理者的使命有一个较具体、较全面的认识:

- 管理者的任务;
- 管理者的关系;

- 管理者的职能；
- 管理者的目的。

1. 管理者的任务

管理者的任务可以从三方面来总结：经营业务、管理业务和实施业务。

（1）经营业务：管理者所处的组织层次不一样，其本身的级别也就不同。基层管理者通常称为监工；中级管理者可能享有部门或办事处主任、项目经理、单位主管、地区经理、或部门经理的头衔；而处于或接近组织最高领导位置的管理者的头衔通常有诸如总裁、副总裁、总监、总经理、首席执行官或董事会主席。对于这些级别不同的管理者，在作为经营助手方面承担的任务大小、轻重会有分工。高级管理者会确定企业的经营理念，思考企业未来的发展战略与方向，设定每一阶段企业要达成的目标等；这些大的框架制定好了之后，就会将其落实到各个部门或地区，于是中层管理者就必须制定部门或地区所要达到的目标，采取的行动方案和策略，支撑企业总体战略的实现；这些任务需要分配到更低一级的管理者那里去，由他们再将其分解到各个员工身上，从而彻底地使上层的思想、观念落地。

（2）管理业务：管理者除了做决策之外，另外一个重要的任务是对下属员工或低一级的管理者进行指导和管理。比如期初制定了计划，给每一员工分配了任务，但这不意味着管理者的工作已经完成，相反，这才是一个开始。管理者必须经常检查下属工作进展的情况，随时就突发事件与员工或其他管理者协商解决办法，也要督促员工依照任务进程来开展工作，保证部门或地区工作任务得以顺利完成。即使是任务完成以后，管理者也需要对整个进展情况进行总结和体味，对员工进行相应的考核、奖惩等一系列管理工作。

（3）实施业务：管理者的绝大多数时间是用于管理工作的，但仍然有一些工作必须由管理者自己来承担。这类工作一般是比较重要的、不可进行授权的或者下属的能力难以胜任的。比如一般企业对招聘都是比较慎重的，为了减少成本的无谓支出并提高招进优秀员工的可能性，企业的中、高级管理者一般都会参与对应聘者的面试。他们一般不会将这些工作完全交给职员或基层管理者，因为这项工作非常重要。

2. 管理者的关系

相对于进行操作的职员来讲，管理者身上体现着两种关系的复合，他们既要做事,又要管人。

对于工作,他们必须思考:
- 这项工作的目标是什么?
- 它和企业战略是怎样的关系?
- 我可以用什么方法来实现这个目标?
- 如何才能按着最优的方法实施下去?
- 这项工作和其他工作的关联性是怎样的?
- 如果目标得以实现会对企业和员工产生何种影响?

对于管人,他们要思考的是:
- 我在企业中究竟是谁?
- 我应该如何做才能履行我的职责?
- 我目前的做法是怎样的?
- 目前的状况和我期望的状况之间是否有差距?
- 如何缩小或弥补这一差距?

同时,他们还必须认清的是自己在组织中的人际关系状况:
- 我和领导之间应该是一种什么关系?
- 我和同级之间应该怎样相处?我们之间会有哪些合作?
- 我应该怎样对待我的下属?和他们保持什么样的关系?
- 我和合作者应该采用哪种方式才能更有利于合作的开展?
- 我应该怎样对待我们的客户?
- 如何保证同我们的供应商的良好关系?

以上这些都是管理者在开展工作前应该考虑清楚的,这样才能在业务繁忙的时候心里也保持一个清楚的定位,该怎样做,不该怎样做,免得忙中出乱,因小失大。

3. 管理者的职能

20 世纪初期,法国工业家亨利·法约尔提出,所有的管理者都履行着五种管理职能:计划、组织、指挥、协调和控制。到了 20 世纪 50 年代中期,加利福尼亚大学洛杉矶分校的两位教授:哈罗德·孔茨和西里尔·奥堂奈采用计划、组织、人事、领导和控制五种职能作为管理学教科书的框架,在此后的 20 年中,他们合著的《管理学原理》一书成为销量最大的管理学教材。时至今日,最普及的管理学教科书仍是按管理职能来组织内容。不过一般已经将这五个职能总结为：计划、组织、指挥、协调和控制。
- 计划：包含定义组织的目标；制定全局战略以实现这些目标；开发一个全面的分层计划体系以综合和协调各种活动。因此，计划既涉及目标，也涉及达到目标的方法。
- 组织：管理者承担着设计组织结构的职责。它包括决定组织要完成的任务是什么；谁去完成这些任务；这些任务怎么分类组合；谁向谁报告；以及各种决策应在哪一级上做出。
- 指挥：主要是安排下属的工作内容，指导他们什么时候完成、工作地点在哪里、以何种方式开展工作、工作的结果应该是怎样的等。管理者的下属都应该接受管理者的指挥，这样才能做到统一指挥，分工合作。
- 协调：部门与部门、员工与员工之间时常会发生工作内容的冲突，或者发生一些摩擦，管理者在这时应该承担起协调相互间关系的责任，避免内力的消耗，提高工作的效率，避免将时间浪费在为冲突事件的争论上，也防止内部员工关系的恶化。
- 控制：当设定了目标之后，就开始制定计划，向各部门分派任务，雇佣人员，对人员进行培训和激励。尽管如此，有些事情还是可能会出岔子。为了保证事情按照既定的计划进行，管理必须监控组织的绩效，必须将实际的表现与预先设定的目标进行对比。如果出现了任何显著的偏差，管理的任务就是使组织回到正确的轨道上来。这种监控、比较和纠正的活动就是控制职能的含义。

4. 管理者的目的

管理者的工作直接产生了以下四个结果：
- 完成工作目标：这里既包括管理员工所做出的结果，也包括管理者自己完成的一部分工作任务。
- 提高工作绩效：工作需要被合理分配，员工的工作进度需要有人来监管，人员的工作方式需要有人指点，管理者就必须研究并执行这些任务，以便使下属的绩效不断提高从而保证组织的绩效达到高水平。
- 建立工作团队：越来越多的组织采用工作团队的工作方式，但建立工作团队并不是一件简单的事情，因为这要求组建者非常熟悉员工的办事风格、脾气爱好等。建立一个高效的团队是对管理者的一项新任务。

- 提高员工对工作的满意度：如何让员工提高对工作的满意度将直接影响到工作结果的质量。只有员工在提高了对工作的满意度之后，才有可能提高工作的生产效率。这对管理者来说并非一件易事。

三、如何完成管理者的角色

明白了管理者的使命，接下来的工作就是要弄清楚怎样才能完成管理者职务角色。以下是做好管理者可以借鉴的一个思考流程：

- 建立工作规范：建立工作规范的原则是：能让工作关系解决的问题，绝不依靠人的关系来解决。让所有员工对规范都清清楚楚，在工作之前就对该做什么、不该做什么、怎样才能做好等问题都有一个明确的认识。而且工作规范也可以作为事后对员工进行绩效考核的标准。
- 建立工作绩效评价体系：工作绩效考核和工作绩效改进计划的制定和实施是管理者的重要职能。管理者必须建立一套用来衡量员工绩效水平的科学全面的评价体系。但这并不意味着仅仅实施绩效评估就可以完事。绩效评估必须被合理地与绩效管理的其他环节相配合才能发挥出作用。
- 运用管理技能执行工作行为：首先是要清楚地认识自己，看看自己具备了什么条件，什么得到了应用，以及自己还需要培养哪些方面的管理技能。例如，在和员工进行绩效面谈时就需要管理者具有良好的表达、倾听和谈判的技巧；而在日常的管理活动中，还需要有良好的授权和冲突管理的技巧等，这些都是管理者应该努力掌握的；其次，要形成对员工的影响力。这种影响力的来源主要有以下几个：职位影响力——就是由职位带来的，可以给他人造成恐惧或强制性服从的一种权力，它主要是通过奖励或惩罚来强调自己的影响力大小；个人影响力——由于自身拥有特有的知识、经验或技能，或者个人具有强大的人格魅力所导致的权力，这种影响力表现的极致就是盲目的个人崇拜；信息资源影响力——由于拥有别人所难以掌握的资源而产生的影响力，比如甲和乙关系好，而乙是权力任务，因此甲也有了权力的影子；还有一种是代表性影响力——就是因为担任某种可以影响到别人的代表而具有的权力，比如民主选举代表等。

明白了管理者的使命，懂得了应该遵循何种规范，接下来就要看管理者自己的修行了。从上面的介绍我们可以看出，出色地完成管理者的使命并不是件容易事，它需要管理者在管理的实践和理论中不断的探索。

本 章 小 结

一个有效的人力资源管理活动要达到三个效果：高满意度、适度的人力成本和高的工作效率。而为了形成这些效果，我们可以通过满足一些可操作的因素来达成，这些因素的集合就构成人力资源管理的平台。人力资源管理平台概念是基于人是组织核心资源的思想而形成的。这个平台包含的内容有：人与工作相适应、合理的组织与工作设计、和谐的人际关系、参与式管理、有效监督以及组织与工作系统研究等。这些活动通过归类，就可以体现在人力资源管理的各个功能上了。将这些功能分类之后发现，实际上是两个大的系统在支撑着组织战略的实现。一个是组织与工作管理系统，另一个是企业文化与政策管理系统。组织与工作管理系统的目的在于如何建立一个有效的分工协作体系，以体现生产力的最高水平。从宏观上讲，就是要让企业的人力资源数量和质量与企业的物质技术基础相适应；从微观上讲，就是要让每个员工从事的工作与其工作对人的要求相适应。为了保证这些目标的实现，我们所需要进行的工作包括：组织设计和部门职责设计、工作的责任与权限设计、部门的工作任务清单、部门的工作和岗位设计、部门的工作任务分配、岗位任职资格的确认和工作说明书、关键业务流程、流程度关键控制和作业指导书以及关键业务的培训手册。

组织的绩效最大化要求我们必须使用适当的管理方法来促使员工个人绩效最大化，而采取何种管理方法才能实现这一目标取决于管理者对人性所作的假设。我们在组织中对人的管理准则可以归纳为八条：人性是恶的；人是没有自觉性的；人是需要控制的；人是重要的；人是难于管理的；人是需要尊重的；人是多样化的；人的管理是一门科学。

思考与讨论

1. 人力资源管理的平台指的是什么?各个模块之间关系是怎样的?
2. 人力资源管理功能模型是什么?请具体解释一下各个模块的内涵。
3. 管理幅度和管理层次、集权和分权、正式组织和非正式组织各是指什么?
4. 组织设计的基本类型有哪些?各种类型的使用范围有怎样的区别。
5. 如何才能完成组织中管理者的使命?学完这一章,你对人力资源管理是否有新的认识?
6. 你对"八条圣经"是如何理解和认识的?

模块三案例

案例一　战略性人力资源管理——日本明天的竞争优势

　　日本对人力资源管理系统的改革是一种一元管理——比工作更为重点的组织保证的日本雇佣系统。现今，日本关于人力资源管理系统改革广为人知的背景有两点，一个是高速成长假说，另一个是白领阶层的生产率。

　　日本雇佣系统的长期雇佣和年功序列制等特征以1920年前后的日本重化学工业化为开端，在高速成长期广泛传播的。根据高速成长假说，日本的雇佣系统是超过高速成长型的经济的整合性制度，因而日本经济在进入真正的成熟阶段后就没有了以后正常运转的保证了。因为进入经济成熟阶段的当今日本，由于企业破产、效益下降、不景气等因素会产生企业内部的职位不足等。现实的选择是雇佣的流动化、能力主义和选拔人才等，这些都是对日本雇佣系统若干特征的根本改变。

　　另一方面，在经济成熟化的同时，包围日本企业的竞争也从成本和质量到高附加值竞争进行根本性转移。企业的竞争优势也不得不在很大程度上依存管理创新、技术创新等企业创新能力。与此同时，战略性的人力资源也从体力劳动者向脑力劳动者巨大的变化着。问题是目前日本人力资源管理系统以创造出高质量的新市场和高附加值为前提的企业战略果真有很高的机能吗？

　　高速成长假说说出了与此相反的见解。它从认识到为了提高企业的技术创新能力，与现今那样给从业人员提供平等的成功机会，维持年功的职务序列相比，让个人对工作或工作业绩更有保证的人力资源管理系统是必要的。

　　随着竞争空间的变化，其战略重要性增加的脑力劳动者问题是进一步推进关于日本人力资源管理系统改革的另一方面。随着产业结构的变化，就业结构也发生了很大的变化。众所周知，从20世纪80年代中期开始已经白领化，然而，无论是日本的脑力劳动者的生产率和体力劳动者的生产率相比，还是美国的脑力劳动者的生产率和体力劳动者的生产率相比，两者都很低。比较了国际劳动生产率的联合计划委员会在其报告书中报告了脑力劳动者占大多数的第三产业的劳动生产率日本比美国低得多。但是，脑力劳动者的生产率问题决不只限于第三产业，也可以说是包含了日本经济的整体。

日本的确在汽车、电气等几个制造业中具有强大的国际竞争力，但是，制造业整体的劳动生产率依然比美国低也是事实。特别值得关注的是经过追赶的时代缩短了同美国的差距，但由于美国最近的模仿努力又有扩大的趋势。进一步，高新技术产业中最高利润率的非记忆芯片和软件产业等，在今后其重要性会增加，但这些领域中美国依然有很多的国际竞争优势，从这种意义上，脑力劳动者的生产率问题能威胁到提高国际竞争力，也是日本必须解决的最大课题。问题是一元管理中，以提高组织保证为重点的人力资源管理战略是否能在提高脑力劳动者的职务业绩和技术创新方面起作用。

作为高组织保证最不好的一面是形成了太忠实既存的规范、惯例、目标等从业人员，降低了个人成长的创造性和技术创新能力，结果会对组织的变化产生抵抗及给技术创新能力产生坏影响。

企业竞争优势源泉是因时代而变的。随着国际竞争的激化，最近的竞争优势也变了。受重视的技术和进入壁垒等要素的重要性相对下降，而时间或速度成为竞争的源泉之一。以技术为例来看，在产品生命周期越来越短的情况下，很难想象只靠一种不变的技术的企业会在以后激烈的国际竞争中获胜。随着竞争促使对产品革新技术模仿能力的提高，在竞争中守护企业的特许这一保护措施也不太有效了。加入技术优势能一致达成并能迅速模仿，那么有必要产生出新技术。这样，今后的竞争优势成为在短时间内连续向市场打出新商品的能力大小，研究开发出最优秀业绩的人力资源是不可少的。总之，和独占技术相比，倒不如说在短时间内发明新技术并使其商品化的人力资源才是企业竞争优势的决定者。若在竞争优势中看一下最近的变化，便会明白战略性人力资源管理理论可以说是日本企业明天的竞争优势。在实际中也起很大作用。

案例二 深圳航空公司的人力资源管理平台建设

成立于1992年11月、于1993年9月正式开航的深圳航空有限责任公司是一家以民用航空运输为主业的有限责任公司。经过近10年的发展,深航已初具规模并迅速崛起,成为中国民航业中一支充满活力的新生力量。截止到2002年5月,深航拥有30亿资产,16架波音737客机,下设三个子公司,六个驻外营业部,开通了深圳至北京、上海、武汉、南京、哈尔滨、成都、海口等30多条国内航线。自创立以来,深航以特区为基地,市场为导向,完善管理,加强经营,优化航线,注重销售,客座率、载运率、飞机日利用率在全国民航业中名列前茅。

深航的成功得益于多方面的原因,其中重要的一点是深航建立了我国民航业中一套最为系统的人力资源管理平台。2001年3月,深航在中国人民大学劳动人事学院专家咨询组的协助下,针对公司的现状与发展的要求,建立了从组织结构、部门和岗位职责到工作分析与评价等一系列基础性的人力资源管理制度,从而构建起人力资源管理的组织与工作系统。专家组将深航的组织结构分为五大系统:生产运营系统、市场营销系统、行政人事管理系统、财务结算系统和决策中心。针对这五大系统,又对部门和岗位进行了工作任务清单的整理以及权限的界定,并制定了每个岗位的工作说明书。其每一岗位的工作说明书详细地定义了该岗位的工作概要、工作职责、任职资格与条件、关键考核要素、培训要素和晋升与职务轮换等。这些组织与工作系统的研究为深航的人力资源管理制度建设搭建了良好的管理平台,为薪酬设计、绩效管理、人力资源规划等其他各项人力资源管理活动的顺利开展奠定了基础。

核心地讲,深航的人力资源管理平台建设包括五项主体内容:

一、企业组织与人力资源管理的现状诊断

通过对企业现状的调查、诊断和分析,结合企业发展战略,分析企业管理的优势和现存问题,提出组织与人力资源管理诊断报告及改善建议。

二、建立组织、部门与工作职责管理体系

以企业发展战略为出发点,在对企业目前业务与管理职能分析的基

础上,对现行组织结构和部门职能进行评估,提出适应公司中长期发展战略、与企业经营相互支持的部门职能结构调整建议,并组织编制部门职责与工作说明书,规范组织管理制度。

三、薪酬体系设计和工作评价

通过薪酬调查和工作评价,以公司组织与人力资源管理策略为原则,拟订公司薪酬管理策略,并设计适合公司目前和未来一段时期发展要求的薪酬分配体系,以增强企业在人力资源市场的社会竞争力。同时,保证员工相对长期的为企业服务。

针对航空公司的特点,按照对人力资源的分层、分级和分类管理的原则,深航的薪酬体系包括六个模块:

- 中高层管理人员的年薪制薪酬
- 职能岗位的等级制薪酬
- 飞行员的年功系列制薪酬
- 乘务员的薪酬
- 机务人员的技术等级薪酬
- 商务员工的销售薪酬

四、绩效评估体系设计

设计和制定绩效评估政策和基本原则,建立公平、公正、客观的绩效评估体系和绩效管理体系。确保在实现企业目标的前提下,不断提高组织和员工的工作业绩;同时,配合执行有效的薪酬制度,激励员工。

五、人力资源规划

根据深航的发展战略,飞机采购计划和航线开辟的实施计划等多项企业发展研究,结合国际航空业的对比分析,以公司人力资源现状为基础,分析了未来五年深航对各类人力资源的需求状况,提出了相应的人力资源规划,以保证在未来的发展中企业对人力资源数量和质量上的要求。

至此,完成了深航的人力资源管理的系统平台主体建设。当然,建设一套制度并不能带来企业的经营效益,执行的手段和实施的程度是制度能否产生预期效果的关键。在深航董事会的支持下,经营班子的坚决执行下,公司上下全面开始了新制度体系的执行和贯彻。

事实证明,深航的人力资源管理平台建设为公司的运营和发展起到了前所未有的推动作用:在2002年航空业调查中,深航的飞机架数仅占全国民航飞机总数的 1/25，但利润额却占到民航总利润的 1/5。当然，不能把深航的经营业绩完全归功于人力资源的管理的功效，但是，有一点可以肯定，企业引入科学的人力资源管理体系和方法，建立系统化的人力资源管理平台，为企业的发展提供了有效的支持。在深航未来的发展蓝图中，企业的人力资源管理系统平台仍将继续发挥不可替代的作用。

制度管理(模块四)：
组织管理制度设计的核心

战略、组织、人力资源构成了组织管理制度设计的基础平台。如何使三个互相关联的要素更好地支持组织的发展成为企业经营管理者最为关心的议题。制度作为提升组织管理水平的关键性管理要素，确定了其在组织管理制度设计的核心作用。

为什么需要制度和制度管理？回答的理由有三点：

第一，战略、组织、人力资源三个关联性要素在组织发展的目标驱动下，时常出现冲突和不协调特征，制度是保证三者协调最大化最有效的手段；

第二，制度是一个组织内公认的契约模式，一旦确立，具有规定化的行为特征，使组织可以按照最经济的方式运行，保证了管理的过程占用资源最少，资源利用最充分，组织的效率最高；

第三，组织的发展，规模的扩大，环境的变化，对人的管理能力提出了挑战。当我们仍然寄希望于对组织的有效控制时，我们发觉，制度是一种最有效的控制手段；是企业经营管理者能力的延伸。

本模块的研究内容：

一、制度管理与组织发展
- 制度的管理含义
- 制度管理的特点与内容

二、组织管理与制度体系建设
- 企业治理结构设计
- 管理制度体系设计
- 企业组织制度设计

第七章

制度管理与组织发展

第一节 制度的管理含义

对"制度"这一概念,不同的领域、不同的角度,有不同的理解。

有人认为制度是个人或社会对某些关系或某些作用的一般思想和习惯,是当前公认的某些生活方式;有人认为制度是集体行动控制个体行动;还有人将制度定义为一种行为规则,用于支配特定的行为模式及相互关系。

从组织的角度看,企业是组织最直接的存在方式。从某种意义来说,研究企业的管理就是研究组织的管理过程。制度化管理是企业组织行为最基本的特征。我们可以从企业组织的运行过程去分析企业制度的产生,进而了解企业制度与制度管理的内涵。

一、企业的概念

企业是集合生产要素(土地、劳动力、资本和技术),并在利润动机和承担风险的条件下,为社会提供产品和服务的单位。企业是一种营利性机构,其目标是创造利润;为了获取利润,企业必须具有效率;而企业的效率来自于它的制度效率和经营效率两个方面。制度效率是由土地、资本、劳动力和技术这些生产要素投入生产活动中的时机和方式决定的;经营效率是由计划、组织、指挥和控制这些管理方式决定的。合理的制度和有效的经营,可以使企业降低来自外部环境的不可避免的风险,从而使企业获得长期发展。

1. 生产要素的含义及其作用

(1) 土地。土地作为一种生产要素是指土地本身以及它所包含的自然资源。自然资源是生产的客观条件及物质基础。一个国家的自然资源总是有限的,因而这些有限的资源所能提供的产品也是有限的。

(2) 劳动力。劳动力是指生产产品或者提供服务的人。这些人是由员工、管理人员、专业技术人员、企业家以及其他成千上万的人组成的。

(3) 资本。资本不仅仅是指货币,而且是指用于生产其他商品的厂房和机器设备。

(4) 技术。作为生产要素的技术是指知识在生产中的应用。如果把土地、劳动力和资本称为古典的生产要素,技术则是现代企业必不可少的第四个生产要素。

2. 企业的特性

企业作为社会生产的基本经济单位,必须具有以下六个特征:

(1) 企业直接为社会提供产品或服务。产品是指为了满足人们的某种需要,在一定的时间和一定生产技术条件下,通过有目的的生产劳动而创造出来的物质资料;服务是一种可供销售的活动,是以等价交换的形式为满足社会的需要而提供的劳务活动。企业必须是产品或服务的直接提供者。

(2) 企业提供产品或者服务的直接目的是为了获得利润。利润是产品价格与成本之间的差额,它是企业经济效益的集中反映。企业作为一种营利机构,"利润的创造"是其生存的条件。

(3) 企业必须实行独立核算、自负盈亏。企业在利润动机下,实行独立核算,力争以尽可能少的人力、物力、财力和时间的投入,获得尽可能多的盈利。但经营的结果,取决于企业经营管理的水平,可能盈利,也可能亏损。如果企业盈利,企业就将得到发展;如果出现亏损,企业必须扭亏为盈,否则将会倒闭、破产。

(4) 企业是纳税单位。在市场经济条件下,企业是独立的商品生产者和经营者,国家作为经济管理职能的行使者,企业必须照章向国家纳税,这是企业和国家之间的唯一关系。

（5）企业拥有经营自主权。经营自主权包括：产品决定权、产品销售权、人事权、分配权。企业有权决定生产什么；生产多少；以什么样的价格出售；雇佣什么样的人从事生产和管理；税后利润如何分配等，不拥有这些经营自主权，就不能称其为企业。

（6）企业行使企业应有的职能。企业的职能包括对企业生产经营活动的计划、组织、指挥和控制。企业不能行使政府的职能。

二、企业与企业制度的产生

从企业产生的历史渊源来看，企业是个历史概念。它是生产力发展到一定水平的产物，是劳动分工发展的产物。企业是作为取代家庭经济单位和作坊而出现的一种更高生产效率的经济单位。从原始社会到封建社会，自给自足的自然经济占统治地位，社会生产和消费主要是以家庭为经济单位，或是以手工劳动为基础的作坊，它们均不是企业。随着生产力的提高和商品经济的发展，到了资本主义社会，企业成了社会的基本经济单位。其特征是由资本所有者雇佣许多工人，使用一定的生产手段，共同协作，从事生产劳动，从而极大地提高了生产效率。

从社会资源配置的方式上看，企业是商品经济发展到一定阶段的产物。企业是作为替代市场的一种更低交易费用的资源配置方式。交易费用这一概念是美国经济学家科斯在分析企业的起源和规模时首次引入的。根据科斯的解释，交易费用（又称交易成本）是市场机制的运行成本，即利用市场价格机制的成本，或者说是利用市场的交换手段进行交易的费用。它包括两个主要内容：（1）发现贴现价格，获得精确的市场信息的成本；（2）在市场交易中，交易人之间谈判、讨价还价和履行合同的成本。在商品经济发展的初期，无论是原始的物物交换，还是以货币为媒介的商品交换，由于市场狭小，利用市场价格机制的费用几乎不存在，这时的商品生产一般以家庭为单位。但随着商品经济的发展，市场规模的扩大，生产者在了解有关价格信息、市场谈判、签订合同等方面利用价格机制的费用明显增大，这时，生产者采用制度把生产要素集合在一个经济单位，以这种生产方式降低交易费用产生的经济单位即是企业。企业这种组织形式之所以可以降低市场交易的费用，是由于用内部管理的方式，通过各种制度组织各种生产要素的结合的缘故。因此，从交易费用的角度来看，市场和企业是两种不同的组织生产分工的方法：一种是内部管理方式;另一种是协议买卖方式。两种方式都存在一定的费用,即前者是组织费用;后者是交易费用。企业之所以出现正是由于企业的组织费用,即企业内部的管理协调成本,低于市场的交易费用。这是因为,如果没有企业制度,每一要素所有者都直接进入市场交易,市场交易者一定很多,会产生激烈的交易摩擦,使交易成本高昂;用企业的形式把若干要素所有者组成一个单位参加市场交换,即可减少进入市场交易的单位数量,减少交易摩擦,从而降低交易成本。因此,交易费用的降低是企业出现的重要原因之一,而伴随着企业的产生而产生的制度则是企业进行内部管理,降低组织费用的重要手段之一。

而对于现代企业的产生,钱德勒提出了八个主要观点来说明。这些基本论点可分为两部分。前三个论点是第一部分,说明现代企业的起源,也就是说明了现代企业出现的原因、时间、地点和方式。后五个论点为第二部分,涉及现代企业持续成长的组织问题,也就是说明了为什么企业组织一旦建立起来,就会不断发展并保持其支配地位。当管理层级制能够比市场机制更有效率地控制和协调许多经济活动时,新的机构就出现了。它不断发展,使得越来越多的职业经理能够被充分雇用,并通过后者的有效工作完成组织的成长过程。因此,以上述的理解,我们可以把钱德勒的思想看成是对组织成长的理论阐述。

第一,当管理上通过一系列的制度获得的协调比市场机制的协调能带来更大的生产力、较低的成本和较高的利润时,现代企业组织就会取代传统业主制的小规模生产形态。

这一论点直接起源于现代企业的定义。钱德勒认为,现代企业的产生和持续发展是靠设立或购进一些在理论上可以独立运转的经营单位而来,换句话说,就是把以前由几个经营单位进行的活动及其相互交易内部化。内部化给扩大了的企业带来了许多好处。由于单位间交易通过制度例行化,交易成本随之而降低。由于生产单位和采购及分配单位的管理联结在一起,获得市场和供应来源信息的成本也降低了。最重要的是,多单位的内部化使商品自一单位至他单位的流量得以在管理上进行协调。对商品流量的有效安排,可使生产和分配过程中使用的设备和人员得到更好的利用,从而得以提高生产率并降低成本。此外,管理上的协调也使现金的流动更为可靠稳定,付款更为迅速。这种协调所造成的节约,要比降低信息和交易的成本所造成的节约大得多。

第二，在一个企业内许多营业单位活动内部化所带来的利益，要等到建立起组织管理层级制以后才能实现。传统的单一单位的企业的活动是由市场机制所控制和协调的。企业和市场打交道，从市场上购买原材料，产品也通过市场来进行销售。如果有违约发生，企业的最终解决办法是诉诸法律。而现代企业内生产和分配单位则由中层经理人员控制和协调。而高层经理人员除了评价和协调中层经理人员的工作外，还取代市场而为未来的生产和分配调配资源。为了执行这些职能，经理人员不得不采用新的管理方法。如果没有这些经理人员的存在，多单位企业只不过是一些自主营业单位的联合体而已。建立这种联合体是为了控制各单位间的竞争，确保企业的原料来源，确保成品和服务的销路。各个自主单位的所有者和经理共同采购、定价、确定生产和市场政策。如果没有经理人员，这些政策则由立法和仲裁机构而不是由管理机构所决定并实施。经理层的存在提高了管理协调的功能，而这种功能才是现代企业的最重要的功能。

第三，现代企业是当经济活动量达到这样一个水平，即管理上的协调比市场的协调更有效率和更有利可图时，才首次在历史上出现的。经济活动量的增长是与新技术和市场的扩大同时来到的。新技术使前所未有的产品的产出和转运成为可能。扩大的市场则是吸收此种产出所必不可少的。因此现代企业首先是在具有新的先进技术和不断扩大的市场的一些部门和工业中出现、成长并繁荣的。反之，在那些技术并不能造成产出的急剧增加，市场依然是小而专的部门和工业中，管理的协调并不比市场的协调更为有利。因而在那些领域里，现代企业的出现较晚，而且发展较慢。

第四，组织管理的层级制一旦形成并有效地实现了它的协调功能后，层级制本身也就变成了持久性、权力和持续成长的源泉，这就是组织存在的客观意义。传统企业常是短命的，几乎全是合伙生意。其中一个合伙人退休或去世，就得重新结伙或解散。如果儿子继承父亲产业，他会找新的合伙人。通常此种合伙制若有其中一人决定与其他生意人合伙时，就会散伙。用来管理新型多单位企业的层级制，则具有持久性，它超越了工作于其间的个人或集团的限制。当一名经理去世、退休、升职或离职时，另一个人已做好准备，他已受过接管该职位的培训。层级制使企业稳定、持久。

第五，随着企业的发展，指导各级工作的支薪经理这一职业，变得越来越技术性和职业化。在这个新的管理阶层内，正如其他需要专门技术的管理阶层一样，选拔与晋升变得越来越依赖培训、经验和表现，而不是家族关系或金钱。在这种企业里,经理的培训时间越来越长久,培训也愈来愈正式化。不同企业内从事相同活动的经理人员通常都接受有相同类型的训练,就读于相同类型的学校。他们阅读相同的书刊,参加相同的协会。如果把他们与传统的小商业公司雇主和经理人员相比,他们的职业性质更接近于律师、医生和牧师。

第六,当多单位工商企业在规模和经营多样化方面发展到一定水平,其经理变得越加职业化时,企业的管理就会和它的所有权分开。现代企业的兴起使所有权和管理权之间的关系具有了新的内容,从而为经济带来了一种新型的资本主义。多单位公司兴起之前,老板管理公司,管理者即为老板。即使是合伙关系,其资本股权还是为少数个人或家族所掌握。这些公司依然是单一单位的企业,极少雇用两三个以上的经理。因此,传统的资本主义公司称之为个人企业并不为过。可是,现代企业从它出现的第一天起,家族或其合伙人所能提供的经理人员就不敷需要了。有些公司里,企业创始者及其最亲密的合伙人(和家庭)一直掌握有大部分股权。他们与经理人员维持紧密的私人关系,且保留高层管理的主要决策权,特别是在有关财务政策、资源分配和高层人员的选拔方面。这种现代企业可称之为企业家式或家庭式的企业。这种公司所支配的一种经济或一种经济的某些部门可视之为企业家式或家族式资本主义的系统。

当企业的创立和发展需要大笔外来资金时,所有权和管理权之间的关系就会有所不同。提供资金的金融机构通常在公司的董事会上派有兼职代表。在这种企业里,支薪经理必须和银行及其他金融机构的派出代表分享高层管理的决策权,尤其是在大笔资金的筹集和动用方面。这种公司所控制的该经济或部门通常可看成是金融资本主义的一种形式。许多现代企业既不是由银行家也不是由家族所控制。所有权变得极为分散。股东并不具备参与高层管理的影响力、知识、经验或义务。支薪经理人员既管理短期经营活动,也决定长远政策。他们支配了中低层和高层的管理。这种被经理人员所控制的企业可以称之为经理式的企业,而此种公司占支配地位的经济系统则可称之为经理式资本主义。

随着家族和金融家控制的企业在规模和厂龄方面的增长,它们就变成了经理式企业。除非所有者或金融机构的代表成了该企业的专职经理,否则他们不具备高层决策中起支配作用所需要的信息、时间和经验。作为董事会成员,他们具有否决权。他们可以否决,可以用其他职业经理取代高层经理,但很少能提出正面的可供选择的方案。到最后，在董事会兼职的所有者与金融家和公司的关系也等同于一般的股东了，公司只是其收入来源，而不是可管理的企业。由于客观形势的需要，他们把日常的经营管理和未来的计划工作交由职业管理人员负责。因此，在许多部门和工业中，经理式资本主义很快就取代了家族式的或金融的资本主义。

第七，在做出管理决策时，职业经理人员宁愿选择能促使公司长期稳定和成长的政策，而不贪图眼前的最大利润。对支薪经理人员而言，公司之持续存在对其职业生涯是至关重要的。他们的主要目标是确保其设备能连续使用和得到的资料。他们远比老板（股东）更愿意减少甚至放弃眼前的股息，以维护其组织长远活力。他们关心的是保障供应来源和销路，发展新产品和服务，以便更充分地利用设备和人员。如果利润很高，他们宁愿再投资于企业而不愿作为股息而支出。

第八，随着大企业的成长和对主要经济部门的支配，它们改变了这些部门乃至整个经济的基本结构。以前，原料的生产经由各个生产过程，直到卖给最终消费者，商品和服务的流量要由市场来协调和连接，大企业在某种程度上取代了市场的这种协调和连接职能。凡是进行了这种取代的地方，生产和分配便集中在少数几个大企业手中。最初，这种情况只出现在技术革新和市场扩大使产量高速度、大幅度增长的少数经济部门或工业。但随着技术的发展和市场的扩大，通过管理进行的协调在越来越多的经济部门取代了市场的协调。到20世纪中叶，在美国的主要经济部门中，少数大量生产、大量零售和大量运输的企业的支薪经理人员，已经在协调通过生产和分配过程的商品，并为未来的生产和分配调配资源。这时，美国企业界的管理革命才得以实现。

三、企业制度的内涵

通过了解企业以及现代企业的产生以及发展，我们可以看出，企业制度从内涵上说，是有效整合各种生产要素的纽带，是降低组织费用的手段。从表现形式上说，企业制度是指以产权制度为基础和核心的企业组织和管理制度。构成企业制度的基本内容有三个：一是企业的产权制度；二是企业的组织制度；三是企业的管理制度。

企业制度是一个内涵丰富、外延广泛的概念。它包含以下三方面意思：

（1）从企业的产生来看，作为生产的基本经济组织形式，企业从产生开始，就是作为一种基本制度即企业制度而被确立下来了。

（2）从法律的角度看，企业制度是企业经济形态的法律范畴。从世界各国情况看，通常是指业主制企业、合伙制企业和公司制企业三种基本法律形式。

（3）从社会资源配置的方式上看，企业制度是相对于市场制度和政府直接管理制度而言的。市场制度就是在市场处于完全竞争状态下，根据供求关系，以非人为决定的价格作为信号配置资源的组织形式。政府直接管理制度是国家采取直接的部门管理，用行政命令的方式，通过高度集中的计划配置资源的组织形式。当市场交易成本小于企业组织成本时采用市场制度最好；反之，当市场交易成本大于企业组织成本时，采用企业制度则最好。由于政府直接管理制度不但要规定人们干什么还要规定怎么干，因此政府直接管理成本很高，在大多数情况下，政府直接管理是低效的。只有当政府直接管理成本既小于市场交易成本，又小于企业组织成本时，政府直接管理的资源配置方式才是有效率的。政府从直接管理转为间接管理，则有利于降低政府的管理费用。

从制度的内涵我们可以看出，制度对于组织的发展具有重要的意义：

第一，它能有效整合各种要素，使得生产要素的所有者有可能组成一个经济组织，通过相互合作产生出大于单独产出之和的成果。

第二，合理的制度能降低组织费用，节约组织成本，从而促进组织的发展。

第三，制度也是整合企业战略、组织和人力资源的纽带。企业战略是组织形成与发展的指引和方向。在战略这个大方向确定后，企业要通过组织制度的设计设定相应的层级机构为战略的实现服务，可以说组织是实施战略的载体，组织制度设计的好坏直接影响到战略的实施。在组织确定后，需要"人"切实地去将组织的目标变为现实，可以说人力资源是支持组织达成战略目标的条件和资源保障，人与人的合作产生了团队工作，在团队工作中，各人之间的想法（动机）、行为都不同，因此需要一系列的管理制度加以规范，使所有团队成员朝着一个战略目标前进。因此，制度整合了战略、组织和人力资源等要素，随着战略的调整，调整组织、调整人力资源，促进企业发展。

第二节　制度管理的特点与内容

制度对于组织而言具有重要的意义。以制度为基本手段协调企业组织分工协作行为的管理方式，就是制度管理。

一、制度管理的性质

（1）权威性。制度一经形成，确定下来，所有成员都必须执行，违反规定要受到必要的惩罚。制度是企业当中的"法"。

（2）系统性。企业组织中各方面、各层次均有完整配套、具体严密的制度。它们相互具有内在一致性，互相衔接和补充，形成一套严密完整的制度体系。

（3）科学性。制度建立在科学合理的基础上。有的直接是技术规律要求；有的充分体现事物客观规律；有的合情合理。它反映了企业经营管理科学、成熟、合理的一面。

（4）无差别性。制度作为一种带有法规性质的管理手段，具有无差别性特点。它不对具体情况和具体人分别对待，在规范约束范围内一律对待，没有变通的余地。它是一套理性的、非人格化的体系，是一系列抽象的、封闭的准则，往往以成文的形式确定下来，具有明确的、是非分明的特征。

（5）借助强制力。制度作为现实地约束和规定组织中活动和行为的管理手段，需要借助强制力。强制力是制度发挥作用的力量，没有强制力的制度，只是一纸空文。在企业组织中，强制力主要表现在行政处分、降职降薪、开除等惩罚措施上。

（6）稳定性。管理制度往往都是在长期管理实践基础上，经过分析研究，总结经验，提炼上升形成的理性准则。它在相当程度上反映了企业组织活动和管理过程的内在要求，具有较强的稳定性。在条件未发生较大变化的前提下，一般不作改动。只有在条件发生较大变化的情况下，才作相应调整。稳定性也是维持权威性的手段之一。更重要的是，唯其稳定，才能现实地发挥制约作用。频繁变动的制度不易贯彻执行，更难巩固。

二、制度管理的主要特征

从制度的内容和制度管理的实质来看,制度管理的主要特征有:

(1)在劳动分工的基础上,明确规定每个生产要素提供者的权力和责任,并且把这些权力和责任作为明确规范而制度化。

(2)按照各机构、各层次不同职位权力的大小,确定其在企业中的地位,从而形成一个有序的指挥链或等级系统,并以制度形式巩固下来。

(3)以文字形式规定职位特性以及该职位对人应有素质、能力等要求。根据通过正式考试或者训练和教育而获得的技术资格来挑选组织中所有的成员。

(4)在实行制度管理的企业中,所有权与管理权相分离。管理人员不是所管理企业的所有者,管理人员只是根据法律制度赋予的权力暂时处于拥有权力的地位,原则上企业中所有人都服从制度的规定,而不是有权的人。

(5)管理人员在实施管理时有三个特点:一是根据因事设人的原则每个管理人员只负责特定的工作;二是每个管理者均拥有执行自己职能所必要的权力;三是管理人员所拥有的权力要受到严格的限制,要服从有关章程和制度的规定。这些规定不受个人情感的影响,普遍适用于所有情况和所有的人。

(6)管理者的职务是管理者的职业,他有固定的报酬,具有按资历、才干晋升的机会,他应该忠于职守,而不是忠于某个人。

三、制度管理的基本要求

各项制度的制定和形成,需要满足下述几个基本要求:

(1)从实际出发。制定制度,要从企业组织实际出发。根据本企业业务特点、技术类型、管理协调的需要,充分反映企业组织活动中的规律性,体现企业特点,保证制度具有可行性、实用性,切忌不切合实际。

(2)根据需要制定。即制度的制定要从需要出发,不是为制度而制度。需要是一项制度制定与否的唯一标准,制定不必要的制度,反而会扰乱组织的正常活动。如有些非正式行为规范或习惯能很好发挥作用前提下,就没有必要制定类似内容的行为规范,以免伤害企业组织成员的自尊心和工作热情。

(3)建立在法律和社会道德规范的基础上。法律和社会一般道德规范是在全社会范围内约束个人和团体行为的基本规范,是企业组织正常生存发展的基本条件和保证。企业制定的各种制度,不能违背法律和一般道德规范的规定,必须保持一定程度的一致性。否则,企业组织整体在环境中的生存发展,对组织内部各方面的约束,都会受到严重影响。

(4)系统和配套。企业制度要全面、系统和配套,基本章程、各种条例、规程、办法要构成一个内在一致、相互配套的体系。同时要保证制度的一贯性。不能前后矛盾、漏洞百出,避免发生相互重复、要求不一现象,同时要避免疏漏。要形成一个完善、封闭的系统。

(5)合情合理。制度要体现合理化原则。即一方面要讲究科学、理性、规律;另一方面要充分考虑人性的特点,避免不近情理、不合理等情况出现。在制度的制约方面,要充分发挥自我约束、激励机制的作用,避免过分使用强制手段。

(6)先进性。制度的制定要从调查研究入手,总结本企业经验,同时吸收其他先进经验,引进现代管理技术和方法,保证制度的先进性。

本 章 小 结

本章开头首先对企业的定义和特性进行了详细的界定和描述,企业是集合生产要素(土地、劳动力、资本和技术),并在利润动机和承担风险的条件下,为社会提供产品和服务的单位,企业的建立在于提高生产效率、降低交易成本。企业的特性可概括为六个内容:(1)直接为社会提供产品或服务;(2)提供产品或者服务的直接目的是为了追求利润;(3)必须实行独立核算、自负盈亏;(4)企业是纳税单位;(5)拥有经营自主权;(6)企业行使应有的职能。而企业制度形成的意义则在于将企业行为通过内部章程规范下来。本章追溯了企业产生发展的历史,集中体现在钱德勒的八个观点当中。钱德勒的论述有两个部分:第一部分说明现代企业的起源;第二部分说明了企业要求自我壮大的内生力量是如何推动企业不断发展,从而促进机构的更新和组织增长。企业制度在现代企业发展壮大的过程中起着强大的整合作用,构成企业制度的基本内容有三个:一是企业的产权制度;

二是企业的组织制度;三是企业的管理制度。制度对于组织而言具有重要的意义。以制度为基本手段协调企业组织集体协作行为的管理方式,就是制度管理。本章又就制度管理的性质特征和基本要求进行了深入的探讨。

思考与讨论

1. 什么是企业制度? 企业制度是如何产生的?
2. 从企业的产生、法律、社会资源配置方式三个角度来看,企业制度包括哪些内涵?
3. 什么是制度管理? 制度管理的主要特征有哪些?
4. 制度的制定和形成需要满足哪些基本要求?
5. 作为企业规范化运作的一种工具,制度管理是如何促进企业发展的?

第八章 组织管理的制度体系建设

第一节 企业治理结构设计

一、企业治理结构及其变革

所谓企业治理结构,就是指界定企业中最主要的利益主体之间相互关系的有关制度。也就是说,企业治理结构所要回答的问题,就是企业中最主要的利益主体的相互关系如何界定,采取何种制度来规范企业中最主要的利益主体的相互关系。与企业组织结构不同,后者是界定企业中各种组织机构之间相互关系的,讨论各组织机构之间的组合程序,而前者则是讨论企业内部最主要的利益主体之间的相互关系如何界定的。人们对企业中最主要的利益主体的判断,就会直接影响到企业治理结构的内容。换句话说,企业中最主要的利益主体的变化,就会引起治理结构的变革。因为最主要的利益主体变了,那么界定它们之间的相互关系的方式及方法也就变了,从而会引起治理结构内容的变化。

过去人们认为企业中最主要的利益主体,就是企业的所有者和经营者,因而讨论企业治理结构问题,就主要是讨论企业的所有者与经营者的相互关系如何界定。企业的所有者与经营者的相互关系如何界定?普遍的做法有三条：一是权力配置、二是功能分工、三是机构建设，是当我们把企业的利益主体界定为企业所有者与经营者的时候，所提出的企业治理结构的内容。应该说，这种内容的治理结构，对企业的发展起到了很好的作用。但是，人们现在不能不注重这样一个问题，即企业内部的利益主体的地位及作用在发生重大的变化，原有的最主要的利益主体即企业所有者与企业经营者的地位及作用在下降，而新形成的利益主体的地位及作用，则在不断地上升和增强，其中最为重要的是形成了非常关键性的两大利益主体，即货币资本和人力资本。正是因为如此，所以治理结构的内容，已经从主要是界定所有者与经营者的相互关系，而转向了主要是界定货币资本与人力资本的相互关系。

所谓货币资本，就是指出资人的资本，也就是说，无论出资人以土地出资，还是以资产出资，或者是以货币出资，最后都被统称为货币资本。所谓人力资本，就是指人作为资本而存在，具有资本的功能。不过，这里首先要强调一点，就是人力资本不等于人力资源，它们不是同一个概念。人力资源是指企业中的所有人，而人力资本则主要是指两种人，一种人叫技术创新者，另外一种人叫职业经理人。也有人把职业经理人叫企业家，实际上大家所理解的含义都差不多，企业家只不过是职业经理人中的优秀者而已。在现代经济条件下，技术创新者和职业经理人这两种人已作为人力资本而存在。

为什么技术创新者和职业经理人这两种人会作为人力资本存在呢？就是因为在现在的社会经济条件下，任何一个企业具有极强的竞争力，甚至搞垄断性经营，实际上都离不开人和资本。

众所周知，竞争力是企业生存和发展的基础，也是企业能进行垄断性经营的关键性条件。要有竞争力和搞垄断性经营，在现代经济条件下只有一个办法，就是要拥有别人所没有的核心技术。如果一个企业拥有别人所没有的核心技术，那么就会有竞争力，甚至可以进行垄断性经营。决定竞争胜负的这种核心技术是谁创造的？首先是技术创新者。所以技术创新者作为人力资本的首要要素而存在。但是技术的创造仅仅靠技术创新者还不行，为什么？因为实际对核心技术的评价有两个标准，一个叫技术标准，就是说技术创新者创造出的技术的水平是不是比原有的技术水平高？技术的技术性状况对于技术能否成为核心技术是很重要的，如果技术的技术性不行，也就是技术并没有原有技术的水平高，那么这种技术就很难成为核心技术。核心技术的另外一个标准叫市场标准。就是指一个技术创新成果出来以后有没有市场需求，市场是否需要。有人将此称之为技术的市场性。没有市场需求，即市场性不强,再好的技术也照样成为不了核心技术。就是说,评价技术创新要强调技术的市场性。在现实生活中,技术创新者只能完成技术的技术性这个标准,而技术的市场标准,即技术的市场性,则要靠职业经理人来完成,就是要靠企业家来完成,因此,职业经理人是人力资本的又一个重要构成部分。正因为核心技术实际上只有通过技术创新者与职业经理人的内在相结合才能完成,所以职业经理人同技术创新者一样,也作为人力资本登上了历史舞台。

由此可见,人力资本实际上只包括企业中的两种人,即技术创新者与职业经理人。人们到跨国公司参观就会发现,这些公司的人力资本部门实际上就管两种人,即技术创新者和经理阶层,而一般的员工则是由劳务部门管的,因而劳务部门和人力资本部门这两个部门是截然不同的,不过两个部门都叫人力资源管理,实际上在管理上是分开的。人力资本虽然表现为人,但是作为一种资本存在。人力资本作为一种资本存在以后,导致了企业的存在形态发生了巨大变化。现在人们都认为最现代的企业的运营形态,是哑铃型的企业运营形态,即研发投入的力量比较大,市场投入的力量比较大,但生产投入的力量则在变小,即:研发大,市场开发大,生产小,叫两头大中间小,像一个哑铃的形状。可见,人力资本作为生产力登上历史舞台,已经使企业的运营形态发生了重大变化。所有这些都表明,人力资本已作为一种资本形态登上了历史舞台。尤其是随着现代经济的发展,人们对人力资本更为看好,很多人都认为货币资本是被动性的资本,而人力资本则是主动性的资本,货币资本没有人力资本推动是运转不起来的,是不能增值保值的。所以在现实中人们更进一步强调了人力资本的重要性。

正因为人力资本如此重要,所以人力资本作为资本形态而登上了企业的历史舞台,成为决定企业体制的制度性要素,最后导致了企业的治理结构的主要内容,从原来的以货币资本为基础,主要是对货币资本的所有者与经营者的关系进行界定,而转向了以货币资本与人力资本为基础,主要是对货币资本与人力资本的关系进行界定。

由于人力资本与货币资本相比,前者是主动性资本,而且资本能力潜伏在人体中,因而对货币资本与人力资本这两种资本关系的界定,实际上主要是要调动人力资本的积极性和同时约束人力资本。因此,现在的治理结构实际上就是主要围绕人力资本作用的发挥和控制来安排治理结构。而人力资本作用的发挥和控制,必然要有两种机制的建立,这就是对人力资本的激励机制和约束机制。也就是说，现在谈治理结构的时候，实际上核心问题是谈对人力资本的激励问题和约束问题。不承认人力资本概念的一个严重后果，就是使得企业内部失信状况很严重。因为企业中有的人是典型的人力资本，但是却得不到承认，而是仍然被当做打工仔来看待，充其量是一种高级打工仔而已。人力资本得不到承认，就必然进行非理性的反抗；人力资本的非理性反抗，必然导致货币资本的非理性镇压，例如有的人想把职业经理人送进监牢。因此，企业内部失信状况很严重。这种正是从新的企业法人治理结构的内容出发，我们对治理结构的研究，应主要集中在对人力资本激励机制和约束机制的研究上。为什么人力资本的激励机制和约束机制可以界定好货币资本与人力资本的相互关系？因为人力资本的激励机制可以保证人力资本应有的地位及利益，而人力资本的约束机制则可以防止人力资本侵犯货币资本的利益，从而维护货币资本的地位及利益。因此，在新的治理结构中，关键是要建立人力资本的激励机制和约束机制。

二、人力资本激励机制的建立

人力资本的激励机制怎么建立，这是新的法人治理结构中，首先要解决的第一个问题。从现在国际的经验来看，人力资本的激励机制主要包括三个方面的内容。

1. 对人力资本的经济利益激励

因为人力资本是作为资本而存在，所以人力资本的回报就不只是工资。工资是劳动的报酬，因而要考虑新的回报形式，这种新的回报形式就是人力资本的薪酬制度。现在国际通行的薪酬制度，主要包括了五个方面的内容：岗位工资、年终奖、期股权、职务消费、福利补贴。在上述这五个方面的利益激励中，有一条很重要，这就是期股权激励。人力资本拥有期股权的后果，就是导致人力资本虽然不是出资人，但是却拥有了企业的产权。人力资本不是出资人却拥有了企业的产权，这就打破了过去一个经济学及法学的原理，即：谁出资谁拥有产权。但是这个规则已经被人力资本的激励机制所产生的后果打破。人力资本既然也是一种资本，那么资本的经济收益就不应只是工资，因为工资是劳动的报酬，资本的报酬应该是产权的收益。因此，既然承认人力资本是一种资本，那么就要承认它应该拥有产权。这样导致的最后结果就是人力资本虽然不是出资人,但却拥有了产权。现在据我们抽样调查,国际上人力资本在企业中所拥有的产权数量,已经达到了企业总产权数量的38%左右。

所以最近国有企业已经纷纷开始搞人力资本持股的试点,民营企业人力资本持股也已经展开,而且推进的速度还很快。但是要避免两种倾向:其一,厂长或经理持股;厂长、经理是职业的称呼,而人力资本则是人的素质的标志,企业家和厂长、经理不能混为一谈。其二,把员工持股搞成了新的大锅饭。员工持股与人力资本持股是两种根本不同的持股方式,前者是工会搞起来的,是由于员工的社会保障制度的建立而引发的,而后者则与此根本不同。因此,从人力资本激励的角度来看,我们实际上不主张员工持股。但是就目前人们在这方面的行动来看,都表明我们在法人治理结构上已大大地迈出了一步。

2. 权利与地位的激励

也就是对人力资本的地位和权力作了重新的界定,主要是提高了人力资本力。现在人力资本在企业中的权力和地位已经极大地增长和加强了。这种增长和加强的结果是产生了 CEO,即首席执行官。这个概念的产生其实已经明确地告诉大家,人力资本已经作为很重要的力量登上了历史舞台。CEO 不是总经理,也不是总裁。我们不能把首席执行官当成总经理或总裁,首席执行官的权力其实非常大,除了拥有总经理的全部权力以外,其权力中还有董事长的百分之四五十的权力。所以在 CEO 产生的条件下,董事会已成为小董事会,董事会不再对重大经营决策拍板,董事会的主要功能是选择、考评和制定以 CEO 为中心的管理层的薪酬制度。首席执行官实际上不是企业的出资人,实际上是人力资本,但是他对重大经营决策拍板。人力资本和董事会的功能也已经完全不一样了,董事会不再对重大经营决策拍板。这也减少了过去很多的矛盾。过去我们讲董事长对重大经营决策拍板,总经理就是对日常经营决策拍板,这实际上是两个人干同一类事,结果是功能不分,导致董事长和总经理经常对着干。现在董事会的功能主要是选择、考评和制定 CEO 为代表的管理层的薪酬制度,经营活动已交由 CEO 来独立进行,实现了功能性分工。

尤其是应该看到,CEO 的形成解决了董事会在经营方面的一个严重缺陷,即:在现代经济活动日益复杂的条件下,出资人往往没有能力判断企业的投资方向了,虽然有时董事会的经营决策的程序及法律规则是合理合法的,但仍然解决不了投资失误的问题,原因就是需要职业经理人来确定投资方向了,因而就必须将经营决策的所有权力交给CEO。完善董事会的决策程序只是手段,不是目的,目的是要防止经营失误,因而在董事会并没有能力保证投资决策正确的条件下,与其完善董事会,还不如将经营活动全部交给人力资本。

CEO在经营上的权力很大,谁在经营决策方面对CEO进行约束?约束的并不是董事会,而是企业中有一个类似于战略决策委员会的机构对CEO的经营决策等进行约束。战略决策委员会实际上是支持或者否定首席执行官经营决策的最主要的咨询机构。但是战略决策委员会的人员却恰恰大部分不是企业中的人,更不是企业的出资人,而主要是社会上在企业管理、经济学、法学及各种产业方面的知名人士,他们成了战略决策委员会的主要人员构成,这些人显然也不是出资人,而是属于人力资本范畴,由他们来支持或者否决首席执行官在经营方面的决定,表明人力资本的地位和作用大大地加强了。

与战略决策委员会相对应的还出现了一个独立董事制度。独立董事不是出资人,而且在企业中没有任何经济利益关系,企业充其量给一点"车马费",但是独立董事的投票权和出资人的投票权是一样重要的。独立董事往往是经济与法律等方面的权威人士,是人力资本,等于是从社会价值的方面来约束企业行为。

首席执行官、战略决策委员会、独立董事的产生就告诉我们,实际上人力资本的地位和作用已大大地加强了,等于人力资本控制了这个企业,而不是出资人。出资人的权利仅仅表现在产权的利益回报上,而不是其他方面。也就是说,人力资本在保证货币资本增值保值的条件下,可以独立地经营企业,并不是只有日常经营权。实际上标志着人力资本的地位和作用在极大地加强,也就是所谓的对人力资本的权利和地位的激励。

3. 企业文化的激励

对人力资本的激励,必然要包括在企业文化方面对人力资本的激励,企业文化方面的激励是激励机制的重要内容。企业文化是一种价值理念。它和社会道德是同一个范畴,它的产生是因为仅仅靠企业制度根本无法完全保证企业的快速发展。企业主要要靠制度约束人们的行为,但是企业制度也有失效的时候,制度失效了靠什么约束?靠企业文化的约束,因而企业文化作为企业的一个重要组成部分,不是可有可无的,而是必须要有的。我们的企业很难快速而高效的发展有好多原因,但其中一个很重要的问题就是因为我们没有发育相应的企业文化,没有正确评价自己的自我约束。

正是因为企业文化极为重要,所以国外企业在对人力资本的激励上把企业文化激励看得很重要,非常注重在企业文化上对人力资本的激励。也就是说,人们必须在思想上认同人力资本。正因为如此,所以在对人力资本进行企业文化方面的激励中,引起了国外企业文化内容的重大变化。比如说,现在国外企业文化变化很大的一个内容,就是强调等级制,认为强调等级是很重要的。为什么强调等级制呢?就是为了在企业文化方面激励人力资本。在强调等级制中,首先强调人的能力是有很大差异的,有的人非常能干,有的人能力就差一些,人的能力有差异导致了人在企业中的分工不同。就是说,人在企业中之所以有不同的分工,因为人的能力不同,这是由人的能力决定的。在承认能力大小不同及分工不同的基础上,西方企业文化特别强调:正因为人的能力不一样,分工不一样,所以人们在企业中的收益方式也不一样。有的人的收益是资本的收益,有人的收益就是劳动的收益。比如说,工人就是按劳动合同取得劳动收益,人力资本则是按资本获得资本收益。为什么收益方式不同呢?因为分工不一样。就是说,能力导致分工的差异,分工的差异导致收益方式的差异。在上述差异的基础上,西方企业文化往往都强调:正是由于能力不一样、分工不一样、收益方式不一样,所以人们的收益水平差距是很大的。差距很大是正常的,差距不大才是不正常的。上述以强调能力差异、分工差异、收入方式差异及收入水平差异为特征的企业文化是为谁服务的?显然是为人力资本的地位提高及发挥作用服务的。对人力资本人们在观念上首先得承认,人们不在理念上承认人力资本的地位和作用,不承认人力资本同其他人的这种差别、这种等级的不同,人力资本是不可能有应有的地位和作用的。由此可见,西方企业中企业文化所强调的内容,实际是对人力资本在企业文化方面的激励,这种激励导致了企业文化内容的重大调整。我们国家没有这种企业文化,其最后的结果就是一搞人力资本持股,就搞成新的"大锅饭",就是大家都要持股,即搞员工持股。因为人力资本在这里没有理念上的支持。所以中国企业在发展中经常出问题的一个重要原因,就是没有企业文化的配合。我们现在讲的企业文化还不是有利于人力资本发挥作用的企业文化。

三、人力资本的约束机制

约束机制大体上分为两个方面的内容,即内部约束和外部约束。

1. 内部约束

内部约束,即企业和人力资本之间的约束,就叫内部约束。这种内部约束在国际上看,主要是有五个方面的约束措施。

(1) 公司章程的约束。

人力资本到某个企业中来,第一道约束就是公司章程的约束,也就是任何人力资本在本公司工作就业,就必须遵守本公司章程。企业中的所有人都必须服务和服从于公司章程,因为公司章程是企业的宪法。

(2) 合同约束。

任何人力资本到企业中来就业,都必须要签订非常详尽的合同。这种合同对企业商业机密的保护、技术专利的保护、竞争力的保护都要体现出来。可见,首席执行官的权力虽然非常之大,但是企业会给他规定不少界限,让他在一定的范围内发挥作用,他不能损害他所在的企业的商业机密、技术专利及竞争力。

(3) 偏好约束。

所谓偏好约束,就是说,我要约束你,首先要考虑你的偏好。如果你是要实现自己的经营理念,而不是更多的钱,那就用是否给你授权来约束你。所以对人力资本的偏好要研究得非常细,但我们国家的企业不研究,似乎约束人力资本就是用经济利益约束。结果有人不需要钱,我们却想用钱约束,其结果是约束不了他。所以,你敢不敢雇某个人力资本,就要考虑他的偏好是什么,如果是想实现自己经营理念的这种人,那就要考虑他的经营理念与企业的经营理念是否一致,就要制定与此相关的约束。

(4) 激励中体现约束。

各种激励机制的本身,就体现了对你的约束。因此,国际上对人力资本的激励往往是实行期权,期权一般五年才能行权。很简单,你一年搞好了还不行,我虽然给你激励很高,但是五年都要搞好才能行权,这种激励本身就代表约束。而且,国际上给人力资本的岗位工资、期权、福利补贴、年终奖励等等的经济利益虽然很高,但是钱是不能马上都拿走的,例如年终奖当年只能动用30%左右,你今年搞得好可能是以危及企业明年的利益为代价的,例如今年完成指标了,但却损害了企业明年的利益,若年终奖当年可以全部拿走,你追求当年目标拿钱跑了,我企业明年怎么办。这就是一定要考虑我们的激励机制怎么体现约束,不能搞一种纯粹的激励,而是激励要体现约束。

(5)机构约束。

所谓机构约束,就是指非常注重完善企业的最高决策机构。把人力资本和企业之间的摩擦与矛盾,演化成人与机构之间的矛盾。不能把企业与人力资本之间的矛盾变成人与人之间的矛盾。就是说,不要演化成人和人之间的矛盾而是应表现为人和机构之间的摩擦。这样一来,对整个人力资本的约束就会产生很有效的约束。如果总是人与人之间的摩擦,这时候摩擦就很难使人力资本受到很正常的约束,因为人与人之间的约束带进个人的好恶,所以往往要把人与人之间的摩擦转化成人与机构之间的摩擦,这就要非常重视企业决策机构的完善。我们的企业往往是人治,一发生摩擦就是人和人的摩擦。

2. 外部约束

所谓外部约束,实际上就是社会约束,即社会要对人力资本形成一种约束,大致上有这样几个方面的内容。

(1)法律约束。

就是从法律方面对人力资本要形成约束,有关人力资本方面的法律,我们必须尽快建立,否则对人力资本约束就会很差。

(2)职业道德约束。

任何阶层都应该有自己的职业道德,人力资本也应该有道德的约束。如果我们再不建立起一种道德约束,有人完全可以为私利而把企业的商业机密卖掉。所以每个行业都应该有自己的职业道德。人力资本作为重要的社会阶层,应该有自己本身的职业道德。

(3)市场约束。

人力资本作为一种资本的流动要通过人力资本市场,市场对人力资本应该起到一个很重要的约束作用。我们没有一个完善的人力资本市场,而是把所有的劳动力都放在一个市场里,职业经理人市场应该是有准入流动规则的。国际上各种就业市场是分开的,比如劳务市场、人力资本市场都是分设的,并且各自都有自己的规则,是有制度的。在西方,人力资本市场上每个人力资本的整个档案记录都很齐全,规则也很明确,入市有标准,一个人力资本干的任何好事、坏事都有非常详细的记录,这种约束是很强大的。

(4) 社会团体约束。

所谓社会团体约束,就是指作为人力资本,应该有自己的民间团体组织,因为民间团体组织实际上是介于市场约束和法律约束之间的很重要的约束。这种民间团体往往是既维护自己本阶层的利益,同时也清理本阶层中的害群之马,不用政府去管它,它会自行解决自身的问题。

如果能够形成一个很好的相对应的约束机制和激励机制,形成一种约束机制和激励机制相辅相成的企业体制,就说明企业的治理结构进入了良性运转的开端。任何企业的治理结构最终都要归结到约束机制和激励机制如何相对应的状态上来。

第二节 管理制度体系设计

现代企业制度的重要特征之一是管理科学,即科学的、有序的、规范的企业管理。管理科学的企业制度的典型是公司管理制度,它既不同于西方传统的独资企业和合伙企业管理制度,又不同于我国计划经济条件下的工厂管理制度,具有自己的特征。公司管理制度是公司制度的重要组成部分,主要反映在公司经营管理的特征上,是以公司的现代经营观念和经营思想为指导的。

一、经营观念与管理制度

现代经营观念包括市场观念、创新观念、以"人"为中心的人力资源观念等。这些经营观念决定了公司经营管理的特征,如以顾客为中心的经营宗旨、产销结合的经营管理方式等。公司经营观念是无形的、思想形态的体系,它必须体现在经营管理的实践活动和具体操作上,否则,就会只是一种抽象的意识、空泛的议论,只说不做,则将一事无成。而要做,又要做得好,把想的、说的付诸实施,就必须有一套规范化、操作化的制度体系。观念只有转变成为制度,变为上至公司董事长、总经理,下至中层、基层管理人员乃至普通职工,都能清晰、切实感知、遵循的规定和约定,才能发挥指导、约束、规范公司及公司中每个群体和个人的行为,使之合乎经营的基本要求,共同实现企业经营的目的和目标;才能使公司经营行为摆脱因人事变迁,或某领导人一时的想法变化而变动不定的随意性、短期性,为经营事业的持久发展提供基本保障。

制度,从最一般的意义上讲,可以被理解为社会中组织群体和个人遵循的一套行为规则。在一个社会化的系统和机构中,人们的行为及其行为的结果都是社会性的,人们必须和其他人结成一定的关系来从事经济的、社会的、文化的活动。每个人行为的结果,不仅仅取决于他自己的行动,而且还取决于他人的行动,同样,每个人的行为不仅影响到自己,也会影响到他人。要使这种共同活动成为可能,并为参与活动的各方带来满足,就需要有约束和调整各方行为方式和关系的规则,这就是制度的最基本含义。公司管理制度就是有关约束和调整公司经营管理活动中,各种特定经营管理行为方式和关系的行为规则。这种规则可以是管理行为者在管理实践中逐步形成并一致认可的约定俗成的习惯,也可以是把这种约定俗成正式规定下来,见诸于文字的规章、范例等。从最广泛的意义上讲,经营观念,作为指导人们行为的规范,也是一种制度,是一种无形的制度。公司的管理制度就其内容来说是具体的、繁杂的,但其蕴含着并表现出某些一般的特征,这些特征反映了管理制度的实质、内在的规律性和相互之间的内在联系。公司管理制度的基本特征可以概括为四个方面:公司面向顾客;公司生产过程与流通过程的结合;公司外部环境与内部条件的结合;公司整体战略与具体战术的结合。

二、管理制度体系

公司经营是积极适应外部环境变化及其要求,确立公司的经营目的和经营观念,制定和调整公司目标和战略,进而建立起适应战略要求的组织结构和管理机构,并通过各职能领域的活动展开和落实实施战略,以实现公司目标和使命的系统活动过程。我们以这个思路来对公司管理制度及其体系进行分析和设计。

1. 公司经营目的、观念系统

它形成公司一切经营活动的最高行为规范,从这种意义上说,它也是一种制度安排,是公司管理制度的最高层次。

2. 公司目标与战略系统

公司目标与战略作为一种经营管理制度安排可以从两个角度考察和

认识。

（1）公司目标与战略应该被看作一种管理活动，它涉及制定、决定及组织实施战略方案（计划）等方面。战略所要发现和解决的问题是不确定的、例外性的、非程序性的；但战略作为一种管理活动，有其特定的职能内容、过程、步骤与方法，这方面则有规律可循，具有普遍意义。

（2）战略问题极其复杂，涉及多方面的知识、信息和资源，需要众多人员的参与和努力。战略决策与计划的有效性对公司来说是攸关生死的，为了有效地运用各方面的知识、经验、信息和资源，协调、集中众多参与战略职能活动的人员和部门的力量，提高战略管理的效率，制定出富有创造性的、积极适应环境变化的战略，有必要根据战略活动的内在规律性，形成一系列有关战略管理活动的规范，对公司战略职能的活动内容、原则、基本过程、步骤与方法以及所涉及部门、人员的职责分工与合作关系等予以明确，这就是战略管理（战略计划、控制）制度。有时，也许公司对战略管理活动并没作出明确的文字规定，但实践中形成了大家共同认可与遵循的惯例，这也是制度的一种存在形式。

战略制定过程是发现和解决战略问题的过程，它由三个主要阶段构成：

（1）辨别阶段。它包括弄清战略行动的必要性，对战略行动所针对的形势进行调整分析。

（2）制订阶段。管理者寻找和设计各种可供选择的方案以便深入进行分析。

（3）选择阶段。包括筛选、评价选择和批准。主要指运用判断和分析来确定方案，并由高层管理者和董事会对方案加以认可。

战略形成过程由以下步骤构成：

（1）分析评价环境的威胁和机会、限制和益处，鉴别各利益相关集团及其愿望，预测未来发展的方向和速度。

（2）分析评价公司的资源实力、相对优势和特有能力及其弱点，包括营销、生产作业、财务、管理和技术能力等方面的评价。

（3）确定使命与目标，在对环境和组织做出评价后，公司管理者可以决定是维持还是改变或调整公司的使命和经营方向，确定公司战略目标。

（4）形成战略方案。将环境中的社会、竞争、未来发展方面的可能性和威胁与公司的相对优势、弱点联系起来进行比较分析，形成多种战略方案。

（5）选择战略方案。以管理标准对风险和期望的评价等为根据做出选择。

（6）实施战略的安排。包括组织设计,组织内各部门和各层次战略的制定,建立领导与激励体系,制定控制标准等。

（7）形成评价与控制系统,对执行情况进行审查与评价。

一个好的公司战略大致应符合以下标准：

（1）有清晰、明确的目标,以保证在战略实施期间,在选择战术上的连续性和内聚性,使公司所有努力都直接转向明确而为人们所理解的总体目标。

（2）保持主动精神。战略应有创造力,在经营领域里起领先作用,而不应仅限于对外部环境做出被动反应。

（3）集中性。将资源集中运用于发挥自己优势的时机和地点,形成一定的力量。

（4）灵活性。战略的制定应能保证资源分配的灵活性,使公司具有良好的储备能力、计划的机动能力,以及在更换产品或市场地位时的较低转换成本。

（5）协调性。公司高层管理能通过战略的制定和实施,很好地协调公司的各种目标和行为,保证公司获得最大效益。

（6）安全性。战略应能保证企业的资产能在安全的条件下运营。

3. 公司组织系统

公司战略必须通过组织机构去贯彻实施,如果没有适应战略要求的有效组织结构作为支撑,企业的任何战略都将不可能得到有效的实施,真正获得经济效益,而只能导致平庸的甚至失败的结局。公司适应外部环境的变化制订相应的战略,战略的调整和改变,意味着公司的任务与政策发生了变化,为完成任务和贯彻政策所需要的职能活动的内容、性质、各项职能在战略实施中的相对地位,以及相互之间的关系也随之发生变化。公司必须根据战略的要求调整原有的组织结构,重新进行职能的划分与有机组合,设定组织的职责权限系统,建立新的沟通渠道,明确组织内各部门、各层次间的相互关系以及协调方式等,这一切形成公司内部管理中组织行为的规范,即公司内部的组织管理制度。

4. 公司经营业务职能系统

公司经营目标与战略归根到底要通过各种具体业务活动来实现。公司经营职能活动的内容极为繁杂,且在不同战略下,经营的工作任务和职能活动具体内容亦不同,但以战略目标为基础,以产出为中心,将公司的职能进行综合分类,可概括为五大基本职能领域,即市场营销、生产制造、研究开发、人事、财务。这五大职能领域包容了公司主要的经营业务职能。公司管理层通过对这五项职能领域活动的计划、组织、指挥与控制,并把它们有机地组合起来,就可以把握日常经营的全局,保证战略的有效实施和经营目标的实现。

在大型的、多种经营的公司中,公司总部通常只保留资源的获得与分配、研究开发和关键的人力资源开发与管理等职能,各经营分部具有市场营销、生产制造职能乃至研究开发、财务、人事等职能。但公司总部必须通过公司整体战略及各层次战略的衔接,对各经营分部的职能活动进行指导和某种程度的约束和控制。各职能领域的计划、组织、指挥、控制等管理活动,同样有其特定的内容、原则、程序和方法,将职能领域的管理行为规范化,形成关于日常经营管理制度,这是公司经营管理制度的主要内容,也就是公司管理制度的内涵与外延。这些制度代表着全部职能领域管理工作的观念、政策、内容、方法和操作程序。

公司的业务职能系统是一个对外部环境(具体说是顾客,也要考虑竞争者)变化以及内部各个子系统的变化作出反应的动态平衡系统。

职能领域以满足顾客需要为中心分工协作,互相配合,形成一体化的系统,它们相互之间有着密切的关系,其管理的制度也相互影响、相互作用。比如,资本的获得和资本的利用方式对于生产、营销和科研开发过程有着影响;支配约束营销职能的政策与制度以及支配约束生产职能的政策与制度之间有密切关系,制定良好和正确执行的人事政策与制度,既应满足以上职能的要求,同时又对所有其他职能发生影响。这就是说,各职能领域的管理制度要能够有效地发挥作用,取得良好效能,就必须形成一个有机协调的体系。

就各个职能领域内部考察,其各项制度同样是相互联系、相互作用的。比如,人员的考核评价必须与人员的选拔、提升、配置、培训以及工资报酬结合起来,工资报酬制度必须与组织对人力资源的要求及激励、开发的其他制度相适应。因此,职能领域内部的各项管理制度也必须互相协调,实现一体化。

公司的管理制度是一个由许多子系统和因素构成的多层次、多元化的系统。这个系统的优劣和整体效能的高低,取决于它与外部环境的协调以及它自身的一体化的程度;系统中每一项制度的优劣及效能的高低,也不仅仅取决于它自身的特点,而且取决于它与整个制度体系的有机协调。作为公司的管理者,应从公司整体经营与外部环境的协调着眼,以公司的目的、目标、战略为基础和依据,综合考虑战略结构、职能之间、职能领域相互之间以及职能内部各管理因素之间的相互关系,将各方面、各层次的制度进行一体化设计,拟定一整套相互协调、整体优化的制度。

三、管理制度的变革和调整

公司管理制度并不是一成不变的,而是不断适应公司经营的内外环境及有关因素的变化而作出调整。影响公司管理制度变化的原因很多。其中主要的因素有以下四个方面。

1. 有关公司经营管理的知识和观念的更新

经营管理的新知识、新概念的提出,会给建立形成新的更加有效的管理制度提供有益的思路和框架。如公司战略理论的提出及其研究的进展,就对公司战略的构成要素和战略形成的过程与步骤、战略决策的方法、不同层次战略的相互关系等问题作了系统的分析与概括,形成理论框架,成为公司建立战略计划与管理制度体系的重要依据。新观念的确立则会广泛影响到具体管理行为规范,如以人力资源开发的观念代替传统的人事管理观念,必然引起人事管理职能范围、内容、侧重点的变化。不仅原有的制度要调整,如人事考核与评价、工资奖酬制度、培训制度等,而且会形成一些新制度,如工作轮换、职业生涯开发与管理等,制度必须要适应和体现经营观念。

2. 目标和战略的调整

人们在执行战略时需要按一套规则行事,当目标、战略调整和改变之后,原有的行为规则中的某些部分会变得不适应战略的要求,不能有效推动战略的实施,甚至成为实施战略的障碍,对这部分制度或者要废除,或者要修改,在破旧的同时还要立新。战略变化引起管理制度的变化主要来自两个方面:

(1) 产品或服务的经营领域以及市场范围发生变化。不同的产品或服务的经营业务在生产方式、规模、工程技术等方面具有不同的经济技术特点,因而所采用的计划、组织、指挥和控制的管理方法也应不同;不同的市场要求采取不同的市场营销组合,其营销管理的方式与方法也应随之改变。

（2）实现战略目标所采取的战略行动变化，也会引起管理的一系列变化。如某公司的经营目标是为顾客提供优质服务，以此获得差别优势，扩大销售，提高市场占有率。所采用的方法是：雇用更多的推销员；为推销员提供更详细的市场信息，以利于更有效地做好推销工作；同时还要求推销员注意收集信息，为生产提供依据，生产部门要根据市场信息，按顾客要求及时组织生产。为执行这一战略行动，推销员提供信息的详细程度要改变，提供信息的方法要改变，公司的信息管理系统要改变；生产计划、运输方面、供货方式等都要进行调整，以适应顾客的要求；人员的评价、激励和培训制度也都必须支持上述的改变。

3. 公司内外部相关的技术进步及经济或社会的创新

新工艺、新技术有些为公司发展新的产品和服务业务提供手段；有些形成新的资源转换方式，如大量流水线生产技术、混合流水线生产技术等；还有些直接为管理提供更有效的手段，如电子计算机等。这一切都会引起管理的内容、方式和方法的变化，从而引起管理制度的变化。经济或社会方面的创新也有同样的作用，如分期付款购买，会引起公司营销、财务领域多种活动的变化。

4. 某方面制度的变化

公司管理制度是一个结构体系，管理制度的实施彼此依存，某项特定管理制度的变化，要求其他相关管理制度也要作相应的调整。

公司的经营观念、经营战略从一般意义上讲都是适应外部环境的变化而变化的，因此，所有影响公司经营观念和经营战略的因素，都直接或间接地影响公司的管理制度。

总之，公司的管理制度应该主动适应外部环境和内部条件的变化进行修订、补充和创新，需要我们加强对公司内外环境的调查研究，主动寻求变化，方能立于不败之地。

（1）公司对外部环境的调查研究，是公司经营不可缺少的活动内容和职能，而公司创造性地适应其不断变化的外部环境，则在一定意义上可以说是公司经营的实质。

任何公司的经营活动都是在不断变化的复杂环境中进行的。环境是公司赖以生存与发展的条件，又是公司经营活动的限制因素，它既会对公司产生威胁,又会给公司带来机会。特别是在现代商品经济条件下,生产社会化程度高,市场变化迅速,竞争日趋激烈,环境状况及其发展变化对公司经营的影响越来越直接、复杂和重大。因此,公司必须经常地系统地分析、研究和把握经营环境状况及其发展趋势,搞清其对企业经营的影响,并采取措施,积极适应环境,才能争取主动,为企业的生存、发展和健康成长提供保证。公司的外部环境是指由影响公司经营活动的一切外部因素构成的大环境,而这个大环境又是由许多具体的小环境组成的。这些具体的小环境,包括影响公司经营活动的自然物质环境、政治法律环境、社会文化环境(包括人口环境)、科技环境、宏观经济环境和微观经济环境。各种小环境内部又包括若干因素。各个小环境、各种因素都会对公司经营产生影响,发挥作用。因此,公司必须对其经营环境进行全面研究,弄清有关环境的变化及其对自己的影响。但即使是同一环境,其不同因素对企业经营的影响程度也是不同的,因此,公司在环境研究中,在对环境一般了解的基础上,对重大影响因素进行深入细致的重点研究。对于重大因素的判断,并没有统一标准,它取决于公司经营的具体条件。一般来说,市场(顾客)和竞争者是企业微观经济环境中最重要的因素,也是环境研究中最关键的内容。公司对环境的研究既包括对其过去和现在状况的调查分析,也包括对其未来发展的预测。对环境的历史分析,是为了从过去的经验中寻找某环境因素发展变化的规律性,以便为对未来的预测提供依据。对环境现状的分析,一方面要了解环境发生的变化及对公司产生的影响;另一方面要预测环境变化的发展趋势,并推测这种趋势对公司经营会产生什么影响。公司对环境的研究要注意区分环境变化及其影响的长期性和短期性,以便采取不同的对策。

环境因素对公司经营的影响是多方面的,但可以概括为以下四种:条件、限制、机会、威胁。某些环境因素可以为公司经营提供条件,比如公共基础设施、自然资源、劳动力资源等。某些环境因素又会对公司经营活动构成约束,比如政府颁布的有关公司经营活动的法令法规。在有些情况下,提供条件的环境因素同时也就包含着某种限制,比如某地基础设施的健全程度、劳动力资源的素质等都是如此。此外,一些环境因素还会对经营提出需求,这种需求就会形成某种市场机会。而当某些环境因素的变化打破原有的经营平衡,对公司经营造成某种不利的冲击时,就构成威胁。有时同一种环境因素可能既包含着威胁,又孕育着机会。例如,国际标准规定飞机噪音必须有一定的控制标准,这种环境变化对各航空公司就造成威胁,因为噪音大的飞机将要被淘汰。而对飞机制造公司来说,这个标准既是一种环境威胁(因为它们的老产品要被淘汰,将会失去市场),又包含着市场机会(因为航空公司必然要更新客机,从而形成对噪音小的客机的新需求)。消费者需求观念的变化、相关科学技术的发展等都会带来这种双重的影响。因此,公司进行环境研究的任务就是要搞清各种环境因素的状况及其变化对公司产生的影响,以便公司争取利用环境提供的条件和机会,尽量克服环境造成的约束和威胁。

公司对环境的研究,不仅是为了了解环境,而且更重要的在于适应环境。公司对环境的适应,不仅表现在利用条件、机会,克服约束和威胁方面,而且,公司也可以通过自己的经营活动,影响、改变甚至消除某些对公司不利的环境因素。也就是说,公司不应仅仅消极被动地顺从和适应外部经营环境,而应当采取措施,积极主动地适应和影响环境。

(2) 公司经营不仅要研究公司的外部环境,而且要分析公司的内部条件。公司内部条件既包括人、财、物等有形资产,又包括专利、商标等无形资产,而且,还包括公司的计划、组织等管理要素。公司进行内部条件的分析研究一是要搞清公司内部各种资源条件的现状和潜力,二是要找出公司的优势和劣势,三是要明确造成劣势的原因。对公司内部条件的分析研究,是为了更有效地运用与协调公司的能力、挖掘公司的潜在能力,以及提高公司的能力,使公司的内部条件适合经营的要求。

还需要指出的是,管理制度不能仅仅被看做是一件规定下来、公开宣布的规范,而且还必须是能够得到执行的规范。因此,它必须得到受制度规范所约束的人们的理解和认同。公司在进行管理制度的调整与革新时,应同时考虑采取有效的措施,使人们了解、理解和有效地执行新的规范。

第三节 企业组织制度设计

这一节中我们将重点讨论组织制度设计的三个重要环节,也是影响其效果的关键要素。

一、部门化

部门化是指将工作和人员编组成可以管理的单位,这通常是建立企业组织结构的第一步。在各个组织中,甚至在组织的不同层次上,都需要进行部门化的工作。通过划分部门而建立的许多单位联合组成了企业的总体结构。划分部门的目的在于确定企业中各项任务的分配与责任的归属,以求合理分工、职责分明,有效达到企业目标。

1. 划分部门的方法

(1) 按人数划分。

简单地按照人数的多少来划分部门,即抽取一定数量的人在主管人员的指挥下去执行一定的任务。这种方法可以说是一种最原始、最简单的划分方法。此法在现代高度专业化的社会中有逐渐被淘汰的趋势。当然,这种方法仍有一定的用途,特别是在企业组织结构的最低基层划分部门时。例如,对某些企业基层执行同样任务的几十人、上百人的工作群体,可以按几人、十几人一组划分为多个小组,以便于管理。

(2) 按时序划分。

按时序划分是指按照员工进行工作的时间次序的分段来划分部门。这种方法通常用于较低组织层次的部门划分,它是在正常的工作日不能满足工作需要时所采取的一种划分方法。例如,一天工作16~24小时的工厂,可建立2~3个不同的班次轮番作业,而每一个班次都是一个相对独立的管理单位。

(3) 按职能划分。

这种方法是根据生产专业化原则,以工作或任务的性质为基础来划分部门的。按职能划分部门是企业组织广泛采用的一种方法,几乎所有企业组织结构的某些层次都存在职能部门的形式。企业的基本职能包括生产(创造或增加产品和服务的效益)、销售(以某种价格把产品或服务出售给顾客)和财务(企业资金的收支和运用),还包括辅助职能,如人事职能等,对组织基本职能起到支持和补充的作用。当按基本职能划分的部门处于组织结构的首要一级时,在每个职能部门之内一般还需要进一步细分,形成所谓的派生职能部门。这种细分的前提是基本职能部门的主管人员管理幅度太大而不能保证有效的管理,因而这时才需要建立派生的职能部门。

(4) 按产品划分。

按产品划分是指按产品和产品系列来组织业务活动的一种方法。拥有不同产品系列的公司常常根据产品建立管理单位。采取这种形式的公司最初多是按企业职能进行组织分工。然而,随着公司产品品种的增加和经营规模的扩大,管理工作日益复杂,这就有必要按产品分工对企业进行改组,由高层管理者授予一位部门管理人员在某一产品或产品系列的制造、销售、服务等方面的职能。这种按产品划分部门的方法一般能够发挥个人的技能和专长,发挥专用设备的效率。例如,当企业某种产品的潜在需求量足够时,就可以指定专业人才销售这种产品,这个人对这种产品非常熟悉,有利于促进该产品的销售。如果一种产品或与之密切相关产品的产量很大,足以全部利用某种专门设备,这时按产品划分部门,就能在制造、装配、搬运等方面取得明显效益。按产品划分部门还能使各部门的主管人员把注意力集中在产品上,这对产品的改进和发展是十分重要的。而对高层主管而言,这种方法则有助于增加企业产品和服务的项目,并使之多样化。另外,把与某产品密切相关的职能集中在一个产品部门中,也有利于各职能相互之间更好地协调。但是,这种方法要求更多的人具有全面管理的能力;同时,各产品部门的独立性比较强而整体性比较差,往往难以维持集中的经济服务,这就加重了主管部门在协调和控制方面的困难。

(5) 按顾客划分。

按顾客划分是指根据顾客需要的不同类型来划分部门。例如,一个制造计算机配件的工业公司可以把推销人员分成两部分:一部分负责向计算机制造厂商进行销售;另一部分则负责对零配件市场的销售。在各种企业中,特别是在那些需要直接面对大量顾客的企业或部门中,为满足不同顾客利益而设置部门或分部门的组织活动十分普遍。这种方法,最大的优点就是能够满足各类顾客的不同需要。但是,这种方法也是有缺点,如按照这种方法组织起来的部门常常要求给予特殊的照顾,从而使这些部门与按照其他方法划分的部门之间的协调发生困难。此外,由于顾客类型和需求的不稳定性,这种方法有可能使专业人员和设备得不到充分的利用。

(6) 按地区划分。

按地区划分是指按照企业在地域上的分布来划分部门。这样划分部门的企业将一个特定的地区或地域的经营活动集中在一起,委托给一个管理人员负责。其目的是为了调动各个地区的积极性,取得地方化经营的优势效益。按地区划分部门的主要理由是地区差异和交通不便。也就是说,这种划分方法特别适用于大规模的公司或者业务工作在地理位置上分散的某些公司。地区部门能够更好地适应各地区的政治、经济、文化等因素,能同地区的利益集团和顾客更好地、面对面地直接联系,并且有利于改善地区内的协调,取得较好的地区经营的经济利益。但是,按地区划分部门需要更多的具有全面管理能力的经理人员,如果缺少这类人员往往会限制企业的发展;而且地区之间往往不易协调,加重了公司总部在协调控制方面的困难,也使企业集中的经济服务工作不容易进行。

(7) 按工艺流程划分。

按工艺流程划分是指按照生产一种产品的过程和设备进行部门的划分。这种方法是制造业公司在工厂一级划分部门时常用的方法。这种划分方法的优点在于,能够经济地使用设备,充分发挥设备的效益,使设备的维修、保管以及材料供应等更为方便,同时也为发挥专业技术人员的特长以及为上级主管的监督管理提供了方便。

除此以外,还有一些其他方法,如按市场销售渠道划分、按字母或数字的顺序划分。

2. 设计组织的横向结构

即划分各层次的业务部门,是为保证组织目标的实现而对业务工作进行安排的一种手段。部门化本身不是目的,而仅仅是达到目的的一种手段。每种部门化方法都有其优缺点,所以在实际的运用中,每个组织都应根据自己的特定条件,选择能取得最佳效果的划分方法。应该指出的是,划分方法的选择不是唯一的,并不一定要求各个层次的业务部门整齐划一。在很多的情况下,常常采用混合的方法来划分部门,即在一个组织内或同一组织层次上采用两种或两种以上的划分方法。现实中并不存在最好的部门划分模式,也没有能够确定最佳部门化模式的固定规则。但是,在选择最适宜的部门化模式时,确实需要一些有用的指导性原则。

(1) 充分运用专业化的优点,进行合理的分工。但是,也不能过分强调专业化部门,使其无限制地增多。一般来说,部门越多,费用越高,而且部门的增多会使组织的协调手段更为复杂,协调的费用更为昂贵。组织结构要求精简,部门必须力求量少,但这也要以保证实现组织目标为前提。

(2) 力求管理与协调的便利。例如,制造业企业的装配部门,根据需要可以设在销售部门之下。百货公司中某一商品的进货与销售也不妨由一位主管来负责,使得满足顾客需要与进货能随时统一起来。

(3) 保持各部门之间的平衡。企业组织中各部门职务的指派应达到平衡,避免忙闲不均、工作量分摊不均。有相互制约关系的部门应该分设,如检查职务就要与业务部门分开,这样就可以避免检查人员的偏袒,真正发挥检查的作用。

(4) 对部门化工作保持足够的重视,随业务的需要而及时增减。在一定时期划分的部门,没有永久性的"商标",其增设和撤销应随业务工作而定。

二、管理幅度的确定

一旦确定了如何进行部门化即组织结构的横向设计,就立即会产生组织结构的纵向设计问题,也就是管理幅度和组织层次的确定。企业管理人员管理幅度的大小对组织层次的多少有着直接的影响,而组织层次的多少又直接决定着企业组织的运行效率。管理幅度是指管理者所管辖的下属人员或部门的数目,人的管理幅度是有限的,有效的管理幅度要取决于各种影响因素。当管理幅度以算术级数增加时,管理者和下属之间可能存在的关系却是以几何级数增加。管理较多的下属人员会使管理工作复杂化,而个人的工作能力则是有限的,因而有必要确定合理有效的管理幅度。这也是企业组织结构设计的一项重要内容。

决定管理幅度宽窄的各种因素集中体现为上下级关系的复杂程度。上下级关系越复杂,管理幅度就应该越窄;反之,上下级关系越简单,管理幅度就越大。具体来说,公司对管理幅度的决定,一般应当考虑以下几方面因素:

(1) 工作性质。公司在决定管理幅度时,要分析工作性质的差异,包括工作的重要性、工作的变化性以及下属人员工作的相似性。如果工作很重要,管理幅度应当窄些,而对于不太重要的工作,管理幅度则可以宽些;如果属于复杂、多变、富于创造性的工作,管理幅度窄些为好,而对于例行性的工作,即经常重复要做的工作和较为稳定、变化不大的工作,管理幅度则可以宽些;如果下属人员的工作具有相似性,管理幅度可以宽些,而对于下属人员的非相似的工作,则管理幅度应当窄些。

(2) 工作能力。公司人员的工作能力,包括领导人员和下属人员的工作能力,对管理幅度也有一定的影响。如果领导人员经验丰富、精力充沛、工作能力强,能够承担较重的工作任务,那么管理幅度就可以宽些;反之,如果领导人员的工作能力较弱,管理幅度则应当窄些。如果下属人员的素质较高、工作能力强,无须上级严密的指导和监督,管理幅度就应当宽些;反之,下属人员的工作能力弱,管理幅度则应当窄些。

（3）授权程度。上级对下级授权的多少也是影响管理幅度的因素之一。如果公司在管理工作中更多地采用授权的方法,即把工作权限较多地授给下属人员,由下属人员独立地去完成任务,那么管理幅度可以宽些;反之,授权较少,下属人员无权行使职责,遇事要向上级请示汇报,这样有利于加强控制,但管理幅度就应窄些。显然,授权的合理与否也决定着管理幅度的合理与否。只有上级主管人员对下属合理授权,使其职责明确、权责一致,才能既发挥下属的积极性与创造性,又不至于无法管理,偏离组织目标。

（4）协调控制。管理幅度的宽窄要受上级对下级协调控制的明确性和难易程度的制约。如果公司的协调控制体系比较完善,事先制定有明确的工作目标和工作计划,事中和事后有严格的检查制度和调整手段,就可以有效地控制各项工作的运转,减少领导人员花费的时间及精力,那么管理幅度可以宽些;反之,公司的监督系统不健全,遇到问题都得领导人出面解决,或者工作监督的难度较大,需要加强领导的力度,那么管理幅度就应窄些。

（5）空间分布。随着市场经济的发展,企业的规模和市场范围日益扩大,在空间分布上也呈现出不断发散的趋势。在目前的技术条件下,下属单位和人员不在同一地区,会增加上级管理工作的难度和复杂性。因此,在设计管理幅度时,还必须考虑下属单位或人员在空间分布上的相似性。特别是对那些地区性公司、全国性公司和跨国公司来说,这一点尤为重要。一般下属空间分布的相似性小,即相互之间的距离远,社会经济文化环境差异大,管理幅度就不宜过宽;反之,下属空间分布的相似性大,则有利于管理幅度的扩大。但我们也应注意到,随着信息技术的迅猛发展,上下级之间可以借助于现代通讯手段保持密切联系,及时有效地解决有关问题,大大减小了跨地区管理的难度,这也为拓宽管理幅度提供了条件。

除了以上几点外,还有其他一些因素。广义地说,凡是影响上下级之间关系的因素都会对管理幅度产生作用。各种因素在不同企业、不同时期的影响力是有很大不同的,在设计管理幅度时,必须进行具体的分析。

三、组织层次及其设计

组织层次是组织内纵向管理系统所划分的等级。由于企业的最高管理者所能直接管理的事情有一定的限度,在企业组织中必然导致组织层次的产生。组织层次的设计也是合理设计企业组织结构的基本任务之一。

1. 组织层次的基本分工

企业内部的组织层次,实际上又是垂直的组织分工,部门化并不是企业内部唯一的组织分工。部门分工与层次分工分别属于企业组织分工的两个不同侧面。组织层次的分工,着重表现出在一定限度内自上而下地行使权力、利用资源以及明确管理职能的过程。组织中各个层次都承担着一定的管理职能,但是由于组织层次的不同,各个层次管理者职能的重点有所不同。这里我们把组织层次大致分为基层、中层和高层来说明。

基层组织的管理者主要是承担控制职能。具体来说,就是依据企业确定的计划任务及组织目标,在上一层管理者的指挥下,分配生产任务,安排作业进度,协调下属人员的业务工作。

中层组织的管理者主要是起着承上启下的职能作用,负责把企业总任务转化为本层次的具体计划,安排本层次的职权关系,传达并执行高层组织管理者的决定,衡量和控制基层组织的工作绩效。中层组织的管理者,既管理管理者,又是被管理者。他们还存在着平行的专业分工。每个管理者都要完成各自分管的任务,而这些任务又是平行地相互联系着的一系列活动。

高层组织的管理者主要是起着决策性的职能作用,特别重要的是提出企业总任务,制定企业发展规划,决定企业组织结构的总框架。因为高层组织的管理者可以通过中层组织的管理者来协调整个企业组织的大量具体业务活动,所以他们的主要精力是集中在研究有关企业整体战略的重要决策上。

2. 组织层次与管理幅度的关系

管理幅度是影响组织层次最主要的因素。一般来说,管理幅度与组织层次成反比例关系。在下属人员全部数量相同的情况下,如果管理幅度宽些,那么组织层次就减少;如果管理幅度窄些,组织层次则会增多。因此,减少组织层次,就要求扩大管理幅度的宽度;增加组织层次,就会使管理幅度变得窄些。一般地,越往上层,决策性和组织性的工作多,管理幅度就应小一些;越往下层,执行性和日常性的工作越多,管理幅度就应大些。

3. 组织层次的影响因素

既然管理幅度是影响组织层次的重要因素,那么影响管理幅度的因素也

会影响到组织层次。此外,从组织整体的角度来看,还必须考虑到以下几方面因素:

(1) 组织规模。在生产规模大、技术复杂的大型企业中,由于管理业务的复杂性,企业纵向职能分工应细一些,组织层次要多一些。例如,实行分散经营的大公司,总公司和分公司无疑是两个大的管理层次,总公司又包括由主要领导组成的战略决策层和由高层职能部门组成的专业管理层,分公司则包括经营决策层、专业管理层和作业管理层,总共五个组织层次;反之,如果企业的规模较小、技术简单,就可实行集中管理,通常只要设置经营决策层、专业管理层和作业管理层三个层次就可以了。

(2) 内部沟通。各个层次之间的信息沟通是组织运行所必不可少的。如果企业内部的信息沟通有效程度高,便可以缩短企业上下的距离,使企业最高层领导能够迅速而有效地获取来自基层的各种信息,也使企业基层组织能够准确快速地获得来自高层的各种信息,这样自然就可以减少组织层次。

(3) 组织变革。组织不是一成不变的,必须根据内外部条件进行适时的变革。变革速度慢,即企业的内部政策和各项措施比较稳定,组织成员对此也较为熟悉,能够妥善处理各类问题,因此企业只要设置较少的组织层次就行了;反之,如果组织变革的速度快、频率高,政策措施经常变动,就需要加强管理工作,导致组织层次的增加。

(4) 组织效率。达到较高的组织效率是组织工作的目标。如果组织层次太少,使管理者下属人数超过其有效管理幅度,就必然降低组织效率;反之,如果组织层次过多,工作的复杂性和费用将大大增加,也会降低组织效率。所以,组织层次的多少要以提高组织效率为目标来确定。

四、高层结构和扁平结构

管理幅度与管理层次分别从横向与纵向反映了企业组织结构的数量特征。由于两者之间存在的反比例关系,便产生了两种典型的组织结构:高层结构形式,即管理层次较多,而管理幅度较小,也称为"宝塔形"结构;扁平结构形式,管理层次较少,而管理幅度较大。两种结构各有其优缺点。

1. 高层结构的优缺点

在早期的管理组织结构中,通常管理幅度较窄而管理层次较多。这种结构与当时相对不发达的生产力水平相适应,对现代企业的发展起到了积极的作用,但随着社会经济的发展,它也逐渐暴露出一些缺点。

具体来说,高层结构具有以下优点:

(1) 主管人员的分工明确,管理幅度较小,能够有充足的时间和精力,对下属进行面对面的、深入具体的领导,便于严格控制。

(2) 由于主管人员的管理幅度较小,因而一般不需要设副职或助手,有利于明确领导关系,建立严格的责任制,避免职务不清和多头指挥。

(3) 主管人员和人数较少的下属所形成的集体规模较小,易于保持团结和协调一致,每个成员有更多的机会参与决策,更好地了解集体的目标。

(4) 因为组织层次较多,各级主管职务也相应较多,从而能为下属提供更多的晋升机会,有利于满足他们的成就感,促使其积极努力工作,提高自身素质。

不过,高层结构由于层次相对多,也存在下列缺点:

(1) 由于层次较多,需要配备较多的管理人员和作业人员,加之层次间和部门间不可缺少的协调工作,造成管理费用较高。组织层次越多,各项管理费用的支出就越多。

(2) 组织信息的上传下达要经过多个层次的层层传递,速度缓慢,并且会遇到障碍,容易发生遗漏、误解和偏差,使基层人员难以准确了解组织目标和任务,高层人员也不易把握基层的真实情况。

(3) 由于组织层次较多,最高领导层明确、完整的计划经过自上而下层层分解细化,有可能失去原有的明确性和协调性,甚至出现层层加码或层层折扣的现象,从而增加了组织内计划和控制工作的复杂性和难度,削弱了对实施计划的控制。

(4) 主管人员和下属所构成的群体较小,可资利用的各种专门人才不一定齐全,遇到复杂任务,有可能难以胜任。

总之,在合理的界限内,高层结构能迅速有效地解决问题,保证领导的有效性。但当组织层次过多时,它的缺点会十分突出,以致压倒其优点。

2. 扁平结构的优缺点

扁平结构出现较晚,也有人将高层结构划入传统组织设计,而将扁平结构划为现代组织设计。扁平结构是与现代社会经济技术条件相适应的。随着管理组织不断革新和发展,采用管理幅度较宽而管理层次较少的扁平结构的企业越来越多。但这并不表明扁平结构是十全十美的,是适用于所有企业的。

扁平结构有以下优点:

(1) 同高层结构相比,扁平结构由于管理层次相对地少,所以信息传递速度快、失真少,并且便于高层领导了解基层情况,有利于避免不明下情、办事迟缓等官僚主义现象发生。

(2) 由于组织层次少,所需配备的人员和办公条件也较少,从而能节省管理费用。

(3) 主管人员与下属能够结成较大的集体,集体成员多,有利于解决较复杂的问题。

(4) 主管人员领导较多的下属,工作负担重,因而需要向下授权,让下级享有更充分的职权,各自独当一面,这不仅能激发下级的干劲,而且有利于他们在实践中磨炼,提高管理能力。

扁平结构也存在不可避免的缺点:

(1) 领导人员的管理幅度大,负荷重,精力分散,难以对下级进行深入具体的领导。

(2) 对领导人员的素质要求高,而且管理幅度越大,要求就越严格、越全面,当缺乏这样的干部时,只得配备副职从旁协助,这样容易使正副职之间的职责划分不清,还可能产生种种不协调的现象。

(3) 主管人员与下属结成较大的集体,固然有利于承担复杂任务,但随着集体规模的扩大,协调和取得一致意见就会变得更加困难。

3. 两者的比较和选用

从以上对高层结构和扁平结构的优缺点分析可以看出,这两种结构形式各有千秋,对它们的评价不能绝对化。关键是要根据企业的具体条件,选用适宜的结构形式,才能扬长避短,取得良好效果。不能因为扁平结构属于现代组织设计,就以为只有扁平结构才符合现代企业组织的要求。事实上,脱离了具体条件,就根本无法判断这两种结构孰优孰劣。

一般来说,采用高层形式的适用条件是:企业人员素质(包括上级领导和下属的素质)不很高,管理工作较为复杂、许多问题的处理不易标准化或者管理基础差、实现日常管理工作科学化与规范化尚需长时间的努力,生产的机械化、自动化水平不高。如果企业的具体条件与此相反,则采用扁平结构形式比较适宜。现代企业,特别是一些发达国家的企业,经过长期的发展,已经拥有了先进的技术的设备,形成了较为完善的管理制度,并且积累和培养了一批较高素质的员工,具备了采用扁平结构的条件。同时,由于世界经济一体化和市场竞争的日益激烈,企业所面对的外部条件复杂多变,要求企业具有更大的灵活性和适应性,促使企业寻求相应的组织结构形式,而扁平结构正具有这样的特点,这也就是为什么越来越多的企业的组织结构向扁平化发展的原因。

本 章 小 结

本章着重讲述了企业制度体系的建立问题。上一章指出企业制度的基本内容有三个:一是企业的产权制度;二是企业的组织制度;三是企业的管理制度。本章首先引入了企业治理结构的概念,即企业的产权制度。企业治理结构就是指界定企业中最主要的利益主体之间相互关系的有关制度。企业治理结构的内容,已经从过去主要是界定所有者与经营者的相互关系,而转向了现在主要是界定货币资本与人力资本的相互关系。现在的治理结构实际上就是主要围绕人力资本作用的发挥和控制来安排组织制度。也就是说,现在谈治理结构的时候,实际上核心问题是谈对人力资本的激励问题和约束问题。企业人力资本激励机制主要包括三个方面的内容:(1)对人力资本的经济利益激励;(2)权利与地位的激励;(3)企业文化的激励。约束机制大体上分为两个方面的内容,即内部约束和外部约束。企业和人力资本之间的约束,就叫内部约束。这种内部约束在国际上看,主要是有五个方面的约束措施:公司章程的约束、合同约束、偏好约束、激励中体现约束和机构约束。所谓外部约束,实际上就是社会约束,即社会要对人力资本形成一种约束,大致上有这样几个方面的内容:法律约束、职业道德约束、市场约束和社会团体约束。本章随后又对企业的管理制度和组织制度的建立进行了详细的论述。

思考与讨论

1. 什么是企业治理结构？企业治理结构包括哪些内容？
2. 如何建立人力资本的激励机制？在新的法人治理结构中，人力资本激励机制的建立起了哪些作用？
3. 如何建立人力资本的约束机制？人力资本的约束机制包括哪些内容？
4. 现代企业的经营管理具有哪些特征？如何为企业建立科学合理的经营管理制度？
5. 影响企业管理制度变革和调整的主要因素有哪些？它们是如何对企业管理制度进行变革和调整的？
6. 影响企业组织制度设计的关键要素有哪些？

模块四案例

案例一　联想集团组织制度的调整和整合

联想集团经过11年的艰苦奋斗,发展成为国内从事计算机研究、开发和生产经营,在国际上有较强竞争力的产业集团,成为中国最大的计算机企业。

企业的持续发展,需要多个支撑条件。其中在不同的发展阶段,根据战略的变化调整组织制度,是保障持续发展的最重要条件之一,一定程度上证明了制度对组织发展的重要意义。联想在十几年的实践过程中,进行过三次大的组织调整和整合。

一、由创业初期的"平底快船"组织结构调整为成长期的"大船结构"

联想成立初期,公司组织结构比较简单,其目标是开发出一种产品或服务以求得在市场竞争中的生存。因此,开始时主要是做贸易和服务以积累资金。后来是开发联想、汉卡,针对当时企业规模小、资金匮乏,以及研制、生产联想汉卡的需要,联想采用非正规化和没有权利等级的简单结构,即所谓的"平底快船"结构,主要通过个人权威实行集权控制。总经理直接指挥,权利高度集中,以维持组织的灵活性和快速决策的能力。总经理领导下设技术开发部、工程部、办公室、财务室、业务部。业务部包括:宣传培训、维修、门市和技术实体。

由于当时人员少、部门少,所以能够保持彼此之间的沟通和信息反馈,领导人也有能力和精力对为数不多的下级实行监督和控制。实践证明,这种组织结构基本适应了当时环境和企业发展战略的需要,促进了企业的发展。随着企业成长和规模的扩大,高层领导者不仅需要解决业务和技术问题,而且需要处理大量的组织管理问题。在这样的背景下,联想提出了旨在明确岗位责任和权力等级,使交流和沟通正式化,采用权力分工明确化的职能式结构——"大船结构"模式,强调"统一指挥、专业化分工"。组织结构的主要内容及特点如下:

(1)集中指挥、统一协调。公司设置一个决策系统,一套服务系统,一个供货渠道,一个财务部门;人员统一调动,资金统一管理;内部实行目标管理和指令性工作方式。

(2) 各业务部门实行经济承包合同制。公司按工作性质划分各专业部,任务明确,流水作业。

(3) 公司实行集体领导,董事会下设总裁(经理)室。

(4) 思想政治工作与奖罚严明的组织纪律结合。

这种组织结构不仅适应了当时市场需求多样化程度不高、企业规模经营以及集聚力量进军海外市场的需要,而且与其所处的发展阶段相适应。

二、从"大船结构"调整为"舰队结构"

随着企业规模和业务范围的扩大,直线制的"大船结构"已难以适应企业发展的要求。为了适应新的多样化、国际化经营的要求,也为了解决联想由于规模和业务范围扩大、人员增多、经营区域广阔、市场变化迅速的问题,原来的职能式结构管理已难以适应新的情况,公司的统一管理也难以对世界各地广大地区的各种业务领域出现的新情况做出迅速正确的反应,因此公司提出,改革组织体制,调整集权与分权的关系,形成多中心公司,把"大船结构型"组织模式变为"舰队结构型"组织模式,实行事业部制。公司原有经营部门按产品划分为14个事业部。集团总部主要对公司的发展方向、发展战略、投资收益、重大投资项目、主要经理人员和财务负责人、科技开发负责人等进行直接控制,其他的经营管理权都下放给事业部。在公司总体战略部署和统一经营计划指导下,事业部对产供销各环节实行统一管理,享有经营决策权、财务支配权和人事管理权。公司通过设立销售总监、财务总监、成立审计部,健全人事、财务和审计等方面的制度,对事业部进行"目标管理、过程监控"。联想集团由职能制向事业部制的转变是联想走向成熟的重要标志。

三、内地香港联想整合后,形成新的"舰队结构"

20世纪90年代中后期,联想的生存与发展环境又发生了新的变化。第一,1995年,世界存储器市场发生剧烈动荡,生产过剩,价格狂跌,由此引起香港联想板卡价格骤降,加上仓库存货量大,1995年香港联想亏损1.9亿港元,股价由1.3港元跌为0.3港元,整个公司的市值由10亿港币跌成2.3亿港币。第二,北京联想和香港联想的业务格局是:香港和北京各有一个指挥中心,财务是单独核算的,形不成一个统一的指挥中心。第三,联想集团过去融资主要靠银行贷款,资产负债率较高,资本结构不合理,整合后大大改善资本结构,可以充分运用股市作为主要融资手段。

在此背景下,1997年联想对北京和香港两地业务进行整合,把北京联想较好的业务注入上市公司,整合后设六大业务部门,形成了新的"舰队结构"。

这种调整主要集中在以下三个方面:

(1) 资产业务的重整。联想下设品牌电脑业务、板卡制造业务、集成系统业务、代理分销业务、线路板集成制造销售业务,这次调整使联想的事业部在集团内部得到真正的统一。

(2) 进一步完善公司总部和事业部的集权/授权体系。

① 各事业部对产供销各环节实行统一管理,享有经营决策权、财务支配权和人事管理权。

② 在财务方面,贯彻大财务的管理思想,总部实行统一财务,对外只有一个账户,事业部各财务部门由总部实行统一管理。总部有投资管理办法和预算制度,有统一的财务管理及接口制度。大的投资由总部决定,总部要参与各部门的预算并最终审批,修改和调整预算由总部决定。

③ 在人力资源方面,事业部总经理、副总经理由总部任命;部门经理、副经理由事业部内部决定任命,总部备案。高级干部培训由总部负责,一般管理干部和技术培训由事业部负责。薪酬制度由总部制定,浮动工资部分由事业部负责。

④ 在经营方面,事业部有经营自主权,但大的业务变化、大的经营举措要请示总部。

(3) 建立地区平台。地区平台是联想公司对联想地区公司的称呼。整合以后,各地业务都逐渐集中到各地公司,通过地区公司的渠道和支持开展业务。各地公司都是一个账号,统一运筹或支持联想在各地的共同业务。

这次整合使联想逐步形成了以产品事业部为基础,以地区平台为全国性网络基础的经营组织体制。

作为一个到今天为止仅有14年历史,而却能从当年通过20万元启动的小企业发展成为今天上万名员工、分支机构遍布全球的大型集团公司,联想集团无疑是成功的。是什么推动联想不断发展和进步的呢?可以说,适时的调整组织结构为联想带来了飞速成长。联想集团组织结构的调整主要受制于公司经营事务结构、经营战略的变化,以及公司资源等特点。联想集团组织结构的调整,由原先高度集权的大船结构管理体制过渡到了后来的集权分权相结合的舰队结构管理体制,主要是随着产品结构的变化而变化的。联想成立初期,公司目标是开发出一种产品或服务以求得在市场竞争中的生存,适应当时企业规模小,资金匮乏,以及产品结构单一的需要,联想采用了非正规化和没有权利等级的简单结构,即所谓的"平底快船"结构,主要通过个人权威实行集权控制。

随着企业成长和规模的扩大,"平底快船"式的简单结构已不能适应企业发展的需要。在这样的背景下,联想又提出了旨在明确岗位责任和权利等级,使交流和沟通正式化,权利分工明确化的职能式结构——"大船结构"模式。

在企业规模和业务范围进一步扩大的情况下,直线制的"大船结构"已难以适应企业发展的要求。为了适应新的多样化、国际化经营的要求,也为了解决联想由于规模和业务范围扩大、人员增多、经营区域广阔、市场变化迅速的问题,公司提出改革组织体制,调整集权与分权的关系,把"大船结构型"组织模式变为"舰队结构型"组织模式,实行事业部制。

20世纪90年代中后期,联想的生存与发展环境又发生了新的变化。在此背景下,联想对北京和香港两地业务进行整合,设六大业务部门,形成了新的"舰队结构"。

联想集团组织结构的这种变化既满足了企业发展的需要,也适应了外部环境的变化,从而使企业具备了更强大的市场竞争力。这说明,随着企业规模的扩大,企业组织也就更加复杂化,企业必须不失时机地进行组织变革。

从案例中我们也可以看到,事业部是一种高效、统一、灵活的组织结构形式,能够帮助企业应对日益变化的、快捷的竞争环境。

采用事业部的方式可以使组织保持灵活性,使大企业具备小企业的灵活性和进取心,正所谓"船小好掉头"。

如今的联想集团就是从微机事业部这样的小船开始,长大成为联想电脑公司这样的大船,而又经过拆分和整合,壮大成为企业舰队的。这一切的结构调整都是为了更加清楚地突出顾客的价值,优化公司的资本结构,使联想更好、更优地回应市场。可以说,适时进行企业组织结构调整,是联想集团保持持续发展的最重要条件之一。

案例二　慧聪公司的制度化建设

慧聪公司创立于1992年,现已成为中国最大的专业信息服务商。到目前为止,慧聪已在全国30多个城市建立分公司,每周出版各类商情网刊85本,建立了汽车、家电、广电、化工、安防、电子元器件、消防、工程机械、医疗器械等40余个行业纵向多层次的信息咨询与商务服务系统。慧聪创立的"中国商情服务模式",创造性地将商情报价、数据服务、市场研究等业务有机地融为一体,开创了中国信息服务的先河,被人们称为纸媒体上的B2B,并成功地使自己的业务国际化。

员工持股制

慧聪能在不到九年的时间里发展成为中国信息服务业的领导品牌,这不仅仅是慧聪人懂得如何使产品增值,还有更重要的一点就是慧聪自诞生之日起就实行了员工持股制,这种制度在九年的时间里始终贯穿于慧聪的经营活动中,激励着企业不断创新。

身为慧聪国际总裁、慧聪商务网CEO的郭凡生对股份制早有研究,有自己的一套完整的理论,郭凡生所谓"劳动股份制",源于这样一个观念:就是在知识经济时代,企业员工的知识投入与投资人的资本投入一样是企业发展的"资本",因此在进行成果分配时,投入知识和劳动的员工有权和投入资本的企业所有者与董事们一起分享合理的利润。这种全员劳动股份制在股权分配上完全合乎《公司法》的原则,但不同的是分配制度。这一制度在实际操作中则体现为,创始时出资占有50%股权的郭凡生在实际分红时将40%的分红权让渡给员工。公司制定了一个章程:任何股东分红不得超过总分红的10%,董事会成员获得的总分红数不得超过全部分红的30%,超过部分,应用于公司中不持股员工的分红。这就是说,慧聪的董事将70%的分红权赠予了员工,而郭凡生本人则让渡了40%的分红权!这样就确立了慧聪劳动股份制的基础。

但是,这种制度的创立使慧聪及郭凡生本人遭到了各种非议,因为按照《公司法》规定,这种做法损害了投资者的利益,使资本的权益没有得到保护。但是对慧聪来说,信奉的是知识经济,就是要按照知识来分配资本,而不是以拥有资本多少为主。让那些有知识的人在资本为主的经济条件下,变成企业的赢利主体。在工业时代社会发展最短缺的就是资本,只要占有了资本,企业就能够得到发展,而到了今天,随着金融环境的不断改善,资本不再是企业发展中最短缺的物资,在很多领域中人才已经成为决定企业生死的关键要素,对慧聪而言,企业的发展少不了资本的力量,但决定企业兴衰的则是慧聪自己。

现在慧聪成为全国最大的信息服务商,拥有2000余名员工,同时积累了3万多家会员企业、20多万家用户、多行业服务的专业经验,并成功地使业务国际化。郭凡生估计如果现在上市,慧聪的价值将达到数亿美元,员工中将有500人成为百万富翁,其中的100人成为千万富翁,而郭凡生会在上市同时将自己目前占有的50%股份分成三部分,其中一部分股票作为职工养老基金,一部分作为职工教育基金,自己只享受余下部分的股权。

分级管理模式

当企业规模达到一定程度,就产生了分级管理的必要性。慧聪也是如此,公司管理层的必要分级,各个部门的权限划分,财务制度的规范等等。1996年初,慧聪解散了公司的网刊编辑部,编辑划入业务部门,并在各部门建立了市场研究机构。公司还设立了法律事务部门,让公司所有的业务都进入正规化、合法化。从律师介入公司管理开始,慧聪非常重视将专家引入公司管理结构中,借用这些专家的理念使慧聪走向正规化。慧聪还高薪聘请了专业的管理咨询机构对企业做诊断,加强企业抗风险的能力。

目前，慧聪的管理结构基本分为两层。一是公司高层，为战略决策层，即董事会及对其负责的管理委员会以及若干的职能部门，负责公司总体的战略发展及管理控制，不直接干预日常经营。二是经营决策层，即各利润中心的总经理，负责各专业公司、事业部的运作，而它们本身也在发展中分化出相对独立的次级赢利单位。同时，以公司监事会为首，逐步建立起独立的监察审计体系，对公司的运营及管理实行制约。

在公司具体业务运作中实行分级核算与分级管理，需要慧聪打破原有的"一支笔"审批制度，增强各部门权限，但这需要规范的公司运行及管理制度，需要制定经营计划、建立预算与结算的制度。从2000年开始，慧聪的经营计划进入正规化的轨道，从比较简单的考核指标延伸到经营的全过程，考核指标也逐渐形成体系。

另外，慧聪还推行了事业部制，制定了《事业部体制大纲》。公司规定，拥有一定的经营决策及人事财务权力的事业部体制，可以实行分级核算与分级管理，而发展得较为成熟的事业部，则可以向专业公司转变，它们自己也须实行分级核算与分级管理。从推行事业部体制起，慧聪开始形成自己的"大公司体制"，在保持经营决策层灵活性的同时，注重发展和利用规模的优势。慧聪认识到，正规化往往伴随着相当程度的官僚化，为避免官僚化的倾向，避免僵化习气，慧聪制度的推行必须事先与各专业公司协商交流，公司职能部门须不断强化为业务部门服务的意识，并通过内部网为交流提供广泛的渠道，形成慧聪自己的 E-mail 及 BBS 文化。

慧聪人很清醒地认识到，它们取胜的法宝之一是制度优势，但是中国加入 WTO 以后，国外资本必然会带来的新的国际资本和新的产权制度，到那时，慧聪的制度优势将消失的无影无踪，这也是慧聪目前将提高管理、使管理适应国际化需求、增强企业内部竞争力作为头等大事的重要原因。

文化整合(模块五)：
组织管理的文化特征

组织的管理上升到最高层次是文化的整合。虽然,文化整合是组织管理制度设计五个要素中最后一个讨论的问题。事实上,组织管理的每一个环节无不受到文化的影响,文化是组织行为与组织管理的原动力。

企业文化是在社会文化的背景中产生的。因此,研究企业文化必须考虑到社会环境的影响。本篇只是提出这样的问题,不作系统的讨论。这里,研究的重点在于分析组织内部的文化特征对管理的影响。

文化是可以操作的,其含义是指:企业文化的形成对组织中人的行为和管理起到规范化整合作用;此时,文化的特征会在自然状态下融入组织的管理过程,成为决定性的组织成长要素。忽视了企业的文化建设就等于失去了组织的筋骨。在这种状态下,企业可以一时地获利;但是,缺乏足够的成长机制,企业未来的发展一定会出现问题。因此,可以把组织管理的文化整合看成组织成长最原始的驱动力,也是其不断追求的终极目标。

本模块的研究内容:

一、组织管理的文化现象
- 组织文化的形成
- 企业社会责任
- 组织文化对组织管理的影响

二、组织文化对管理的整合
- 企业家道德价值观
- 组织文化的价值取向
- 组织文化的功能及其对管理的整合

第九章 组织管理的文化现象

第一节 组织文化的形成

一、组织文化的定义

组织文化是人类文化、社会文化和经济文化的一个子属,是一种集团文化(或团队、团体文化)。它内含着组织精神、组织灵魂、组织价值观、组织经营思想、组织管理哲学、组织行为规范与准则,又为企业共同体成员所接纳、共识,形成一种群体意识,成为组织成员的共同信仰、共同追求、共同约束和统一的行为准则。组织文化外化为并强烈地作用于组织的物质文明、制度文化规范和文化符码与标志。

组织文化可以定义为:是一个组织中代表其成员的特性,并影响其态度和工作方法的惯常行为方式的综合体系。美国当代著名的企业管理学家、企业文化概念的创立者之一托马斯·彼得斯和小罗伯特·沃特曼认为:"一个伟大组织能够长久生存下来,最主要的条件并非结构形式或管理技能,而是我们称之为信念的那种精神力量,以及这种信念对于组织的全体成员所具有的感召力。"他们对优秀的公司文化推崇备至、大力倡导:"成绩卓著的公司能够创造一种内容丰富、道德高尚而且为大家接受的文化准则,一种紧密相连的环境结构，使职工做出不同凡响的贡献，从而也就产生有高度价值的目标感。这种目标感来自对产品的热爱、提供高质量服务的愿望和鼓励革新以及对每个人的贡献给予承认和荣誉。"企业是经济社会中一种重要的组织模式，对文化的研究可以让我们加深对组织文化的认识。

Z理论的创始人、日裔美籍管理学教授威廉·大内把企业文化明确为："一个公司的文化由其传统和风气所构成。""这种公司文化包括一整套象征、仪式和神话。它们把公司的价值观和信念传输给雇员们。这些仪式给那些原本就稀少而又抽象的概念添上血肉，赋予它们以生命力。"

美国学者泰伦斯·狄尔和爱伦·肯尼迪把企业文化界定为："企业文化由价值观、神话、英雄和象征凝聚而成，这些价值观、神话、英雄和象征对公司的员工具有重大的意义。"

作为一种集团或组织文化，企业文化是企业文化共同体在一定的文化大背景下，以共同体内部创新为主，外部文化刺激、输入为辅，内、外文化交互作用所形成的多层次的复合体系。它以企业精神、公司灵魂为核心，以企业文化理念群、企业价值准则、企业伦理道德、企业文化心态、企业亚文化为主要内容，以企业物质文化、企业制度文化为支撑，以企业文化符码为外部记载、传播、输出工具，融企业宗旨、行为规范、伦理体系、价值准则、习俗、信仰、制度规定为一体，是企业赖以存在的精神支柱，有形和无形的行为法典，具有维系、约束、激励、阻抑组织行为等多种功能。同时，企业文化的构成内容本身还包括了企业社会责任的内容，例如一个企业十分重视产品的质量，力求为公众生产安全的产品，这本身就是在履行社会责任。

二、组织文化的形成模式

组织文化的形成是一个长期积累的过程，普遍认为组织文化的形成模式如图9-1所示。

三、组织文化的起源

一种组织文化的起源，往往同那些作为公司创始人的杰出企业家的创业意识、经营思想、工作作风、管理风格，与其意志、胆量、魄力、品格，与公司文化赖以存在的时代文化环境，以及与公司创业初期结果的印证等等，都有直

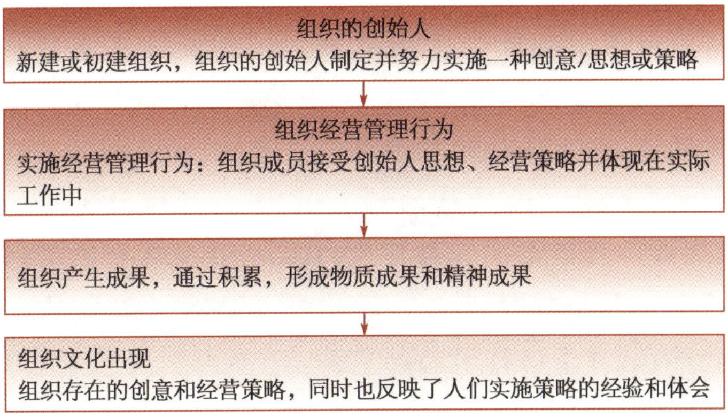

```
┌─────────────────────────────────────────────────────────────┐
│ 组织的创始人                                                  │
│ 新建或初建组织，组织的创始人制定并努力实施一种创意/思想或策略      │
└─────────────────────────────────────────────────────────────┘
                              ↓
┌─────────────────────────────────────────────────────────────┐
│ 组织经营管理行为                                              │
│ 实施经营管理行为：组织成员接受创始人思想、经营策略并体现在实际    │
│ 工作中                                                       │
└─────────────────────────────────────────────────────────────┘
                              ↓
┌─────────────────────────────────────────────────────────────┐
│ 组织产生成果，通过积累，形成物质成果和精神成果                   │
└─────────────────────────────────────────────────────────────┘
                              ↓
┌─────────────────────────────────────────────────────────────┐
│ 组织文化出现                                                  │
│ 组织存在的创意和经营策略，同时也反映了人们实施策略的经验和体会    │
└─────────────────────────────────────────────────────────────┘
```

图 9-1　组织文化形成的一般模式

接的关系。

正像戈德·史密斯和克拉特·巴克指出的那样，"作为公司'文化'一部分的领导作风，在我们许多成功的公司内，受到公司创办人或最近几任家族成员董事长的性格和声誉的很大影响"。公司文化在某种意义上简直就是他们的映射。为了说明这一点，不妨看看他们在其书中的这样两个例子：

首先是关于英国的塞恩斯伯里一整套公司文化。

这个公司的创始人是公司现任董事长的曾祖父约翰·詹姆斯·塞恩斯伯里。此人十分讲究有条不紊、一丝不苟和依靠自己。他是那一代人的产物，他们在维多利亚时代的职业道德之上又加上了人的价值，同时又信奉刻苦工作、节俭和自我约束。他是在紧挨着伦敦一条主要商业街的兰贝斯的纽卡特长大的。与大多数伦敦市民一样，他从小就懂得，买食品的事情走运的话是一次冒险，买得不好就有可能患上传染病。1869 年，约翰开始经营奶制品，对此生意他有自己竭力坚持的一套想法。现任公司董事长写道："我曾祖父相信，高质量的东西也可以做到低价，而且不管一个家庭主妇多么贫穷，她仍应有机会尽可能买到最优质的食品。其次，他相信，如果人们有条件的话。他们总是想要清洁和新鲜的食品。"时至今日低价和卫生仍然是塞恩斯伯里公司的首要准则。现任董事长和他的经理同僚们仍亲口品尝每一样新产品，然后才允许上架出售。

公司的这两大文化传统的具体形成过程早在 19 世纪末，塞恩斯伯里就开始要求供应商确切提供有关质量管理和交货速度的具体情况，目的在于尽可能始终从最好的生产者那里进货,这在当时是不寻常的。他还不断将有关顾客偏爱的信息转告供应商,使他们始终同市场保持密切联系。这已变成公司文化传统,新上任的经理们总是自觉地照此办理。

塞恩斯伯里为保持卫生清洁的特色,在当时便建起了宽敞而通气的商店,他临终的最后一句话是:"保持店堂灯火通明。"这种渗透到公司布局和物质管理文化中的传统保持至今。该公司创办人的曾孙对公司文化起源和传统力量的存在,作了这样的总结:"现在,家族对公司的影响小了,但创办人的影响仍然那样强大。"

马科思-斯潘塞公司的文化传统是由家族继承人不断积累终究形成的。

公司创办人迈克尔·马科思还是个不大会讲英语的年轻移民时,他就成了零售业的创新典范。当时的其他商人在市场上都扯大嗓门招揽顾客:为了与他们竞争,他就在自己的货摊上挂起一块牌子,上面写着:"不用问价,只要一便士"。马科思不是能卖什么就卖什么,能多卖些就多卖些,而是尽可能卖他能找到的最优质商品,品种越多越好,统统都是一个价。所有的商品都放在敞开的篮子里任顾客挑选。

这些经营传统形成后,公司文化并未就此止步。家族其他成员接手经营后,都为这一原则增添了各自的色彩。西蒙·马科思和他的妹夫伊斯雷尔·西夫一起采纳了卖英国货的设想,如今这已成为公司确定供应商时的主要原则。公司如今享有关心雇员福利和参与地方活动的盛名,也应归功于西蒙·马科思和伊斯雷尔·西夫。

四、文化环境对组织的影响

组织文化起源除了受公司创始人的巨大影响之外,公司文化赖以形成、存在和发展的时代背景也有直接影响。一种管理思潮形成后,它就有极大的渗透性和诱惑力,因而对那些在这种思潮中诞生的公司文化的起源有着重大影响;一种管理风格、组织形式一经形成,它就会犹如某种"定势"、某种范式,具有极大的示范作用,对那些在其示范传递范围内的组织文化的起源发生重要影响;一次经营管理革命发生后,其对旧有组织文化传统冲击的余波就会绵绵不绝,因而对在其后的新组织文化传统的形成起着重要的作用。例如美国19世纪后半期出现、20世纪初完成的企业管理革命,即现代多单位工商大公司文化传统的形成,一直影响了半个乃至一个世纪的美国及其他发达国家的公司文化,时至今日,伴随着新的社会转型,有迹象表明,这种旧有公司文化传统正在受到新兴产业的新的公司风范的挑战,但大规模的管理革命还只是潜在的或正在发生的、尚未完结。因之,现如今仍旧是双重规范在起作用。

此外,组织文化起源还有一个早期印证、早期强化问题。一种组织文化出现后,能否顺利发展起来、立住脚跟,有个机遇问题,这就如同一种新产品、一项新技术在市场上出现有个机遇问题一样:出现早了,过于"阳春白雪",和者甚寡,就会因"鹤立鸡群"而备受孤立,以致可能难以为继,不得不放弃或背离初衷;出现晚了,业已成型了,趋之若鹜,就会因其泛滥成灾而失却意义。因此,一种公司文化能否合乎时宜地出现,关系到它能否因适时强化而受到激励,迅速发展。否则,它便会自生自灭,成为公司文化时代的牺牲品、淘汰品。实际上,只要我们仔细考察各个时代的公司文化的历史层面,就会发现在每一个层面都有着无数的文化创举:从意识、理论到实践,但真正流传下来,演化成公司文化传统的却寥若晨星。其中,有些是经过验证必定是短命的,但也有相当一部分并非如此,仅仅是运气不佳、"生不逢时"而已。

五、组织文化的积累

如果组织文化起源事实上是分两个层次进行的,即个别组织文化发端和一般组织文化起源一样,组织文化积累也是在两个层次上展开的。不论是个别组织文化积累,还是一般组织文化积累,组织文化从雏形到成形都有一个发育、健全、完善的积累过程。组织文化成长过程的各个阶段积累倾向与偏好,积累速率与欲望,积累的结果均有所不同。但伴随着组织文化成长,组织文化积累必定始终进行,除非组织文化及其文化共同体寿终正寝。

当然,组织文化积累除了在两个层次上展开,还在两个方向上进行。即组织文化正向积累和组织文化反向积累。组织文化正向积累是健全的、优良的组织文化自我完善的过程,组织文化反向积累是病态的、不良的组织文化恶化、衰亡的过程。

一般说来,正向的组织文化积累出现于这样几种情况下:

(1)作为组织创始人的组织文化主要发端者,在其视野、认识、经验和知识与境界的不断变动下,靠着他们的洞察力、想象力、创造力和崇高的威望,不断地推进组织文化的发展和完善,使组织文化体系通过在他们手中的不断丰富而得到积累。他们通过实践和理论上的文化创新,从个别组织文化和一般组织文化两个层次上推进了组织文化积累。就个别文化积累而言,前面提及的休利特-帕卡德公司,其创始人的文化创新并未止于组织文化的早期形态上,他们在吸收了新的思想后,重新修改了公司宗旨,他们根据新兴产业、高技术公司的特点,发展了一套适应于高级劳动者劳动管理和高科技公司经营的公司文化。尔后,为了彻底打破建立在大规模粗放经营基础上的公司等级组织文化,使现代公司文化传统成为民主、平等的文化,公司文化环境成为最宜于激发人的主动性、创造性的思想和意识环境,他们又把以办公大厦和办公室分级分阶层的等级办公这种组织文化传统抛在一边,发展了一套用隔断板间隔开来,使公司职员充满了平等意识和公平感的公司办公文化。这种公司文化积累,那些著名的大企业家毕生都在进行。

就一般公司文化积累而言,像美国商用机器公司总裁沃森、企业家兼管理学家巴纳德、日本的土光敏夫、松下幸之助,等等,都以其大量的理论总结和著述,丰富了组织文化,推进了一般组织文化积累。

(2)家族继承人和其他继承人隔代积累。虽然经济学上有所谓布登布洛赫定律,即一个家庭第一代人艰苦创业,对金钱及其作用看得重,尽其毕生聚家产、理家财,第二代自幼在金钱与豪华生活环境中长大,对金钱早已失去了兴趣,关注的是出人头地和政治声望,向往的是权力,第三代是在金钱、地位和权力均充分占有的环境中长大,这些对他们已没有了吸引力,他们更注重慈善、关注艺术、追求纯精神的东西。因之一个家族只能维持了三、四代。进一步推论,家族公司的家族继承人隔代思想是不可能连续的。虽然从雅科卡的传说中,我们可以发现,今日执掌福特汽车公司大权的福特已远不是作为公司创办人的老福特了。但是,正如《制胜之道》的作者所论证的那样,许多成功的优秀公司文化的积累,都得益于隔代家族企业继承人的传统的一脉相承和不断积累。我们前面提到的马科思-斯潘塞公司文化的丰富和发展,无疑是得益于几代家族企业家的共同创造。

(3)总公司或母公司文化体系发展过程中,其子公司、分公司创始人完成的子公司、分公司文化创新并不直接参与公司文化总积累,而形成一种脱离旧有文化积累轨道的新的公司文化积累(至于公司部门、子系统文化传统,也会汇集成公司文化积累当然是不言而喻的)。例如,英国标准电话电报公司在科菲尔德进公司时已创办多年了。在这期间,公司文化渊源主要是其母公司的文化,至少是"它的文化"受到大西洋彼岸的母公司的很大影响。科菲尔德所做的,是在这庞大的多国公司中,为他管辖的那部分创建一种新的公司"文化",这种"文化"从一开始就是为使英国子公司有可能在某一天能够管理自己的事务,这一点后来真的做到了。如果没有这样的"文化"变革,标准电话电报公司是否还能作为一个成功的公司而脱离国际电话电报公司,这确实是个问题。这事实上是由公司文化积累原有主干上生出一新支脉,后者不但越益强壮,而且最终脱离了旧有主干,开始了全新的文化生长和文化积累。

(4) 组织文化成长过程中对内生文化创新和外生文化创新合理吸纳、积淀,融合成自己的文化传统。这事实上是通过最深层的组织文化整合所完成的组织文化积累。组织表层文化、显性文化也会有变化有积累,但这不是这里所强调的积累。这里的积累指的是组织文化传统的形成,指的是那些包含着文化精髓的组织核心文化的沉淀和积累。因此,一般的组织文化主体对外来文化的移植,组织内部阶层某一方面的革新建议,都算不上组织文化积累,但当它们经过反复印证,不仅融入组织文化体系之中,而且具有传统的功能,那就属于组织文化积累。像前面提到过的日本公司吸收了西方数理统计质量管理文化,并将其发展成全员全面质量管理文化,就属于公司文化积累。

六、组织文化的突变

尽管组织文化积累并不是组织表层和显性同质文化的简单叠加,但从精神文化角度看,组织文化积累基本上只是描述了组织同质文化增加的演进过程,这个过程并未生成新的文化品种。因此,从组织文化一般角度看,组织文化积累只是同质组织文化的异域传播和扩大,很少能反映组织文化的发展,组织文化积累过程中有所创新。所以,我们要把握和描述组织文化发展不用必须了解组织文化突变。

正像文化社会学指出的那样,"人类的文化无疑不是像进化论者所说的那样只是从简单到复杂、从单质到异质自然进化的。一个文化不会自然地发展为另一个文化,即使这种文化已经积累了几千年,如果不实现文化突变,它依然还是不能发展的。""所谓'文化突变'就是两种或两种以上的文化特质或要素通过接触、结合产生新文化结构的飞跃过程。"

是的,组织文化也同社会人类文化一样,当两种文化流相互接触、碰撞,就可能遵循杂交优势规律,产生出新的优秀的文化品种。组织文化不同质态的接触、交流、碰撞以至生成新的文化品种的更为经常的形式,是代表着不同公司文化种系的企业家的更迭。

以下是雅科卡接手之前的克莱斯勒公司文化:

> 雅科卡回忆道:"总裁办公室,也就是卡弗埃罗办公的地方,竟被用作办公室之间的一个大通道。我吃惊地看到一些高级职员,手里端着咖啡杯子,不断地开门进来,走过总裁办公室,也不打招呼。我们立刻明白了,这地方处于无政府状态。克莱斯勒公司需要好好整治一番,制定出必要的规矩和纪律——而且要快。"
>
> "接着我看到,里卡多的秘书似乎要花很多时间去接别人的私人电话,而这些电话全打到她个人的电话机上了!任何地方,但凡秘书们无事可做了,那就说明这地方快要收摊啦。"
>
> 透过这些最表面、最简单的公司颓败文化现象,雅科卡很快发现了稍深层的克莱斯勒败业文化:"1978年的克莱斯勒公司就跟19世纪60年代的意大利差不多——整个公司分成许许多多的小领地。每一块小领地由一个小头目掌管。就像是许多小小的独立王国,各自为政,井水不犯河水。"
>
> 这种画地为牢、占山为王、各行其是的公司组织文化、具体表现为:(1)克莱斯勒公司有35名副总裁,每个副总裁都有自己的领地。(2)虽有组织框架,但各个部分并未联结起来,没有真正的委员会机构,也没有一套会议制度,让大家面对面地讨论问题。(3)克莱斯勒公司并没有一套全面的财务管理制度。更为糟糕的是,整个公司似乎没有一个人懂得财年规划和预测。他们甚至连最基本的问题都回答不出来。别说回答啦,这些人甚至连问题都不懂!(4)工程设计部门的人或许完全有能力搞出一个非常好的新装置,使公司节约大量资金。也许可以设计出十分漂亮的新车型。唯一的问题是,他压根儿不知道,生产线上的那些人能不能造出来。生产部门与销售部门同样存在着严重的脱节,甚至不如说是隔绝:一个只管造车子,然后塞到院子里;一个只管把它弄出去。结果,库存大量积压,财务濒临崩溃边缘。
>
> 根据雅科卡自传,我们可以进一步挖掘出导致克莱斯勒公司如此衰败没落的更为深层的文化:(1)多年来,克莱斯勒公司一直是由并不真正热爱汽车事业的人来经营。这样,公司只是跟在别人屁股后面跑。克莱斯勒本

是三大公司中最小的一个,在试制新车型方面完全可以,而且也应该走在前头。更何况工程设计一直是克莱斯勒公司手中的一张王牌,但在林恩·汤森领导下,却把它放到了很不重要的地位。"林恩·汤森那些人并不把主要力量放在造好汽车这方面,而是忙于向海外发展。他们一心想搞成一个国际公司,于是买下了欧洲几个破烂公司,如法国的'桑卡',英国的'卢特斯',都是些残旧不堪的企业。他们这些人对于搞国际性企业,简直一窍不通。我甚至怀疑,克莱斯勒公司里头可能有些人还不知道,在英国那边,车辆是靠左行驶的。"(2)"克莱斯勒的普遍心态是公司所有的人,从上到下,都胆小怕事,心灰意冷。没有一个人干着应干的事。"(3)"克莱斯勒公司好像没有任何人懂得,在一个公司之内,各个部门之间的密切配合是至关重要的事。工程设计部门和生产部门的人甚至要同吃同睡。而事实上,他们相互之间甚至连打情骂俏的事都没有!"

这是一种十足的病态公司文化。如若不发生主要领导人更迭,它只能循着自身的逻辑轨道继续其反向积累,直至最终导致公司文化共同体解体。事实是雅科卡这位汽车公司文化的集大成者的上任,打破了克莱斯勒公司文化的反向积累,加之由于雅科卡对高级公司职员的撤换这种班子的改组(在短短的时间里,把35名副总裁中的33名全部撤换掉,平均一个月换掉一位),克莱斯勒开始了公司文化的重建。换言之,克莱斯勒公司文化出现了突变,新质公司文化由此开始形成。

如果说雅科卡接管克莱斯勒,完成的公司文化突变是公司由病态文化向健全、优良文化的转轨,那么,吉宁接管国际电话电报公司,则是在至少是较为健全的公司文化基础上造成的公司文化突变。

当吉宁进入哥特式的国际电话电报公司摩天大楼时,这家公司自欧洲复元以来确实在赚大钱。然而,吉宁有吉宁的追求,他对此并不满意。因此,伴随着他采取的迅速而激烈的行动,他开始了国际电话电报公司新质文化的建设和推广。

吉宁上任后不久在一次证券分析人员的会议上曾说,"管理部门必须实行管理。"后来他对此话作了如下明确的解释:"一种对目标和问题作大胆的预测,并预先采取有效的对策以保证达到最终目标的哲学。"或者,用另外一句传遍全公司的话来说:"我不希望发生任何意外。""吉宁决心要建立一套管理和监督的制度,其规模要比他在雷锡昂公司搞过的大得多,以保证能监视他那分散的帝国,并且是用逻辑而不是用想当然的办法来进行统治。绝不要有贝恩(创始人)的那种灵机一动的冒险,那是他个人的怪僻作风。"

到1963年,吉宁完成了对国际电话电报公司经营管理的改革,即完成了公司制度文化和公司体制文化的突变后,他开始了他的经营哲学文化的突变。这年3月,吉宁为董事会准备了一份题为《兼并哲学》的内部文件,概述了改革国际电话电报公司的建议。吉宁的兼并哲学首先是基于他对公司海外环境反美情绪与压力的见解。根据他对国际电话电报公司的国外收入将会"在价格,来源和所有权等方面遭受越来越大的压力"的判断,他建议立即采取拿下一些美国公司的政策。具体说来,在五年内,国际电话电报公司应当有55%,而不是18%的收入来自美国。它有必要在任何具有高度发展前途的行业中买进一些大公司和小公司,包括化学品、药品制造、保险和食品等行业在内。两年后,当兼并已在进行时,吉宁又进一步扩大了他的兼并范围。他强调,服务性行业,同那些可以把技术知识从美国转到欧洲去的行业一样,特别适合于国际电话电报公司的经营管理。他预见到国际电话电报公司可能成为新一代跨国公司的先驱,把全球性的活动同严格的控制管理结合起来。

而后来的事实的确证明吉宁通过国际电话电报公司改造所创造出的那种既是跨国又是跨部门的联合大企业的公司文化具有极大的示范作用。吉宁所实现的这种公司文化突变:一种由灵巧的中央集权体制操纵的跨国混合联合大公司经济文化,其名声之大,远远超出了国际电话电报公司的范围。它已成为商业院校、杂志文章以及全美洲、全欧洲企业管理课程的研究课题。正当'管理'一词在全欧洲成为一个振奋人心的口号日子,吉宁就作为杰出的经理人才出现了——法国的《企业》杂志甚至把他描绘成"管理方面的米开朗琪罗。"他训练了一批新的经济人物,其中许多人后来离开了,去参加或者主持别的公司,所以有人给国际电话电报公司起了一个外号叫做"吉宁大学。"

七、组织文化悖论

组织文化中存在的自我相关的不合理性和矛盾性就是组织文化悖论。

组织文化悖论有两个层次:其一是随着时间的推移,新质文化逐步显示出来的不合理性和矛盾性;其二是在任何时点上观察,组织文化体系都内含着的相互冲突、对立和矛盾的观念、伦理的原则。关于前者,每一次组织文化突变都会产生新的组织文化,虽然它们较之旧的公司文化都具有进步意义,但它们都不会完美无缺,从其产生之日起,其内在结构和功能就存在着不合理性,存在着自我相关的某些矛盾、缺陷和不足,随着时间的推移,它将愈来愈不适应组织文化共同体的需要,愈来愈成为束缚组织文化行为主体的东西。关于后者,组织文化同任何文化一样,不论它发展到怎样的程度,其文化体系内部都会存在着相互矛盾的东西,构成一个个文化怪圈。

最为明显的组织文化悖论是组织文化体系和组织文化共同体发展过程中存在着的异化现象。就组织物质文化而言,组织文化体系为了解放劳动力,提高效率,发展了流水线加工作业、等级指令链组织指挥、机器体系和管理系统,但行为主体反过来就要受到它们的制约。诸如久存的分工过细、工种枯燥、单调、缺少刺激、严格审批和信息保密制度,职工跟着机器转,成了机器的附属物,复杂繁琐的管理限制了人们最原始、质朴和有效的信息传递和情感交流,等等。为了克服这些悖论,组织文化又不断完成新的突变,诸如发展了柔性生产体系、无人工厂、无人车间(自动化文化);发展了信息共享、组织结构扁平和网络组织,发展了非正式组织文化;发展了弹性工作时间、自主管理和鼓励直接交流和对话。

只要组织文化存在,这种文化悖论就不可能完全消失,因而克服文化悖论的文化突变和文化创新便永无止境。从这个角度上看,克服公司文化悖论成了组织文化创新的内在动力;正是这种矛盾,不断生成组织文化突变和创新的需要,推动着组织文化由低级到高级、由单质到多质向前发展。

就组织精神文化而言,各种具体的组织文化各有其精神支柱、精神法宝和基本原则。不论这些精神文化作用结果如何,它们都有可能成为束缚行为主体的精神桎梏。文化创新一经成为文化传统,它就一方面会具有更大的约束力,另一方面日渐失去精神魄力。

除此而外,现存的组织文化体系本身就包含着无数相互对立的原则和理念。例如关于公司文化行为主体,就有截然相反的 X 理论、Y 理论;关于公司经营目标,有利润最大化目标、社会效益目标、公司就业目标、稳定成长目标、公司职员福利待遇目标。可见,角度和侧重点不同,基本价值准则取向不同,组织文化体系内存在着相互不协调、对立和矛盾。从文化哲学角度看,任何一种再完美无缺的组织文化体系也不能克服自身的悖论。因为，从组织精神文化生成源来看，组织文化悖论第二层次的存在，完全是组织文化共同体内的客观辩证法的主观反映。在这个意义上说，它们既是必不可少的，又是有积极意义的。

客观现实是，组织文化行为主体受制于原有不同的利益驱动和行为准则，同一个行为主体在不同的时间、地点和环境下有不同的心态和需求倾向，因此，组织文化要把这些混乱的、无序的磁力协调一致起来，指向组织总体期望的目标，试图靠完全一致、统一一律的文化规范是不切实际的。这当然不是说行为个体差异要求文化管理上的不平等、不公平甚至歧视，而是说适应行为个体差异和个体时空差异，文化必是不同的，而且约束行为准则和思想境界准则的生存空间是不同的。所以说，基于这些要求之上所形成的组织文化悖论，不但有利于组织控制，也能达到对职员的激励。组织文化正是通过文化悖论的存在，使一些本来无法协调、统一的要求统一在一起。

第二节　企业社会责任

企业社会责任是企业文化的一项独特内容，是企业文化的重要组成部分。企业是经济活动的主体，是创造社会财富的主要形式；获取利润，是企业的经济责任，也是企业的首要责任。但是，长期以来，重经济指标轻社会责任的倾向，已经对当代中国企业的可持续发展产生诸多负面影响。社会是企业的依托，企业能否持续地获取利润与发展，关键之一在于能否很好地履行社会责任，能否与社会形成良好的互动。

一、企业社会责任的起源及概念界定

"企业社会责任"这一概念最早由西方发达国家提出，逐步为专家学者所重视，《财富》、《福布斯排行榜》等商业杂志在进行企业排名时均加上了"社会责任"这一指标，可见西方对企业社会责任的重视。

1. 企业社会责任的起源

企业社会责任是在社会经济发展的特定阶段和特定社会道德准则下，社

会对企业的期望和要求。

西方市场经济国家中企业诞生时并没有社会责任的概念,它们的存在仅仅是为了赚钱。随着经济的进一步发展,古典经济理论产生了,这一理论把市场经济下企业的功能几乎等同于企业的社会责任,认为市场主体追求自身利益就是增进社会利益,就是对社会负责,企业利益和社会利益是完全一致的。企业只要在法律允许的范围内,尽可能高效率地使用资源以生产社会需要的产品和服务,并以公平的市场价格销售给消费者,企业就算尽到了自己最基本的社会责任。这种认识比较准确地反映了一个国家经济发展的初期社会对企业的期望和要求。当时,发展经济是社会普遍关注的主要矛盾,企业只要能够促进经济发展,能为社会提供产品、就业、税收,就实现了社会对企业的基本期望,就算承担了社会责任。

但是,古典经济理论所描绘的只是一种理想的情况,现实并非完全如此,市场失灵的存在说明企业的自发行为并不能保证企业在增进自身利益的同时不损害其他社会主体的利益,这就出现了所谓的企业社会责任问题。多数人认为企业归股东或投资者所有,企业利益就是股东利益,企业追求利润最大化以实现股东利益最大化。因此,企业社会责任问题实际上是股东利益与其他社会主体利益之间的冲突问题。19世纪,早期发展的市场经济国家由于经济发展不平衡,贫富差距越来越大,社会问题尖锐。此时,慈善事业被认为是企业除股东利益以外的重要社会责任,以缓解社会矛盾,安抚工人和民众。

到了20世纪中叶,经济有了相当程度的发展,人们对生活质量有了更高的追求。与此同时,人们对一些工业产品的副作用及其对环境造成的危害有了更多的了解。在这样的背景下,社会对企业了有了更多的期望,基于利益相关者的社会责任理论应运而生。该理论认为企业的社会责任不仅包括经济责任,还包括教育、公共健康、就业福利、环境保护、节约和爱护资源等与所有利益相关者相关的社会责任。

2. 企业社会责任的概念界定

一般认为企业社会责任的概念最早由美国学者欧丽文·谢尔顿(Oliver Sheldon)于1924年在其《管理的哲学》(The Philosophy of Management)一书中提出。他首次把企业社会责任与企业经营者满足产业内外人员需要的各种责任联系起来,认为企业社会责任包括道德因素,企业经营应有利于增进社区服务和利益,并认为社区利益作为一项衡量尺度,应远高于企业盈利。从此，各类专家学者和企业界人士从不同的角度，对企业社会责任的概念进行了不同的界定。

布尔认为：公司应首先对股东负责，为了实现股东的利益最大化，即使牺牲一些社会利益也在所不惜，这就是所谓的股东优先论。

米尔顿·弗里德曼（Milton Friedman）认为：自由社会中，企业的社会责任只有一项，那就是在遵守企业游戏规则的前提下利用各种资源并从事增加企业利润的活动。

彼得·德鲁克（Peter F. Drucker）认为所有的各种机构的管理当局的合法活动都应对它们的副产品，即对人、对物质环境和社会环境的影响负责。企业承担社会责任应当以能力的限度和职权的限度作为依据，量力而行。

斯蒂芬·P·罗宾斯（Stephen P. Robbins）认为：企业的社会责任指超过法律和经济要求的，企业为谋求对社会有利的长远目标所承担的责任。

卡罗尔（Carroll）认为：企业社会责任分为四个类别：经济责任、法律责任、伦理责任和慈善责任。他提出了企业社会责任的金字塔模型和利益相关者/社会责任矩阵，强调企业履行社会责任应该按照经济责任、法律责任、伦理责任和慈善责任的次序，逐步满足利益相关者的利益。

而作为全球第一个社会责任认证标准，ISO8000标准是指企业在赚钱的同时也要承担对环境和利益相关者的责任。

国内一些学者认为：企业社会责任指企业为所处社会的全面和长远利益而必须关心、全力履行的责任和义务，表现为企业对社会的适应和发展的参与，企业社会责任的内容非常丰富，既有强制的法律责任，也有自觉的道义责任。

作者认为，社会责任是指企业在依法经营的前提下，根据自身的实际情况为社会的全面发展和长远利益而必须履行的责任和义务。企业在追求利润的同时，必须主动承担对环境、社会和利益相关者的责任。

二、企业社会责任的内涵

企业社会责任主要包括以下几个方面：

（1）对股东、债权人以及合作商户的责任。企业首要的最基本的责任便是经济责任，即首先要搞好企业自身的经营，为股东创造良好的经济效益。在市场经济条件下，如果企业盈利为零，何谈企业的社会责任。与此同时，对于债权人以及合作商户,遵守合同条款,保证货物以及资金的及时发付,树立自身良好的形象。

(2)倡导和遵守社会信用及法律的责任。企业是社会的主体,应倡导社会信用及法律的遵守,积极响应政府的号召和政策。维护应有的社会良心和道德,诚实地对待各个利益相关者,加强企业自律,禁止造假、售假等不正当竞争行为,努力成为建设社会信用文化氛围和树立社会新风尚的典范。

(3)对社会资源的合理使用和生态环境的保护责任。企业处于自然和社会之间,其生存和发展与外部环境密切相关。企业要自觉履行保护环境的责任,生产的产品要符合国家的环保标准,不违法排放污染物,保护生态环境。企业在获得利润的同时必须对自身活动所造成的社会影响负责,尽可能地将影响转化为对社会有利的一面。即使不能转化,也要尽可能地将影响降低到最低限度。

(4)重视和维护员工权益的责任。企业应树立以人为本的理念,关心人、尊重人,重视人的教育和发展。企业对员工的责任主要体现在两个方面:第一,为员工提供良好的工作环境和公平的工作晋升机会,促进员工的发展,提高员工的满意度;第二,注重生产经营环境的改善,保障员工的安全,保障员工有与其劳动相当的收入水平以及工作的稳定性。

(5)对消费者/代理商的责任。在激烈的竞争中,对企业而言最典型的稀缺资源无疑是消费者对品牌的忠诚度。这种稀缺资源的获得需要企业为消费者或代理商提供优质的产品和服务,公平交易、童叟无欺。

(6)对社区的责任。企业与社区有着天然的联系,良好的社区环境对于企业的生存和发展有着至关重要的意义。因此,对于所处的社区,企业不仅要使自身生产经营对社区环境产生的影响降到最低,而且还要对社区有所贡献,为社区提供各种力所能及的支持和帮助,增强企业与社区的互动效应,推动企业自身和社区的双赢发展。

(7)对社会慈善和福利事业的责任。企业致力于慈善和福利事业,对企业来说并非负担,而是一种回馈社会的方式。企业通过参与慈善公益事业,不仅可以为社会做出应有的贡献,而且有助于提升自身的公众形象,赢得消费者对品牌的认同,同时还有利于缓解社会矛盾。

对企业来说,社区责任和社会慈善公益事业的责任更多的是一种志愿责任,或称道德责任,这是提升企业社会价值的重要载体。一项调查显示,美国国家慈善机构、捐赠机构一年从企业募集的慈善资金相当于国家GDP的2%

到 3%，在我国只有 0.05%。这与我国的国情、企业特定的发展阶段有一定关系，但更多的是缘于企业社会责任意识的淡漠。

三、承担社会责任对企业的影响

西方企业的社会责任意识由来已久，甚至可以说已经根深蒂固于西方企业的灵魂深处。然而，在急功近利的中国企业中，很多企业和企业家将社会责任看作是企业的一种负担。事实上，他们仅仅关注于承担社会责任所投入的短期成本，忽略了履行社会责任所带来的长期效益。

1. 有利于树立良好的企业形象，提升企业国际竞争力

企业承担与利益相关者（Stakholder）直接相关的社会责任，例如增加对消费者和员工的权益保护、增加对股东的贡献等，企业对这种责任的承担，能够建立起与利益相关者密切的关系，能够为企业带来利润的提高和企业形象的提升。而与直接利益相关者关联不大的一般性的社会事务，即广义的企业社会责任部分，例如为灾区人民捐款、资助失学儿童等，虽然会给企业带来一定的经济成本，但是企业所获得的是社会赞誉，是企业形象的提升。这种社会赞誉是不可多得且不容易被复制的战略性资产，是企业获得持续性竞争优势的来源。

在 21 世纪的今天，社会对企业尤其是大企业的期望更高了，人们希望看到企业承担更多的社会责任。一个一味赚钱（即使是合法赚钱）而没有爱心的企业是很难获得消费者的信任和认可的，其客户群可能会在竞争中逐渐流失。所以现在很多大公司都非常重视慈善捐助，并且不再认为慈善捐助是企业的负担，而是将其作为企业回馈社会同时获得竞争力与品牌知名度的手段。巴黎欧莱雅针对中国儿童的西部助学计划就是一个很好的例子：欧莱雅在各大校园展开义卖，以低廉的价格出卖自己的产品，并将义卖所得款项全部用作西部儿童的助学款。在这个例子中，消费者得了实惠；西部贫困儿童获得上学甚至是改变一生命运的机会；而欧莱雅既推广了自己的产品，又提升了品牌形象，同时并没有给企业带来很大的经济成本。

2. 有利于提高企业绩效，转变经济增长方式

具有高度社会责任感的企业力求使自身对环境产生的影响降到最低限

度,因此,企业会寻找能耗更少产生污染更少的方法。企业通过创新或者购买新技术来实现这个过程,其结果就是企业的增长方式逐渐转变为集约型,并且获得了可持续发展的动力和良好的口碑。美国学者 Russo 和 Fouts(1997)发现企业在环境保护方面承担更多的社会责任,虽然会使得企业的投入成本和运营成本增加,但是却在公众和顾客中获得了较好的声誉,这种声誉能够使企业获得较高的溢价收入,从而带来更多购买。这样,企业投入资金治理污染,会相应地获得竞争优势,这些优势不仅能使企业收回投入污染治理的投资,还能获得额外的利润,企业承担的社会责任与企业的绩效正相关。

企业承担社会责任与企业追求利润并不是相对立的,企业可以在承担社会责任的同时通过各种方法增进企业业绩。承担社会责任并非要求企业"办社会",社会责任也不仅限于慈善方面。企业在生产经营活动中减少对环境的污染,重视消费者的权益等,都是在承担社会责任。那么企业承担社会责任有没有界限呢?要求企业承担社会责任并非要企业不顾自身实际情况。企业承担社会责任应当以企业的经济状况为基础,量入为出。承担社会责任并非要求企业一味利他,企业在履行社会责任的过程中可以与社会互利。其中,致力于社会和谐是企业承担社会责任的最高境界。

第三节 组织文化对组织管理的影响

文化的影响通过组织过程表现出来,通过政策和规定的实质、计划和控制、信息的处理和交流以及决策等管理过程得以体现。

一、文化与组织的政策和规定

组织的政策和规定的正式化和标准化可以反映出对不确定性的低容忍度,因为明确规定了这些条文之后,就几乎没有质疑的余地了。其他文化尺度也可以帮助解释文化之间的差异。一个比较典型的案例是,例如为美国的跨国公司工作的欧洲管理人员经常抱怨那里的正式报告系统,以及由总部下达的大量书面政策和规定,尽管美国一般有较弱的不确定性的避免倾向。如果考虑到美国将雇佣看作是一种契约关系、公司是机械式的系统,以及低关联交流的方式,再来看这个问题,也许更容易理解。所有这些尺度都倾向于要求一种高程度的明了和直白,这就要求以那种普遍适用的标准化的操作规定来体现。政策和工作的描述规定因此被确定下来并标准化,从而使任何人都能照此工作。信息是渗透在系统里的,而不是由人作载体的,因为组织被认为是可以脱离其成员而独立存在的。这也许与以人为本的观念是矛盾的,但实际上,正是标准化才使得各个团体能够较为自由地选择工作或组织,并保证了它们在这个乡村市场上的职业选择的自由。并且,加上美国对普遍性的重视,为了保证所有人都能被平等对待,这些规定细节也是必要的。

一个关于英国和德国公司的比较表明,所有英国的公司都有详尽的工作说明,而德国公司中只有一家是这样做的。但对于两个国家不确定性的避免倾向来讲(德国强,英国弱),这好像与所预计的情况相反。然而,德国的管理人员都是专家,一般在一件工作中停留的时间较长,工作的规定细则都已被很好地内在化了,于是要将其正规化的需求就不是非常强烈。

另一方面,英国的管理人员则是通才或多面手,并倾向于经常转换工作。一项研究发现,在两个可比的公司中,英国的管理人员 30 个中有 25 个在四年之内就转换工作,而德国的管理人员则是 30 个中只有 10 个如是。因此,工作细则一般被正规化,以便为新的在职者提供一种普遍适用的规则。

更进一步来讲,英国的管理人员对书面条文和实际的责任之间的不符和差异具有较高的容忍度,因此对于遵从这些工作细则并不感到有特别的限制。而德国不乐于接受书面条款是源于对灵活性的看法,与英国的管理人员不同,德国的管理人员将会对任何书面条款与实践的差异感到不适应。

当沟通在人际关系及各种情况(高关联)中占有很大的分量时,规范和工作的说明一般不会被明确地制定。日本的管理人员一般都有关于公司的非常广泛的知识,这一点经常是默认的,就像是一个手工艺人,其经验是通过观察和在工作中的亲身经历得到的。此外,任务是分派给集体而非个人的。因此,个人的责任是模糊的。这也使得人与群体之间、群体与组织之间得以保持密切的联系,并使经验知识成为公司特有的资产,因此减少了组织的人员外流,使其成员都能固守在这个大家庭中。

二、文化与组织系统和管理控制

组织管理的控制系统在人际关系方面(即在权力和人类的本性方面)以

及人与环境的关系方面(即在不确定性和控制方面),也反映了不同的文化假设。例如,法国的管理人员认为管理者的最重要职能就是控制,而英国的管理人员则认为是协作。这也反映了对权力的不同态度。对法国人来讲,控制是源自权力跨度等级的;而对英国人来讲,协作是通过游说和斡旋达成的,因为人们并不认为上司就是全能的。

更进一步讲,控制的实质是依赖于有关人类本性方面的假设的。当员工被认为是有能力且能够自我驾驭时(Y理论)则对沟通而不是对直接监督的依赖性增强。当管理人员认为工人们大都是懒惰且需要被别人监督时(X理论)。他们很可能会制定很严格的控制措施。

不同种类的控制——输入,中间过程,输出——在文化之间也是非常显著的。法国人对从高等学府招收未来的高层管理人员是十分重视的。这就反映了对输入的控制——选择最好和最聪明的——因为认为他们能够胜任并带来产出。而德国的公司对招收学府精英则并不怎么感兴趣,他们更重视通过严格的学徒体系以及深入的专业工作经历来培养未来的管理人员。

对详尽计划以及运作控制的侧重也反映了中间过程控制的重要性。在美国和英国,则侧重预算、财务控制、报告的步骤,这更多地反映了对输出的控制。这可以从对预算目的的不同观念看出来。一项对同一家公司的美国分公司和法国分公司的管理人员进行的比较研究表明,对美国的管理者来讲,预算作为一种有用的工具,提供了具体的目标,用以与实际运营进行比较。而法国的管理者则更为关心整体的逻辑,以及预算体系的完美与否。这些差异反映了美国管理人员对他们自己用注重实效(机械式的)及以结果(业绩)为目的的方式来对事情施加控制的能力是非常自信的,而法国的管理人员更多的是依赖他们自身的分析能力,或者说是依赖其思考的高品质。

三、文化与管理计划的实施

组织运行过程中,各项管理计划的实施也可以反映潜在的文化假设。一项由霍洛维特兹进行的对英国、德国和法国的计划实践的比较研究表明,英国的计划实践,通常更侧重于战略性,更为长期(以六年为计划的时间跨度),而且有更多过程中的参与。在德国,计划往往是针对具体运作的(包括非常紧迫而详尽的一年期计划)、较为短期的(时间跨度为三年),且几乎没有各层级的参与。在法国,计划更多是短期的(少于一半的公司有长期的计划)、更多的行政性(三年的财务预测),同时也是很少有各层级参与的类型。更短的计划期间和更加操作性的或行政性的定位反映了对限制不确定性的一个更容易驾驭的时间阶段,以得到更为具体的成果。因此,对减少不确定性,并施加控制的需求必将导致面向具体运作而非战略性的、更为短期的,且更少各层级参与的计划。

四、文化与组织的信息和沟通过程

组织为了做出决策,为了就政策和规定进行沟通,为了完成不同部门、单元之间的协作,就必须对信息进行处理。至于要寻求和留意什么样的信息,信息是如何传播的,以及什么信息与什么人共享,是很能反映出文化对于权力跨度、正式化程度以及参与程度的偏好。

例如,法国公司经常被法国的管理人员们描述成"责权明确的",即在水平及竖直方向都被非常清晰地在结构上加以规划。这就澄清了个人的角色和责任、权利和义务,因此也澄清了在履行个人职责时,个人应该运用判断力做出决策的程度。这样,信息在群体之间的流动就受到了限制。

更进一步讲,如果我们将组织看作是基于关系的社会体系,比起将信息看作是个人的而非公共的这种观点,就更容易被共享。信息流通是通过个人之间的联系来完成的。根据一位法国的管理人员的话来讲,"广泛传播的信息显然是没有用处的"。而且,法国组织的行政的实质促成了将信息看作是权力的源泉这种观点,也因此不容易被摆脱和放弃。因为这些原因,在法国的公司里非正式的交流占有相当重要的地位就不足为奇了。一项在《Nouvel Econmiste》中的调查研究结果表明,经小道消息得到的信息要比经顶头上司得到的信息更为可能。不同的信息渠道对这种集权化的、正式的并且是有限参与的信息流通起到了有益的补充作用。

相比较而言,瑞典的管理人员,更强调平等并对不确定性有更大的容忍度,对正式的组织结构和权力跨度则不是很在意。交流沟通的方式是更为开放而非正式的。这个现象在安德尔·劳伦斯的研究结果中得以证实——在跨越权力跨度界限的时候,瑞典的管理人员受到的阻碍要比他们的法国同行小得多。我们知道瑞典关于组织的观点是组织是机械的而非社会—行政式的,因此将信息与任何感兴趣的人共享将是更愿意被接受的。信息是可以利用的,它的价值在于它是机械式的,而非社会化的。

瑞典人坚持认为信息应该是透明的而且应该是公开分享的。意大利方的管理人员和工会，尽管最初对这种透明度感到惊讶，但后来也正是因此对他们的"斯堪的纳维亚"的收购者产生了敬意和信任。然而，Zanussi 的管理人员总是无法抛弃以前他们那种将信息留在自己这里作为保持权力的手段的做法。

在日本的公司里，鼓励在组织的各个层级上，包括在组织内部（在员工之间）以及在组织外部（与供应商和顾客之间）进行高密度和大范围的讨论。日本公司的高度适应性也经常被归因于这种跨越边界、开放式的信息流通。通过加大信息非正式流通的程度，日本的公司就有能力来产生和利用知识，从而创造出了一个"学习的公司"。

下面看一下 Kao 这个宝洁和联合利华的日本竞争对手的特别案例。其首席执行官马拉塔博士坚信下面的话：

"如果每个人都基于平等的立足点来进行讨论，那么将没有什么事情是不能解决的……[所以，]组织被设计成'不断流动的系统'来运作，而这将在每一个方向和每一个层级都激发思想的交互和传播……[这样]组织的界限和头衔被革除了。"

Kao 的总部实际上就是以这种方式来设计的，用以鼓励各种观点和思想的相互激发。在第 10 层楼上，也就是通常高级管理人员所在的楼层，在座的有董事会主席、总裁，以及四位执行副总裁，还有一些秘书。这一层的大部分空间都是开放式的，有一张大的两张小的会议桌，还有椅子、黑板以及散点安置于四处的投影幻灯机；这就是我们所说的做决策的地点，也就是所有的讨论，包括员工与高层管理人员们以及高层管理人员之间进行讨论的地方。任何从这里经过的人，包括总裁，都可以坐下并参加关于任何话题的讨论……这种形式在其他的楼层同样适用……类似于大房子似的车间，没有隔墙但仍有为自发的或是预先安排的讨论而准备的桌子和椅子，而且在讨论中人人平等。任何人都可参加讨论，任何一个管理人员都有可能发现自己与总裁相邻坐在同一张桌子旁边，而大家也经常可以看到总裁等候在 Kao 东京的咖啡店里排着的长队里，并且对此已经习以为常了。

在这里，任何员工都可以取得关于销售或产品开发的数据、从研究开发部得到的最新研究成果、昨天在每个车间的生产和存货的各个细节资料，甚至可以查阅总裁的花销账户。这样，办公室设计、建筑的形式，以及信息技术都能对管理人员处理信息的方式产生影响。例如将信息与他人共享或是只由自己掌握，以及沟通渠道是开放且多样化的还是只局限于一种一对一的、系列化的并且是保密的方式。来自东芝的日本科学家被派至一个与 IBM 和西门子的合资项目，他们发现在小阁间里工作效率很低。所以他们更多地采用在会堂里相互讨论交流的方式。德国的科学家则更看重隐私权。

对于物理空间及其所产生的相互交流方式的利用，都是人为产生的文化的衍生物，这也反映了对权力跨度、正规化程度量以及参与水平的最佳程度所持的不同观念。这些观念影响了不同国家里各个公司中信息的流动和交流沟通。更深入地挖掘下去，我们发现在不确定性存在的情况下，关于信息利用的假设是有不同之处的。例如人们是否被认为是可以信赖并且具备一定能力的，信息应该被作为保留权力的手段还是应该共享。此外，我们还发现对于信息之下潜在的文化方面的意义有着不同观点，其一是信息是基于机械的模式起作用的，其二是信息是基于行政目的起作用的。

五、文化对组织决策的影响

组织决策的实质也是深植于文化根基之中的。由谁做出决策，谁参与决策过程，以及做出决策的地点（在正式的委员会上，还是在相比之下非常不正式的门厅或走廊，抑或是在高尔夫球课上），等等，这些都能反映出在文化方面不同的假设。所以，正如不同的时间界限一样，决策过程的实质也能够对贯彻决策的速度产生影响。

也许在瑞典和德国这样权力跨度较为扁平化的国家里，我们能够得到非常之多的关于在决策过程中有广泛参与的证据。瑞典，也许是沿着工业化民主这条道路走得最远的国家，在那里，工会的领导人多是处在高级管理层的位置上，只参与一些主要的战略决策的制定，如重新安置海外的工厂等。每一个人都有为一个决策贡献力量的权力。决策意味着寻求共识。

在荷兰和德国，车间的委员会或是劳工的代表，在决定商务事宜的时候也起着重要的作用。对共识、社会平等以及福利的强烈认同和恪守，反映了关于集体主义和平日的工作环境质量的重要性假设。

对比而言，处于强调权力跨度或等级的文化背景下的公司，更可能对决策采取集权化的方式。例如在法国，政府就对公司的战略和政策的制定方面，经常是通过选择高级管理层的方式施加很大的影响。这种方式已经为法国赢得了"产业政策之父"的声名。PDG（首席执行官）也许拥有更多的经验在政府中而非商业天地里。而且,他(在极少的情况下是她)一般是要做决策并因此而受到尊重的。每个人都会特别留意地保障自己现有的权力,以至于管理层和工会的矛盾经常以激烈的冲突收场,并且任一方都不愿意向另一方做出让步。现今正当工业私有化的时代,员工们通过协作和质量循环更多地参与到公司事务中来,法国的管理层则因为仍保持集权化以及精英管理而招致批评。

北欧人的和拉丁语系的欧洲公司在决策上的差别,在瑞典的伊莱克斯(Electrolux)收购意大利的 Zanussi 时得以充分而显著的体现。瑞典的高层管理人员不断地在为使意大利的管理人员解决问题时能够在其内部达成共识而努力,但是他们在此过程中经常遭受挫折。反过来,意大利的管理人员则希望高层领导能够解决诸如在意大利的产品生产线与英国的销售部门之间的转移价格等问题。"……在这个复杂的跨国组织中的关键,是由一种主动机制的存在来创造并推动必要的整合"。然而,瑞典的 CEO 更愿意让他们自己来解决自己的问题:"'强制'是在伊莱克斯的文化中很少能听到的一个字眼"。

日本的公司有着集体主义的取向,在决策这个问题上采用了另外一种不同的方法。在日本的 Ringi 系统中,申请书(决策的提议)是在大家之间传递并要求个人在上面签名的。然而,签名本身并不一定意味着赞成,而是意味着如果这个决策被采用,签名者同意遵照其执行。尽管征求高层领导的意见是必须的,但是他们的这些观点与其说是清楚直白的还不如说是较为含蓄的。因此,日本的管理人员就要在"读懂他们老板的意图"上花费额外更多的时间,以便找出什么才是真正预期达成的东西。通过这种方式,日本的公司协调了对集体主义和重视权力跨度两者应该并重的问题。

北欧和美国的管理人员经常抱怨说日本公司在做决策时速度"太慢"。而另一方面,日本的管理人员,则经常抱怨美国和欧洲的管理人员用来贯彻执行决策的时间过长。尽管在日本会用更长的时间来达成决策,但是一旦决策开始被执行,就会被更为迅速地贯彻,因为每个人都参与了整个决策过程,并且能够理解为什么决策要被执行,已经做出的决定是什么,以及下一步要做什么。美国人可能会因为自己的"富有决断力"而自豪,他们能够自己独立地很快速地做出决策。然而,他们也不得不在回到自己的办公室后花更多的时间来"卖出"自己的决策,诸如要解释为什么这样决策,决策是什么,怎样做出的决策,还要保证对决策的支持。于是不可避免地,贯彻执行就要花费更长的时间。

因此,决策的不同方法就会对达成决策所耗费的时间长短有很大的影响,即使是在那些有着共同的文化方面的假设的国家里也是如此。例如,一项对瑞典和英国的战略决策的比较研究表明,在瑞典需要花费是英国两倍的时间,不仅仅是在确定战略问题方面(37个月较之17个月),而且还体现在决定如何解决这些问题方面(23个月较之13个月)。

这些在达成决策上所费时间的差异,可以由在决策过程中他人的参与程度和对达成共识的偏好程度来解释。在瑞典更多的人参与到对信息的贡献上来,并且在收集信息和比较各种可选方案上所花费的时间也是更多的。而且,对比在英国战略决策一般是由常务总监(首席执行官)个人做出的这种情况,在瑞典多数时候则是由管理层(作为一个集体)做出的。瑞典的这种共识驱动的方法(此法包括了政府和国家官员)导致了一种趋势,即将任务职责或是特殊工种进行分派这种非常费时的做法。

做出决策的速度不单单反映了过程,而且反映了人们普遍的对待时间的态度。许多西方的管理人员抱怨说他们对于紧急事件的感受并未被世界的其他部分共同分担,而这个世界的其他部分的观念看起来是"什么才是现在最紧要的?"然而在亚洲以及中东,一个迅速做出的决策会意味着这个决策本身是缺乏重要性的。否则,就应该花更多的时间来考虑、深思并讨论,来予以足够的保证。因此快速做出决策并不一定被认为是一种有决断力并有极强领导力的特征,而且还反而会被认为是一种不成熟、不负责任,甚至是愚昧的表现。

更进一步说,在那些过去的历史扮演着重要角色的文化中,传统不能被如此迅速地抛弃。因此,决策的做出和贯彻实施都需要更加缓慢地进行。这种现象可能在亚洲的文化中体现得更为明显,而其在文化背景相似的国家中也是存在着重要差异的。美国的管理人员,较少地受传统的束缚,也许就会认为欧洲的管理人员在做决策时速度太慢了。

举个例子,英国的社会,已经被公认为是保守,受传统影响大,并且极不容易产生变化的典型。英国公司在决策时的缓慢速度也可归因于其更为分权化(决策任务被分派给常设的委员会)以及更为非正式化(即通过个人联系维持的、未明文规定的条例和规程来规范)的特征。

一项对英国和巴西的公司的战略决策进行比较的研究表明,巴西的经理主管人员做决策一般要快得多,这是因为他们有着集中的权力,这使得他们能够个人独立地进行决策。而且对巴西的管理人员来讲,感知到更大的不确定性以及缺少对环境的控制可以促成一种强烈的紧迫感和对变化的需求。

这样,决策在方法上的差异就可以被归因于多维且相互作用的文化各个尺度了。除却文化上对于权力跨度、正规化的偏好之外,关于时间和变化的假设对于决策如何做出以及决策做出的速度也是重要的考虑因素。除此之外,决策的参与度也是与之类似的,但是原因有所不同。在一些国家,例如美国,参与被看成是一种综合不同个人的观点并保留每个人进行决定的权力的方式。在其他的文化中,例如在日本,它是一种建立整体协调和联系的方式,而在荷兰与瑞典,它对社会福利起着激励的作用。这也导致了在关于授权的文化方面不同原因的解释。

在瑞典,各利益集团都有"进行斡旋的权力",而在德国是有"进行决策的权力","授权"象征着为了对整体的福利达成共识而进行的权力的共享。在类似于美国这样的国家,你会被认为是自给自足并能够照顾好自己的(高度的个人主义),劳资双方的关系更多的是被关于分配问题的交涉谈判来确定的。每一个人都不惜牺牲别人的利益坚持要维护他们自身的利益,并有独立追求个人福利的资源、支持以及权威。

总之,文化作用于组织管理和组织运行的各个方面。基于文化是一种组织行为产生的原动力,因此,在组织问题的讨论中,就必须时刻注意文化的影响。而这种影响在很多情况下所表现出来的价值是本质性的。

本 章 小 结

本章主旨在于讨论文化在组织管理当中的作用。首先对组织文化进行了定义:组织文化是"一个组织中代表其成员的特性,并影响其态度和工作方法的惯常行为方式的综合体系。"组织文化外化为并强烈地作用于组织的物质文明、制度文化规范和文化符号与标志。组织文化的起源往往同那些作为公司创始人的杰出企业家的创业意识、经营思想、工作作风、管理风格,与其意志、胆量、魄力、品格,与公司文化赖以存在的时代文化环境,以及与公司创业初期结果的印证等,都有直接的关系。这里突出的是企业创始人对于建立组织文化的重要作用,而后组织文化经历两个层次两个方向上的积累,达到一种相对稳定的状态,组织文化在新的环境当中又会随着形势的发展而突变或者更新,以达到适应环境的效果。但这里应特别注意的是文化内在的悖论问题。

企业社会责任是企业文化的一项独特内容,是企业文化的重要组成部分。无论愿意与否,企业家必须承担社会责任,这是企业家的使命。本章详细介绍了企业社会责任的概念、内涵,以及承担社会责任对企业的影响,以此让读者对社会责任有更加全面的认识和了解。

文化对管理的影响通过组织过程表现出来,通过政策和规定的实质、计划和控制、信息的处理和交流以及决策等管理过程得以体现。本章通过对比不同文化对上述几个方面影响的差异性,说明了不同文化假设对具体管理过程的巨大影响。

思考与讨论

1. 请描述企业创始人在企业文化的形成过程中所起的作用。
2. 家族企业文化的代际变迁有哪些特点?
3. 请概括组织文化突变对于企业在新环境中生存发展的重要意义。
4. 企业政策和规定是如何体现企业文化的?
5. 请根据本章内容概括惠普文化的特点及其在实际管理中的作用。

第十章 组织文化对管理的整合

组织的管理进入最高层次是通过文化的整合带动企业的提升。组织区别的重要特征正是通过企业文化而得到体现的。文化的本质是价值观，组织的价值观对于企业的经营决策、管理制度的作用是通过组织文化的教化、维系功能、软件功能、机理功能、阻抑功能得到实现，文化所体现的价值观成为组织管理的价值标准和依据。

组织中对人的行为约束通常表现在法律法规、制度和道德三个层面。法律约束包括由政府和地方颁布的具有法定约束力的各种法律或具有同等效力的规定；制度约束主要体现在由个体所在的组织制定的各种规章制度；而道德的约束更多的是产生在社会和组织规范条件下的自我约束过程。无论是法律还是制度约束，都难免有失去效率的时候，当法律和制度失去效率的时候，由社会道德影响人的价值判断达到自我约束的目的就显得更为重要。组织的道德营造需要通过企业文化来完成。制度是硬件，文化是软件，硬件是中性的，而通过具有价值判断的文化整合后的制度设计更具有行为的导向和约束作用。在特定组织文化中的制度将体现组织文化的价值。

组织文化对管理的影响主要体现在企业经营策略、管理制度和体制三个方面，同时，对三个层面进行整合（如图10-1所示）。

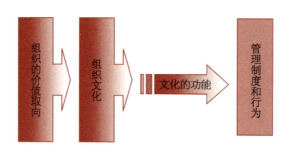

图 10-1　组织文化对管理的整合

第一节　企业家道德价值观

企业家道德价值观是企业家的道德意识和道德实践活动对社会、企业和个人所具有的意义。价值观作为一种意识和实践精神指导着人们的活动,企业家的道德价值观指导着企业家自身和企业的行为,使其具有道德意义。企业的行为很大程度上是由作为企业管理者的企业家决定的,企业家的道德价值观直接影响到企业战略、企业决策以及各种管理制度的制定。

一、企业家道德价值观的内涵

企业价值观是企业文化的核心和灵魂,它虽然不像企业的管理制度那样直接和硬性,但是在企业的经营管理活动中仍发挥着巨大的作用。对内而言,可以激励员工、增强企业的凝聚力;对外而言,有助于树立良好的企业形象,提高企业核心竞争力。海尔集团张瑞敏认为"虽然企业管理者们会对各种论述企管方法和工具的书籍发生兴趣,但真正能让管理工具发挥作用的却是企业的价值观"。而企业家价值观是形成企业价值观的重要基础,是企业价值观的人格化代表。因此,企业家的价值观与企业的发展具有紧密的内在联系。

1. 价值观

价值观是人们对价值问题的根本看法,是人们在处理价值关系时所持的立场、观点和态度的总和。罗克奇(Rokeach)认为价值观是一种信念,是行动和态度的指导,是个人的,也是社会的现象。因此,价值观既是判断好坏的标准,也是指导人们行为的指南。价值观普遍渗透在社会生活的各个领域及个人生活的方方面面,诸如经济价值观、政治价值观、道德价值观、宗教价值观,等等。

不同的领域的价值观指导不同领域的活动但在价值理念上可以相互影响,尤其是道德价值观,往往可以影响和制约个体对其他领域价值观的选择。所谓的道德价值观是指"人们的道德意识和道德实践活动对社会、群体和个人所具有的意义"。它包括高尚的道德思想行为所表现出来的正确、科学、积极的价值观,如集体主义价值观,无私奉献价值观;也包括不道德行为所表现出来的错误、庸俗、消极的价值观,如享乐主义价值观、利己主义价值观等。

2. 企业家的道德价值观

企业家的价值观是企业家对价值问题的根本看法,以及他们在处理价值关系时所持的立场观点和态度的总和。企业家的价值观作为一个系统,不仅对其个人的思想行为产生指导作用,也必然体现在其制定企业战略、进行企业决策、协调企业关系等行为中。

企业家的道德价值观,是企业家的道德意识和道德实践活动对社会、企业和个人所具有的意义,势必对整个企业活动产生重大的影响。价值观的核心问题是个体与群体的关系问题,精神生活与物质生活的关系问题。因此,企业家道德价值观的根本问题包括两个方面:一是企业家个体利益与群体利益的关系问题,二是企业家对物质价值和精神价值的看法问题。

第一,个体利益与群体利益。我国是一个集体主义取向的国家,它主张集体利益与个人利益的辩证统一。既维护集体的利益又通过正当手段获取个人利益,当集体利益与个人利益发生冲突时,应当以集体利益为重。企业家既是企业生产经营的指挥者,又是企业中的普通一员,其自我完善离不开企业的实践和群体的支持。因此企业家应当以企业利益为重。同时,企业家作为一个自然人,有自身的利益需求,这是正当的。保证这种需求是建立现代企业制度和培养企业家队伍的必要条件。

第二,物质价值与精神价值。物质生活是追求精神生活的基础,在适度重视物质生活的基础上,更要强调精神追求的崇高价值。这要求企业家不应当把经营企业仅仅当作谋生或者获取物质利益的手段,而应当将其作为实现理想和人生价值,为国家为社会作贡献的途径。

二、企业家道德价值观的基本范畴

企业家的道德价值观，主要包括以下几个方面：

(1) 责任观念。

责任是社会整体对个体的一种要求，即个体承担起社会整体发展的一种义务。对企业家而言，主要包括社会责任意识和企业责任。一方面，企业作为社会有机体的一部分，应当承担一部分责任，而企业家作为企业日常生产经营的指挥者，应当具有社会责任意识。另一方面，企业的发展、企业职工成长等责任是企业的每一位成员都应当分担的。作为企业的代表，企业家应将这种责任体现于一身。

(2) 人本观念。

早期管理中曾把人看作"机器人"和工具，尽管在一定时期内起过提高劳动生产率的作用，但由于它对人性的违背，越来越暴露其局限性。人的重要性在企业管理中越来越受到重视，尊重人不囿于对企业员工的尊重，还应扩展到对其他利益相关者的尊重。爱德华·弗里曼曾说过："在很多情况下，顾客服务和质量本身就是目标，利润只是副产品，尽管是重要的副产品……这场卓越革命的基本理论是对个人的尊重。"因此，在企业价值观中，尊重人、培养人、塑造人、提高人的"以人为本"的原则，什么时候都发挥着不可低估的作用。

(3) 利益观念。

追求利润是企业家的首要职责。因为利益是企业生存之本，没有效益的企业必将被市场淘汰。但前提是我们必须以正当、合法的手段去追求利益，追求利益的同时要兼顾社会的利益、国家的利益，遵循社会可持续发展的原则，不能为获得利润而屈从于道德的底线。日本企业家涩择荣一认为"只要是对国家公众有益的事情，就应该出于义去做，甚至以牺牲自己的利益为代价，而有损于国家公众的投机事业，即使有厚礼可图，也必须放弃"。

(4) 公德意识。

企业家既是社会成员的特殊组成部分，又是社会普通成员。遵守社会公德不仅是企业家作为社会公民的要求，同时也是企业日常生产经营的准则。

企业家在指挥企业的过程中，必须做到公平和平等。公平首先要求机会均等，如员工应该享有均等的录用、晋升、学习的机会，顾客应该有均等的获得产品和服务的机会,供应者有均等的提供资源的机会等。其次要公平竞争,包括竞争活动的公平、竞争规则的公平、竞争的结果的客观性等。对企业内部而言,体现出管理的公平是对员工最大的尊重,而最能体现企业家公平观念的就是对人才的使用,企业家应该不拘一格、任人唯贤。在对外关系中要做到公平的原则主要是讲求诚信。

诚信原则是企业的经营之本,企业家诚信劳动直接体现为向社会提供优质的产品与服务,满足消费者的需求,不做虚假广告、不偷税漏税等。这也是企业获得消费者的肯定,进而做大做强的最重要的手段之一。通用电气公司董事长兼总裁杰克·韦尔奇说:"我们没有警察,没有监狱,我们必须依靠我们员工的诚信,这是我们的第一道防线。"企业家首先自己确立了诚信的道德价值观,才能推动企业的信用建设。

(5)创新观念。

经济学家熊彼特认为:"不是所有经理都有资格成为企业家,只有他对经济环境做出创造性的反应,从而推进生产的增长,才能被称为企业家"。不断创新、锐意进取是企业家的本质特征。创新是市场经济的本质要求,是一个企业不断发展的原动力。一个优秀的企业家,不管是在企业生产技术上、经营管理上,还是组织体制上都要不断创新,才能使企业立于不败之地。

三、企业家道德价值观在企业活动中的功能

企业家道德价值观是一种意识,但更是一种实践精神,它一经形成便在企业运作过程中以其特有的方式发生作用。企业家道德价值观在企业活动中的功能主要体现在以下几方面:

第一,导向功能。企业家的价值观渗透在企业方针、政策的制定和执行过程中,为企业提供价值标准和价值目标,为员工的价值选择和行为活动指明方向,使他们明白"什么是正确的行为"、"应当如何做"等。《论语·颜渊》篇中讲到:"政者,正也。子帅以正,孰敢不正"。在日常管理中,企业家应该起到一种道德垂范的作用,而这种垂范的基础正是企业家的道德价值观。

企业的价值观要在现实中发挥作用,关键在于其提供的价值标准要合理,价值目标要可行。换言之,企业家的道德价值观如果是正确的、合理、科学的,会更容易为企业员工所接受,由此形成企业共同信念、企业判断是非的标准以及调节企业行为的规范,这对企业的生存和发展至关重要。因此,企

业家道德价值观可以培育企业精神,即企业的价值观念和道德目标。例如,松下公司有包括"产业报国"在内的"松下精神",日立公司有"和、诚、开拓"的日立精神,丰田公司有"创造、挑战、勇气"的 3C 精神,这些精神的确立和发扬无不与其创始人有着密切的联系。因此企业家道德价值观本身就是一面具有导向性的旗帜,指引全体员工向着共同的目标奋斗。

第二,激励功能。"其身正,不令而行;其身不正,虽令不行。"企业家以其自身完善的道德人格不仅可以营造出企业良好的工作环境和人际关系,也常常可以激励员工自觉发挥积极性、主动性和创造性,从而得到物质奖励所得不到的结果。企业家若坚持正确道德价值观的指导,比如坚持公平原则、用人唯贤、坚持人本观念、鼓励员工创新等,企业内部必定会形成和谐友爱积极进取的工作氛围。员工的积极性、主动性、创造力等都会被激发,促使企业朝着既定目标前进。利益的驱动力是短期的,只有文化、价值观才能形成持久性的推动力。

第三,凝聚功能。企业凝聚力的强弱在很大程度上取决于企业家的道德人格魅力。人力资源是企业最重要的经营要素,因为所有物的资源都可以花钱取得无差异的产品,只有人才能决定企业的生存和发展。因此能否有效吸引、保留优秀人才成为企业成长的根本。企业家作为员工的主要维系者,不仅仅通过物质手段吸引保留员工,而且通过自身的道德素质获得员工的认同。当企业的道德价值观形成之后,能造成一种氛围,并通过各种途径在员工心中内化,成为企业的共享价值观。这种共享价值观是企业所有成员价值认同的产物,是人心凝聚和力量凝聚的黏合剂,对每一名成员都有凝聚和感召作用。

企业成功的标志不在于企业家拥有多少财富,而在于创造了多少社会财富,企业家的核心价值就是为社会创造财富。

第二节 组织文化的价值取向

企业在经营活动中处理组织内部以及组织与外部环境的关系时必然持有一种价值观,占有主导地位的价值取向成为衡量组织存在价值的重要指标,决定着组织的决策和经营行为。

一般来说,企业家的道德价值观是一个企业内部占主导地位的价值观,对于组织的决策和经营行为有着十分重要的影响。

组织的文化特征主要体现在公司的价值取向上,具体表现在经济价值取向、社会价值取向、伦理价值取向和政治价值取向等方面。

一、组织的经济价值取向

组织的经济价值取向并不是单一的等同于利润最大化的目标取向,毋庸置疑的是,经济目标是组织经营决策中的重要制约因素。在以经济价值取向为主的同时要兼顾组织的社会责任、社会道德层面的考虑。

经济价值取向的组织经营活动必须紧密围绕经济活动开展,其隐藏的是企业对利润最大化的追求。

以利润为导向的组织文化,在进行企业制度设计时,要求通过制度体现这种价值取向。而在推行制度的过程中,组织文化可以使员工认可这种价值取向,引导组织成员按照价值取向发展,支持制度存在的合理性。文化本身具有的激励作用和约束力将对组织成员的行为进行规范。

通过组织文化强化职业道德,经济价值取向的一切制度设计都是围绕低投入、高产出展开,以达到对利润的追求。在这种情况下,组织的运行或选择利润中心,或选择成本中心;利润中心谋求利润最大化,成本中心力争成本不断降低。利润动机成为组织发展的重要驱动力。

经济价值取向的组织管理支持这样的结论:

(1)动机假设完全是一种从一般私利性出发,试图使公司经济价值取向趋于利润唯一化的推论和演绎,它完全不能构成复杂的公司行为的复合的心理基础分析;

(2)利润最大化经济价值取向完全是一种虚构的公司价值取向,单纯的做不到,泛泛的无意义;

(3)公司追求的是适度利润,是平衡利益,事实上追求的是长期的包括利润在内的收益最大化;

(4)换言之,现代公司经济价值取向事实上是一个包括直接盈利、满足各经营角色需要(股东、业主、经营者、职工),兼顾就业、成长和社会需要的复合的经济价值取向;

(5)因此,不但经济价值取向需要同其他各种非经济价值取向相平衡,而且,各种不同的经济价值取向本身可以在一定时间内相互替代。

应当强调的是,不论是追求公司内充分的、完全的保障性就业也好,追求公司高水准的福利也罢,首要的和基本的经济价值取向还是以利润目标为原则。因为,"在我们的经济制度中,从营业中获得的利润是我们繁荣和发展所需资金的最终源泉,它是衡量我们公司长期成绩的一个极为基本的尺度。只有我们持续地实现了利润目标,我们才能实现我们公司的其他目标。"(〔美〕威廉·大卫:《Z理论》)

因为,利润率虽不是工商企业和企业活动的目的,但却是一个重要的限制因素,虽不是企业行为、企业决定的说明、原因或存在理由,却是对其有效性的一个考验。

正如德鲁克所言:任何企业的第一项考验不是使利润最大化,而是获得足够的利润来应付经济活动上的各种风险,从而防止亏损。

任何企业组织生存的目的只有一个:创造顾客、市场和需求。为了达到这一目的,它必须执行两项基本功能:市场营销和创新。利润只是企业组织达成这两项主要功能的补偿和报酬之一,而不是结果的全部。因此,企业运行的项目、作业、产量、组合、投向等等的抉择绝不会完全从盈利出发,其原始诱惑力与驱动力也多半不直接来自于利润率的高低和利润总量的多寡,它们只是事业抉择的限界条件,这在项目评估、损益分析(或成本收益分析)中表现得极为明显。美好的前景在召唤,伟大的事业在激励,神圣的使命在推动,加上可期望、可观的收益的"诱使",时常是企业家们创业、发迹的初始心境,是健康的公司文化时常具有的"胸怀"。

二、组织的社会价值取向

组织是社会的器官和组成,它对赖以生存的社会负有不可推卸的责任。传统的组织社会价值取向只是认为组织经营之后,靠其税收和其他盈利分割来适当推进社会慈善与对福利事业负有责任,这与当时的社会舆论有关。

早期有关工商企业社会责任的讨论和探索集中了这样三个领域:(1)有关私德和公德关系这个永恒的问题。这个问题是从政治领域直接移入公司经营领域的,即为这样一句古老的政治家的警句所表达:"如果我们把担任公职时为了国家而做的事在私人生活中也那样去做,我们会成为怎样的坏蛋啊!"(2)是有关雇主由于其权力和财富而对职工所承担的社会责任。意即仍旧是工作、生活于公司之中的职工的社会问题。(3)有关要求或指派工商业者在社会"文化"方面的支持、帮助责任：资助艺术活动（或团体）、博物馆、体育俱乐部、文化娱乐中心；担任教育机构和宗教机构理事会的理事，出任基金会的董事长、董事；为慈善事业和其他社会公益事业出钱。第二次世界大战以后，公司社会价值取向讨论的重点，由工商业者个人转向工商企业、公司，"在前一代，人们期望'富有的工商人士'为一家医院捐助；而在第二次世界大战以后，人们期望大企业资助有价值的事业。"（德鲁克：《管理》）到了20世纪60年代早期，"工商企业的社会责任"一词的含义已与传统的早期的那些议论和"规定"大大不同了。

很显然，关于组织社会价值取向、社会责任讨论的三个方面的前两点都是关于组织个体伦理价值取向的，严格地说，它们不属于公司社会价值取向范畴，至于最后一点，它不过是现代组织社会责任的一个方面而已。

一个健康的、有效的现代组织文化，有关其社会价值取向问题通常都发展到、升华到这样的高度：其一是确认并积极处理公司、企业生产、经营全部活动所造成的社会影响，即正视、确定其对社会的影响，又正视并确定对这种影响所负有的责任；其二是确认社会问题的存在并积极参与社会问题的解决，即把社会问题视为公司发展的机会，通过把一个社会问题转化为公司经营发展的机会，既满足了社会的需要，又为本机构发展奠定了基础。

关于前者，德鲁克指出："无论是有意造成的还是无意造成的，人们必须对他们所造成的影响负责。这是第一条规则。管理当局无疑要对他们的组织所造成的社会影响负责。这属于管理当局的业务。"

关于把社会问题看作是企业的机会这一层次的问题，德鲁克指出："把社会问题转化为企业机会的最有意义的机会可能不在于新技术、新产品、新服务，而在于社会问题的解决，即社会创新。这种社会创新直接和间接地使公司或产业得到利益和加强"。

这就把组织社会价值取向由一般的公共关系问题上升到推进社会文明发展、社会历史进步的高度，把积极的"防御"转化为积极的"进攻"，使得组织文化直接参与社会文化，成为社会文化发展、进步的重要推动力量，从而使组织既肩负起了多重社会责任，又获得了一个日益改善、日渐完美的社会环境。英国标准电话和电报公司在其总体目标中明确规定（与社会关系的部分）公司对于当地社会、国家、欧洲经济共同体以至整个世界，都应成为一种经济的、知识的社会的财富。重视环境，密切关心工厂周围居住者的利益。

鼓励公司成员在实现公司内部目标的同时增强对社会的个人责任感。

为帮助寻找出解决全国性问题的途径而贡献知识才能。执行机会均等的方针,对所有的人事问题的管理都没有种族、肤色、宗教和性别的区分。

H·P·布尔默控股有限公司坚持"本集团随时随地尽自己能力使当地社会获益,并保护生活和环境的质量"这样的公司社会价值标准。([英]沃尔特·戈德史密斯、戴维·克拉特巴克:《制胜之道》)

休利特-帕卡德公司对自己的"公民身份"是这样规定的:我们必须努力改进我们生活于其中的环境。作为一个在世界上许多不同的社区中经营的公司,我们必须向自己保证,这些社区中的每一方面都由于我们的存在而有所改进。这就意味着:我们要建立起一些对社区有吸引力并和谐相处的工厂和事务所;解决而不是增加一些交通和污染问题;从金钱和时间方面对社区、社会作出贡献。

每一个社区都有它特有的社会问题。我们的组织必须帮助解决这样问题。作为朝这个方向发展的一个重要步骤,我们必须努力向具有广泛不同背景的人们提供有价值的就业机会。这就要求我们做许多事情,其中包括采取积极的行动去找出并雇用处境不利的集团的人们,并鼓励和引导他们在充分参与各级管理方面取得进展。

休利特-帕卡德公司的人员作为他们所在社区的公民,可以而且应该做很多事情来改进社区——这或者是作为个人做工作,或者是通过教会、学校、市民团体或慈善团体等。从国家范围来讲,极为重要的是,公司要成为它经营地所在的每一个国家的一个好的团体公民。此外,还应鼓励我们的雇员,作为个人对国民问题的解决作出贡献。改进我们的社会不是少数人的工作,而是所有的人都应分担的职责。

说到现代公司社会价值取向的动态与发展,绝不意味着组织在承担社会责任方面没有任何界限。诸如利润最低限度约束、能力限度约束、职权的限度,等等,都构成组织社会价值取向的约束条件。

优秀的公司文化总是在承担社会责任的态度、范围与适度方面具有高度的"权衡能力"。

三、组织的伦理价值取向

如同其他伦理道德领域一样,公司伦理道德也涉及人们之间、重大关系的维持和确立。在公司伦理道德这一具体领域,它主要涉及所有者(国家、雇主、股东)、经营者、雇员(职工)、公司和消费者(用户、顾客)之间的重大关系的维持和确立。尊重生命、努力做好事而避免坏事、公正合理地调配利益、诚实与讲实话、个人自由这五条道德原则同样适用于公司伦理道德关系调整。

关于如何将基本的权利与义务道德原则应用于公司伦理道德领域，伦理学家通常认为公司一般权利大体包括：不论雇主、雇员还是消费者都有使自己的生命受到保护的权利；有机会不受阻碍地寻求职业、使自己适于受雇的权利；建立企业、拥有资产、自由雇工和赚取利润的权利；在雇主与雇员、企业与企业、企业与政府、企业与消费者之间，都有公平的职业安全的权利；企业有努力招待消费者、推销产品和劳务的权利，消费者有任意选用产品和劳务的权利。

就义务而言，公司、企业经营活动的参与者有义务做到诚实和说实话，公平待人；诚实守信地履行协议和合同；以适合于所有当事人的方式还清债务，包括借款的利息；为雇员创造完全的工作环境；努力完成与所得报酬相应的工作量；最后，在合理的和道德的范围内，要忠于雇主、雇员和主顾。

关于公司道德领域的公正，主要有这样三种类型：交易公正、分配公正和社会公正。所谓交易公正，涉及对所提供的劳务或生产、销售的产品作出的补偿；所谓分配公正，与企业总利润在企业主、经理、雇员和股东之间的分配有关；所谓社会公正，涉及企业及其成员应如何对待消费者和全体社会成员的问题。

关于说实话，公司伦理道德方面主要指在同意提供劳务产品与付给报偿方面说实话；在雇主和雇员关系中不说谎；不对股东隐瞒企业状况；做广告时说实话。

关于诚实，公司伦理道德方面主要指：遵守口头的或书面的协议和合同，承认产品的毛病，特别是安全方面的毛病，并尽可能予以纠正；为所得工资付出诚实的劳动；为完成的工作付给适当的工资；在合理但不过高的利润限度内，规定诚实的价格；根据价值提供尽可能高质量的产品，尤其是关系人们的健康和生命的产品更应如此；最后，要经常检查各级企业活动，确保及时发现并消除不诚实和不道德的现象。

经营企业，如同做人。正直、善良、诚实，这些美德不但适于个人，也同样适于组织的行为。如同约翰·克拉克爵士所说："我视正直重于才能，成功的、优秀的公司都极为推崇正直，并把它作为公司文化核心的一部分。这显然不是自我标榜。每个公司都坚信,没有绝对的正直,就根本无法经营业务。"(〔英〕沃尔特·戈德史密斯、戴维·克拉特巴克:《制胜之道》)

公司第一流的地位则要求合格的第一流雇员的模范行为和态度。正义的、高尚的、美好的组织伦理道德取向渗透到公司内外活动的所有领域,它使组织能够正直地对待顾客,正直地对待组织成员、正直地对待供应商,正直地对待公众。这样,公司内外行为调节和关系调整,在最高层次上受到伦理道德规范制约。

四、组织的政治价值取向

以政治价值取向为主导的组织多为具有强烈政治色彩的团体。组织存在的目的在于谋求影响政治,谋求政治地位。组织的中心工作是为政治目的的实现服务的。政治上的收益将成为组织决策和管理的重要依据。

大多数组织不是政治团体,这类组织可以不参与政治但是一定要关注政治。政治通过政府行为影响组织的经营环境。对政治的关注可以让组织对未来的经营环境有一个相对理性的判断。

组织的行为是否和当局的政治价值取向一致?允许有多大的偏差?组织的经营管理活动和当局政策的一致、对当局政策的支持将可以获得相应的支持回报,获得政府提供的资源。

经济问题、社会问题、伦理道德问题与政治问题从来就没有一条不可逾越的鸿沟。一些问题在一定的社会历史条件下为焦点问题、敏感问题而存在,只要稍稍一激化,即刻就会转化为政治问题,就会酿成政治危机。大的组织经济价值取向、社会价值取向和伦理道德价值取向,都规定了它在这些问题生成和发展时,不能袖手旁观,而对人权、种族、民族、就业、福利、慈善等等一系列问题的介入,对这一系列问题的解决,都会使公司文化形成明确的政治价值取向。可以预言,公司文化愈是向更高层次方向发展,愈是把社会问题当成公司发展的机会,公司政治价值取向就会愈不明确。

第三节 组织文化的功能及其对管理的整合

一、组织文化的功能

人们普遍认为文化具有如下功能：教化功能、维系功能、软件功能、激励功能、阻抑功能。通过组织文化的功能作用于组织的管理和制度，实现组织文化对管理和制度的整合。

1. 企业文化的教化功能

教化功能，就是使文化共同体的行为主体学会生存的职能。动物靠本能与模仿学会生存，人类主要靠文化交流、传递学会生活。企业文化如同社会文化和其他集团文化一样，对企业全体员工，首先肩负着教化功能。

学会生存，不同的社会角色各自有着不同的要求，因之需要各种不同的文化执行不同的教化功能。政治家要懂得官场文化，了解权力结构，对争取选民的艺术驾轻就熟；科学家要懂得科学规范，掌握科技信息与情报交流技巧，熟悉创造性思维的法则与规律；军事家要熟知兵营文化，掌握战争法则和战役与战斗规则……再者，不论任何角色，作为一个消费者，人们的衣、食、住、行需要一整套风俗习惯和常规生活文化加以教化。

企业文化的教化功能是企业角色文化和职业分工体系得以形成和发展的基础。车工、钳工、铣工、刨工、电工、木工、瓦工等诸工种要有一整套训练、检验、晋升文化与之相适应。推销员、领班、车间主任、厂长、部门经理、董事、总经理、董事长等等，企业各种角色都需要相应的企业文化给以规范、训导和教化。此外，更为重要的是那些介于企业正式与明确的角色系列之间的特殊角色的地位和教化。一个企业文化是否有特色，是否生机勃勃、富有无限的生命力，不但看它能否在自身的文化体系中给那些特殊角色以地位，而且看它能否提供造就和培养这些角色的教化功能。优秀的企业文化，往往不只是提供保证其经营业务正常开展的职业训练和角色训导，而且能造就一批知人善用的领袖式人物、敢做敢为的"刺儿头"和善于把主意变成产品的尖子人物。

因此，企业文化的教化功能，既不是一种纯粹的职业技能、技术、操作和素质训练，也不是通常的社会道德教育，而是在此基础上的团体文化的熏陶与教化。企业员工在企业文化氛围的多重熏陶下，不但把握了各种社会与企业分工体系下的职业角色文化，而且受到了职业道德、社会公德、群体意识的教育和强化，受到了谋生、做人、律己、合作等多重教育，个人文化道德也得到了提高。

在现代社会文明中，谋生与做人往往是不可分离的。因此，企业文化的教化结果，倘只能提供谋生手段与技能的培训，而不能给予做人的启迪和熏陶，那它就倒退到古代奴隶社会的低级文化了，因为只有把劳动者仅仅视为"会说话的工具"，才会把谋生技能完全等同于机械的自动管理。

当然，严格说来，企业文化的教化功能也具有两面性。良好的企业文化与病态企业文化，其教化功能的结果相去甚远，甚至截然相反：前者给职工的一定是做事要公道，办事讲信誉，待人应诚恳，公私须分明，公众形象至关重要，等等；后者灌输给职工的多半是人世间本无公平可言，信誉、名声不值钱，做人须圆滑、老道，环境本来就是充满敌意的，公众形象、评断算不得什么，等等。

例如，沃尔特·戈德史密斯和戴维·克拉特巴克发现：英国那些优秀的公司"已把正直的观念融入他们的经营方针之中，就此而论，说它们具有一种'对正直的热爱'并非言之失当。这同样也适用于对待雇员、顾客、供应商和社会中的其他人。

至于雇员，这主要就体现为保证使他们知道自己的处境，知道自己受到公平对待。

对顾客和供应商也是如此。客户得到了优质商品和服务，价格公道，迅速而有效地处理客户的意见并提供他所需要的关于公司产品的信息。即使要进行激烈地讨价还价，供应商还是乐意同这些公司打交道，因为它们是可以信赖的。这些公司与供应商之间的关系常常得到高度发展，特别是在用新一代产品满足市场需要这一方面。

这些公司中的大多数对任何攻击它们正直性的报道都会十分震惊。它们竭尽全力维护自己作为好公司的公众形象。"

因此，良好的企业文化的教化功能，必然造成"虽然它的雇员可能并不是什么杰出人才，却使这些人表现非凡"。而不良的、病态的企业文化和集团文化，却对职员起着腐蚀、教唆作用，把他们引入歧途，甚至使其走向深渊。

这种企业与集团文化反向教化功能作用在20世纪60、70年代美国政府和商业机构中发生的一些骇人听闻的事件中表现得十分明显。

如像一位政治评论家指出的那样,"于是,对水门事件的管理分析势必转向这样一个问题:为什么那些官员——从平平庸庸的到才干出众的——竟会铸下这么多的错误。问题的大部分答案肯定在于这个集团的环境和渗透并形成其组织作风的认识和感情模式。这样一种集体的气氛并不一定就是该集体中每一个人的态度、思想、想象、愿望和价值观念的绝对总和。每一个组织都有其自己的特性和自己的行动与反应方式,在这种组织中,这种特性强烈地感染着其成员的感受、思考和言行。"接着,他具体分析了直接导致了水门事件丑闻的那种组织文化及其教化功能的作用结果:"在那个环境里,充满着恐惧、猜疑和敌意……他们的心中烦恼不已……他们夸大了敌人的兵力和敌意,自己宛如一群为众敌所围而处于困境的城市中的居民。既然确信已处于孤注一掷的境地,一种强烈的求胜欲望就会使人按捺不住、激之而起。要是过于如此,这种思想状况就会导致种种忘乎所以、不顾一切的错误判断。"

20世纪60年代初,美国企业界关于重型电器的固定价格密约也发生了和水门事件相似的情况。当时,企业界乃至整个社会大为震惊,人们对此大惑不解:这些聪明一世、经验丰富、见多识广的老牌大公司的经理们何至于这样糊涂一时?何以会干出这样的非法蠢事?对于这个问题的解释是:"答案大多在于这些共谋者的环境。他们感到,来自他们的老板、不断上升的成本和他们认为是不公平的政府规章制度的压力太大了。"

2. 企业的文化维系功能

企业首先或主要是一个文化共同体,而不仅仅是财富、资金和一般物质的简单集合与积聚。维系这种文化共同体的核心和基本力量是企业文化,是企业精神、公司灵魂、企业道德和企业行为规范。因此,企业文化执行着维系企业存续的功能。

日本机器人生产跨国公司、小巨人主义文化倡导者的法那科公司,坐落在距东京约2小时路程的富士山麓,占地40万平方米。这里员工的制服、建筑物、机器、食堂的餐巾,甚至连书写纸都是黄色的。在这座创立于1972年,职工1 500人、资产62亿美元、人均年创利50万美元的"黄色军营"里,"时间"是人们唯一的目标。人们不仅在产品投放上抢时间,"在需求刚出现时就要制造出它的产品",而且在工作时争分夺秒,加班加点。全体职工每天上午

8点30分集中,聆听总经理10分钟演讲,17时25分的铃声只是宣布加班的开始,从没有人准时回家。工人们说:"一种巨大而无形的力量把我留在这里"。

组织文化是怎样形成并发挥它的维系功能的?按照马斯洛人类需求层次论脉络,组织文化是通过形成一种包括各种、各个层次的诱因与贡献相互平衡的"诱因引导与成就驱动"文化,来实现它的维系功能的。

第一,组织文化通过形成一种物质诱因(或物质刺激)与职员贡献相平衡的分配文化,来满足其基本的物质需要而聚集在企业文化共同体内。在其他条件相同的情况下,哪个企业物质刺激最强,其吸引与维系力也就最大。这在事实上已演化成"高报酬和高奖励文化"。"成功的公司支付的酬金在其所在的产业部门中往往属于最高水平。这并非是由于经营上成功而使他们有能力支付高薪,而是因为他们认识到提供最高的报酬是吸引最佳人才的一种方式。"即使是那些因种种原因未能利用人们为追求相应的报酬而努力工作的自然愿望的公司,它们也同那些优秀企业一样,认为"支付低报酬不是解决竞争问题的有效方式。他们意识到如果企业在困难时期要求职工牺牲报酬,而在景气时期却不让职工分享收益,管理者的信誉就难以维持。"

第二,企业通过制定招工、雇用、内部待业(优化组合后的编外在职)、解雇(或辞退、开除)、养老及其他方面的规章制度,形成一种就业及其他安全保障文化,以满足职工安全感的需要。在其他条件相同的情况下,哪个企业最能提供职业保障,哪个企业就最有吸引力,其文化的维系功能作用也就最大。休利特-帕卡德公司的就业文化,就是决定使公司不要成为一个"雇佣和解雇"的公司,即决不成为一个随景气波动、生产起伏而频频调节人员的劳动力蓄水池,而是要通过公司出色的发展、决策的合理,保证为每个雇员都提供充分的工作,并使他们渴望留在公司内。即使遇到公司无法抗拒的经济大风暴,公司也不抛弃职工。20世纪70年代的经济危机对休利特-帕卡德公司是个重大挑战,但这个公司硬是靠其强有力的文化传统力量挺了过来,没有解雇一个工人,而是上至公司最高领导休利特·帕卡德,下至全体雇员,每人减薪10%。这就难怪,在休利特-帕卡德公司,"人们献身于共同的事业,他们的立场、态度和方法达到了很高程度的和谐一致。……休利特-帕卡德公司的各级人员似乎都有永远用不完的精力和热情。"

第三,企业主文化和亚文化,在全体员工中制造了种种团队认同感和归属感,从而在职工甚至包括他们的家属中形成一种团体心理凝聚力,使人们先天固有的合群意识和群体行为找到了一种企业群体归属。在其他条件不变的情况下,哪个企业最能激发并满足职工的归属欲、团体认同感,哪个企业就最能把职工聚集在企业名下,其文化的维系功能作用就最大。这在事实上已发展成了一种"家族主义企业文化":那些优秀的公司、企业,都犹如一个个和谐美满的大家庭,员工们爱厂如家,亲如手足,同事间的关系和情感联系得到升华。因此,这种"家族主义企业文化"同建筑在任人唯亲、家天下的劣根性文化传统基础上的企业文化,同早期西方资本主义的家族控制、家长式统治的家族所有企业文化毫无共同之处。它是一种建立在非血缘、亲情基础上,后天形成的靠团体事业凝聚起来的紧密的社会联系之上的社会集团文化。这种文化的维系功能,靠的是在人们的人格、身体、精神完全独立、自主基础上的自动趋向和自愿归属,它既不同于各种人身和非人身的依附关系,也不同于血缘纽带关系。

第四,企业文化通过制造"使命感"、"成就感"、"公平感"(机会均等、同等竞争)、"自豪感",为企业成员提供追求成功、追求卓越需要的心理满足。在其他条件相同的情况下,哪个企业文化最能使职工获得机会满足、成就满足,哪个企业文化的维系功能就最大。在一个企业文化共同体成长和发展过程中,高级领导与决策层能否形成一种强烈的使命感、成就感固然重要,但企业文化做到这一点通常并不难。因为,这个层次的人物一经作了抉择并充当了某种领导角色,他们通常都会有自发的"领头羊"的意识和成就感。困难的是如何在普通职员,尤其是在工序最末端、作业最具体的职工心目中,焕发出那种强烈的在平凡的岗位上,做出不平凡的事迹来的意识和成就感。

第五,企业文化通过对群体中自发的价值追逐与企业经营总目标的协调,通过对各种、各类职员提供的不断拓宽的发展可能性空间,为他们提供最高境界的自我实现的满足。在其他条件相同的情况下,一种企业文化越是能提供追求自我实现的满足感,它对职工的吸引力就越大,其文化的维系功能作用也就越大。随着劳动者教养、学历的不断提高,企业行为主体内在的自我实现的欲望必然越来越强,然而大多数的企业文化可能提供的满足感却不能同比增长。结果就像那些发达国家和富裕国已出现的那样,如对英国、美国、日本、联邦德国、瑞典和以色列六国的劳动价值观念所作的一项国际性研究的结果:"职工教育程度越高,对企业的忠诚之心越弱。这个情况也适用于联邦德国和瑞典。大多数受过高等教育的人,都是为了获得物质方面的成功而工作,因此,他们最不可能从工作中得到满足。"这个国际性难题我们迟早也会大量地碰到。如何解决？要知道不但上述五个层次的企业文化在功能上是可以互相替代的，而且同一层次的人价值取向也不尽相同，更何况他们在具体情景中的价值判断和选择呢?!"所幸的是，在受过高等教育的人中间还有一部分人认为个人自我实现比物质报酬更为重要……这些人更有可能从工作中获得他们想要的东西，因而往往是最忠诚的。换言之，一个公司如不能支付丰厚的报酬，它就可能不得不依靠那些把金钱置于第二位来考虑的人，使他们成为最雄心勃勃的领导人物。"

3. 企业文化的"软件"功能

企业行为个体与群体的行为方式及特征，其思维方式及特征，从根本上说，都受控于企业精神、价值观、行为规范等文化约束，这表明企业文化执行着行为程序和思维程序功能。这当然不是简单地说企业行为主体不过是企业文化的人格化，其行为与思维没有任何特性和创造性可言，而是说一个企业的行为与决策（包括个体行为与决策、群体行为与决策；正式组织行为与决策、非正式组织行为与决策），不论其表面上如何，不论它是理智的，还是疯狂的，是有序的，还是无规则的，都与企业文化有着密切的关系。

就常规行为与决策反应而言，企业员工的工作时间、作业程序、操作动作、工作方式等，都是企业纪律约束文化、技术约束文化、定额规范文化等控制的结果。由习惯而成自然，文化控制变成近乎于自然反应，变成一种大大简化了的行为主体的自我控制。尤当其与人们的生物节律、生活方式与习惯发生相当程度的吻合后，人们对自身行为受控于这类企业文化就会表现出更多的麻木不仁。这种意识状态既有助于又有碍于企业文化软件功能的执行。

企业文化执行软件功能的最高境界，应当是其控制过程和执行结果既为行为主体视为自然而然的，使其具有不可抗拒的约束效力，又不使行为主体永远无条件地服从，从而失去必要的创造力和积极性。如像日本企业那样：企业员工通过严格的入职培训，既形成了兵营式的组织纪律观，又保持着行为个体的奋发精神和创造热情。

就思维习惯与方式而言，企业职工的情报截取与信息偏好，看问题的角度与观察问题的方式，尤其是对企业内部经营信息的加工处理等等，都与企业理性和制度文化有关。诸如角色分工、通行原则、群体习惯及其他企业深层文化，其对企业行为主体思维的影响和控制是潜移默化的、渐进的、间接的。与企业文化行为控制相比较，这种影响和控制是更重要、更值得重视的。

但企业文化执行精神文化软件功能,绝不是要把职工变成驯服工具,把公司、企业变成社会控制的微观组织。倘若把企业文化工程变成一个单纯防范性、整治性、控制性的社会思想文化工程的一部分,看成是形势严峻、治理整顿时期的济世良方,那将是对企业文化软件功能、企业文化工程和企业文化本身的误解。企业文化执行精神文化软件功能所追求的最高境界是,不仅使千奇百怪、千变万化的个体思想状态聚合成企业事业所要求的联合态,而且要激发、鼓励、保证各行为个体创新与创造的思想自由,意即使企业各个角色既充分挖掘和展示他们的创造力,又不脱离一定的技术、经济和企业具体规范。

企业文化这种和这个层次上软件功能作用的发挥,靠的绝不是一般的规章制度和硬性强制,它所依靠的完全是那种能使全体职员集合起来、协同奋进的企业精神的魅力所焕发出来的、深藏于职工内心世界的使命感、成就感。这是最高水平的企业文化控制,是可以称之为控制艺术的控制。正像泰伦斯·狄尔和爱伦·肯尼迪所指出的那样:"人员是公司最伟大的资源,管理他们的方法并不是直接由电脑报表,而是经由文化微妙的暗示。强有力的文化是引导行为的有力工具,它帮助员工做得更好。"

4. 企业文化的激励功能

企业文化对组织行为主体所产生的激发、动员、鼓舞、推进的作用就构成了它的激励功能。这种功能往往可以起着放大作用,使行为主体产生更强烈的愿望、更大的干劲,使其行为产生更剧烈、更明显的效果。使后来者居上,使先进者更发奋,使职工行为变形、行为超常等,都是企业文化激励功能所致。人的潜力与潜能几乎可以说是无限的。从智力资源开发和利用上说,人的绝大多数的脑细胞都是处于长期的蛰伏状态,从整体机能上看,人在危急等特殊情况下能动员出数倍于己的力量,去完成特定的任务。除了科学技术的长足进展而外,从企业和职工个人自我开发的角度看,什么力量才能导致能力放大? 只有精神、意志、信念,只有靠文化的激励。

事实上,依照满足企业职工各个层次需要的企业文化,在其发挥维系功能的同时,也产生激励功能作用;在其作为软件功能在起作用的同时,又具有激励功能作用。因为,文化传统占主导地位,才会有真正的高度自主权。文化传统严格把握住几个举足轻重的因素,并向人们指明目标。但在这些定性的价值观念范围内,它又鼓励人们坚持个性,不断创新。所以说,"国际商用机器公司意味着服务"这句话既强调了该公司对顾客的一种不可违背的献身精神，又提供了使人崭露头角的广阔天地，激励了每一个人都恪尽职责去关心顾客。价值观念的威力就在于此。

按常规意识，企业若取消了上下班时间规定和计时钟，职工迟到、早退、旷工，还不一片混乱？企业材料设备若敞开供应，自用自领，还不出现惊人的浪费，材料成本失控？企业若允许职工将工具器材带回家，还能保证如数自觉归还、公私分明？这些依照常规思路必须靠企业文化软件功能加以直接约束和管理的方面，到了优秀的公司、企业则完全变成了另一回事：公司或企业充分发挥其文化的激励功能，变低级的、硬性的约束和控制为职工高度的自我意识、自我开发、自主管理。

休利特-帕卡德公司，正是由于公司承担义务始终如一，言行始终如一，文化传统中包含着对职员的最诚挚的信任和尊重，因此，"在休利特-帕卡德帝国，不论走到何处，你都可以听到人们在议论质量，在为本部门的成就感到骄傲。休利特-帕卡德公司的上上下下，无不显示出一种永不穷尽的活力和热情。"

该公司及其文化的创始人之一Ｂ·休利特对公司文化做过这样的概括："我感到，总而言之，这是源自下述信念的一套政策和做法。这一信念就是：相信群众都渴望把工作干得出色、干得有创造性，只要为他们提供适当的环境，他们就一定能做到这一点。这是我们的一个传统，那就是体贴和尊重每一个人，承认个人的功绩。这听起来简直是老生常谈，但戴维（公司的另一位创始人戴维·帕卡德）和我都真心诚意地恪守这一宗旨。……个人的尊严和价值是休利特-帕卡德之路的至关重要的组成部分。我们时时将此铭记在心。多年前，我们就不搞什么上下班计时钟了，最近又推出了一项灵活的工作时间方案。这又是一种信任的表示，它为群众提供了一种能按个人生活来调整工作时间的机会。"

休利特-帕卡德公司独具特色的"实验器材完全开放"政策，更充分体现了公司具有独特激励和创新作用的管理文化。这项政策不仅允许工程技术人员自由使用实验设备，而且还鼓励他们把设备带回家去自行使用。"其主导思想是：不管这些工程技术人员在单位还是在家里利用这些设备，不管搞出的东西是否同他们承担的项目直接有关，他们总能够学到些东西，这就增强了公司对创新活动所承担的义务。"

前面提及的日本法那科公司，平均每个工人每月加班60小时，有的竟多达 100 小时。是什么把工人的力量和干劲成倍,甚至多倍的放大? 是优秀公司文化的激励作用,是杰出企业家的典型示范:有的工人说,我们和"头"干得一样。

5. 企业文化的阻抑功能

企业文化一旦成为传统,不论其为优秀企业文化的,还是不良或病态企业文化的,都可能形成阻抑和障碍功能。优秀的企业文化传统可能因其文化先进的相对性,传统发展到一定阶段所具有的僵化性和保守性,而形成一定的阻抑功能;不良的或病态的企业文化传统,阻抑本来就是它的基本文化功能。

对于后者,人们觉得理所当然;对于前者,人们多半会不以为然。事实上,一个企业文化共同体,就像一个民族、社会,甚至像一个个体的人一样,若不能保持警钟长鸣、居安思危,悲剧就迟早会降临。当我们分析、比较日本企业决策文化时,经常只是在注意到了其决断后的行动果断、迅速和一致,决策过程中的尽量避免意见对立和冲突,决策前的情报收集和资料占有等有利的一面,而忽略了其决策漫长、拖拉的一面。与这种决策文化传统不同,欧美人讲究节奏、当机立断。这种决策文化传统不只是与日本的决策文化传统形成了鲜明对照,而且有可能使日本企业决策选择空间相对缩小。可见,文化传统都是相对的,任何优秀的企业文化传统都可能有其不足取的一面。韩国30年来的发迹,很重要的一点就是利用日本决策的这一弱点,把那些具有快节奏意识和传统的投资者所放弃的与日本人的交易吸引了过去。

再则,"经济动物"或斤斤计较、精明过人是日本企业根深蒂固的文化传统。这对具体的经营、生产、积累固然大有益处,对一般的交易中的即时、短期利益保障说来也很有好处。但在对外经济关系中,在久远的合作关系中,这种文化传统却有着极大的弊病,它往往限制和束缚了决策当事人的手脚,造成了经济合作中的狭隘、小气,缺乏大家风度,给对方造成不快,给未来和长久合作带来阴影。因此,这种貌似合理、完美的文化传统,从长远来看完全可能使决策层陷入精明但不高明的境地。

二、组织文化对组织管理的整合

企业文化的形成如同其文化特质的创造一样,是需要智慧、技巧的,是有条件的。同任何管理一样,企业文化的管理既是科学,又是艺术。

组织的价值取向通过组织文化的功能在组织中实现。在组织价值取向形成的价值观的取向的引导下,组织文化使组织成员形成统一的价值观,组织的制度鼓励员工向组织既定的目标努力。组织的价值观在文化系统中得到维系,形成共同的行为规范。在组织制度失效的情况下,组织文化实现对组织成员的激励和约束。

组织文化的引导使得组织的制度体系具有个性的特征,形成了统一的方向,降低了沟通的成本,效率得到不断的提升。

通过组织文化的整合,达到对企业管理的最高层次是企业家的追求,也是企业向卓越发展的体现。回到我们在本书开始建立的组织管理的模型,似乎给出了一个组织有效运行的管理轨迹:

(1)形成组织的战略,战略是组织运行与发展的方向。确定了战略的组织才会显现出持续发展的生命力。没有战略,或忽视了战略存在的重要作用,就等于是失去了企业的发展方向。

(2)战略形成之后,随之而来的问题就是解决如何建立有效的组织,并通过组织的架构支持战略的实施。组织是战略实现的载体。

(3)在解决了战略的制定、组织的设计之后,管理的任务自然转移到人力资源这一核心问题上。此时,我们关注两个方面:一是,以最具优势的人力资源组合,通过有组织的形式达成组织的战略目标;二是,形成一整套有效的人力资源管理体系。

(4)在战略既定、组织形成、人员配置三个要素的组合中,如何通过制度管理的方法提升组织的管理效率,是推动企业的成长的关键。制度管理被看作是企业提升的制胜原则。

(5)最后,企业文化作为一种管理整合的要素,使组织的管理与发展进入到最高境界,完成了一个基本的组织生命周期的有效运行。

至此,我们系统地完成了对组织形成、组织管理与组织发展的全部过程的讨论。其最终目的只有一个:保证组织以最有效的方式,在战略条件下实现组织的目标。

本 章 小 结

本章内容侧重于组织文化对管理制度的整合。文化的本质是价值观，价值观作为一种意识和实践精神指导着人们的活动，企业家的道德价值观指导着企业家自身和企业的行为，它直接作用于企业价值观，并通过企业价值观影响企业的经营决策和管理制度的制度。

本章首先对企业家道德价值观进行了全面而详细的介绍。对公司的组织文化的价值取向进行了细分：(1)公司的经济价值取向；(2)社会价值取向；(3)伦理价值取向；(4)政治价值取向。企业在经营活动中处理与外部环境的关系时必然要持一种价值观。占有主导地位的价值取向成为衡量组织存在价值的重要指标，决定着组织在经营活动中的决策。各个方面的价值取向又最终影响组织文化对组织管理制度的整合。组织文化的功能可概括为：(1)企业文化教化功能，就是使文化共同体的行为主体学会生存的职能。(2)企业文化维系功能，企业首先和主要是个文化共同体，维系这种文化共同体的核心和基本力量是企业文化，是企业精神、公司灵魂、企业道德和企业行为规范。(3)企业文化"软件"功能，企业行为个体与群体的行为方式及特征，其思维方式及特征，从根本上说，都受控于企业精神、价值观、行为规范等文化约束，这表明企业文化执行着行为程序和思维程序功能。(4)企业文化激励功能，企业文化对组织行为主体所产生的激发、动员、鼓舞、推进的作用就构成了它的激励功能。(5)企业文化阻抑功能，企业文化一旦成为传统，不论其为优秀企业文化的，还是不良或病态企业文化的，都可能形成阻抑和障碍功能。

组织的价值取向通过组织文化的功能在组织中实现。组织的价值观在文化系统中得到维系，形成共同的行为规范。在组织制度失效的情况下，组织文化实现对组织成员的激励和约束从而整合企业的管理制度。

思考与讨论

1. 请思考组织文化的经济价值取向和社会价值取向发生矛盾时应该如何协调?
2. 简述文化的伦理价值取向在树立公司精神气质时所起的作用。
3. 概括企业文化的各项功能,并就其激励功能谈谈你的看法。
4. 分析企业文化的教化功能对于员工人格塑造方面的作用。
5. 有条件的话,请阅读《华为基本法》,分析华为是如何基于组织文化构建其管理体系的。

模块五案例

案例一　惠普文化的魅力

惠普文化常常被人称为"HP Way"（惠普之道）。HP Way有五个核心价值观，像是五个连体的孪生兄弟，谁也离不开谁，它们是：一、相信、尊重个人，尊重员工；二、追求最高的成就，追求最好；三、做事情一定要非常正直，不可以欺骗用户，也不可以欺骗员工，不能做不道德的事；四、公司的成功是靠大家的力量来完成，并不是靠某个个人的力量来完成；五、相信不断的创新，做事情要有一定的灵活性。

惠普有一个理论，在新招来的员工中，五年后，大概只有50%的人留下；10年以后，大概只有25%会留下。比如10年前惠普招了四个人，五年以后就剩下两个人，10年后就剩下一个人。可是留下来的这个人，肯定已对惠普文化坚信不疑，行为举止也是惠普化的，这样的人肯定会帮助HP作出很多有益的贡献。

惠普从来不把惠普文化挂在墙上，也很少对其进行炫耀，可惠普却没有人不相信这种文化，即使总经理也不敢不尊重员工，因为惠普文化已深植在脑袋里。每个员工都有他的重要性，因此一定要尊重每个人的重要性，只有这样大家才能在一起很好地合作做事情。

与惠普打过交道的人，都会感到惠普的作风与别家公司不一样，它更加和蔼可亲、更加有大家风范。很多公司一旦发展壮大后，总裁就开始有很多的特殊待遇，比如说有自己的私人飞机，但惠普历任总裁却没有。惠普总裁普莱特从北京去青岛时，与记者们搭乘的是同一架普通飞机。"这种现象在其他的大公司你绝对看不到"。

一位西方记者在采访惠普创始人之一Bill Hewlett时问：你这一生有没有最值得回忆的一件事？Hewlett回答说，"我这一生最值得骄傲的一件事就是参与、创建了一家公司，这家公司是以高科技、高质量、好的管理闻名于世，然后又成为很多公司模仿的对象。同时我也希望在我百年之后，这家公司的企业文化能继续延续，这家公司的生命能继续延续，还是很多人讨论的一个对象。"

再优秀的公司就像再优秀的人,都有事业的高潮期也有事业的低谷期。HP 在低谷时为什么能及时调整? 惠普发展迟缓之时,往往也是总裁换届之时,然而,惠普总裁换届总能软着陆。因为惠普文化总能让惠普的人保持自知之明、顺应时代潮流。

1980 年时,惠普的总裁是约翰·扬,他是继惠普创始人之后上来的第一任总裁,在他执政的 13 年当中,惠普的业务发展非常迅速。约翰·扬做惠普总裁之初,惠普销售额不到 30 亿美元,但到了 1990 年,惠普销售额已高达 132 亿美元;约翰·扬大力发展 Mini Computer,推出个人电脑,使惠普成为一家大的电脑公司;约翰·扬还带领惠普做了一个很大的决策,即进入打印机领域,并于 1984 创造了第一台激光打印机。虽然约翰·扬在任期间对惠普贡献很大,但随着惠普的发展,惠普的官僚体制的危害性越来越明显。那些需要做出及时和明智决定的问题,被一层层设有难以操作的委员会的管理机构拖延了下去。这使惠普的业绩明显处于停缓状态,当时的惠普股票已下降到 25 美元。约翰·扬看到问题的严重性,主动提出退休让位。

1992 年,普莱特接过约翰·扬的权棒后,在其任职的 8 年中,惠普营业额增加了三倍,利润增加了四倍,计算机和打印机业务发展突飞猛进,使惠普成为世界第二大计算机公司。但到了 1997 年下半年,当惠普的营业收入达到 400 亿美元时,惠普发展的脚步突然开始缓慢下来。在以后的一年半中,惠普像是打了麻醉剂一样,增长缓慢。造成这种情况的原因之一是亚洲金融风暴的波及;二是 1998 年上半年,供货链出现了一些问题;三是没有很好地利用网上销售,对 Internet 的影响重视得不够;四是惠普的规模过于庞大。普莱特一边做调整让惠普渡过了短暂的艰难期,而后又提出退休让位。1999 年 8 月,惠普的新总裁年轻美丽的菲奥丽娜女士接过惠普的权棒。

像惠普总裁这样的"软着陆"下台,是世界大公司的一大风景,为什么惠普总裁们会如此自觉呢?

这是因为惠普的企业文化鼓励创新,不安于现状。惠普文化把惠普人的神经熏陶得很敏感,尤其对公司的发展更加关注。即使总裁看不见问题所在,但总有很多员工能看出来,更加可贵的是员工总是敢于提出问题,有时还要越级反映,而惠普董事会或最高层往往能做出及时反应,力挽颓势于初始,使惠普低谷期迅速缩短。约翰·扬"执政"末期,惠普官僚体系严重,惠普创始人之一帕卡德不断接到员工们的拜访和来信,于是久不"朝政"的帕卡德来到惠普东瞧西问,最后终于解决了惠普的症结;普莱特当政的晚期,1997年末,惠普发展处于停滞状态,惠普员工开始强烈呼唤新思维,普莱特经过一段反思和调查后,将惠普公司一分为二,而后,又主动向董事会提出退位。

值得关注的是约翰·扬与普莱特两位总裁的退位都是主动提出,这与惠普人的一个理念有很大关系,即与其让别人强迫你做改变,不如你自己做改变。这使得惠普总裁在面对过去的成就与未来的发展时,总能非常明智地审视自己的作用。

惠普的退休制度也很有意思,员工到了60岁时,如果退休,除了退休费,还可以拿到一笔额外的奖金;但是如果多做一年,奖金就会少掉10%;如果坚持做到65岁,这个奖金就没有了。这主要是鼓励高级主管能够及时地退休。所以大多数高级主管都会及时退休。

惠普文化五个核心价值观是捆绑在一起的,因此公司在看一个人、一件事时,也是全面地评判。惠普能及时、主动做出一些重大决定靠的就是这些,比如惠普有很强的团队精神,总是靠团队来做决定,而不会靠一个人来扭转乾坤。包括目前总裁菲奥丽娜女士,就是董事委员会一致选举通过的。

案例二 华为公司的文化整合

关于华为公司

华为技术有限公司成立于1988年,是由员工持股的高科技民营企业。华为从事通信网络技术与产品的研究、开发、生产与销售,专门为电信运营商提供光网络、固定网、移动网和增值业务领域的网络解决方案,是中国电信市场的主要供应商之一,并已成功进入全球电信市场。2002年,华为的销售额为220亿元人民币,目前有员工22 000多人。

华为在全球建立了30多个分支机构,在美国达拉斯、印度班加罗尔、瑞典斯德哥尔摩、俄罗斯莫斯科以及中国北京、上海等地建立了研究所。华为产品已经进入德国、西班牙、巴西、俄罗斯、埃及、泰国、新加坡、韩国等40多个国家。

华为每年将不少于销售额的10%投入研发。华为在坚持自主开发的基础上进行开放合作,现在已经与意大利电信(TI)、摩托罗拉、IBM、英特尔、AT&T、ALTERA、SUN、微软等世界一流企业广泛开展技术与市场方面的合作。

从1997年起,华为开始系统地引入世界级管理咨询公司,建立与国际接轨的基于IT的管理体系。在集成产品开发(IPD)、集成供应链(ISC)、人力资源管理、财务管理、质量控制等诸多方面,华为与IBM公司、Hay Group、PWC、FhG等公司展开了深入合作。经过五年多的管理改进与变革,以及以客户需求驱动的开发流程和供应链流程的实施,华为具备了符合客户利益的差异化竞争优势,进一步巩固了在业界的核心竞争力。

华为公司的核心价值观

追 求

华为的追求是在电子信息领域实现顾客的梦想,并依靠点点滴滴、锲而不舍的艰苦追求,使我们成为世界级领先企业。为了使华为成为世界一流的设备供应商,我们将永不进入信息服务业。通过无依赖的市场压力传递,使内部机制永远处于激活状态。

员 工

认真负责和管理有效的员工是华为最大的财富。尊重知识、尊重个性、集体奋斗和不迁就有功的员工,是我们事业可持续成长的内在要求。

技 术

广泛吸收世界电子信息领域的最新研究成果,虚心向国内外优秀企业学习,在独立自主基础上,开放合作地发展领先的核心技术体系,用我们卓越的产品自立于世界通信列强之林。

精　神

爱祖国、爱人民、爱事业和爱生活是我们凝聚力的源泉。责任意识、创新精神、敬业精神与团结合作精神是我们企业文化的精髓。实事求是是我们行为的准则。

文　化

资源是会枯竭的,唯有文化才会生生不息。一切工业产品都是人类智慧创造的,华为没有可以依存的自然资源,唯有在人的头脑中挖掘出大油田、大森林、大煤矿……精神是可以转化成物质的,物质文明有利于巩固精神文明。我们坚持以精神文明促进物质文明的方针。

这里的文化,不仅仅包含知识、技术、管理、情操……也包含了一切促进生产力发展的无形因素。

社会责任

华为以产业报国和科教兴国为己任,以公司的发展为所在社区作出贡献。为伟大祖国的繁荣昌盛,为中华民族的振兴,为自己和家人的幸福而不懈努力。

(摘自《华为公司基本法》)

企业文化推动华为管理改进与提高

饱含公司核心价值观的华为文化是华为公司的灵魂,管理制度和规范是在华为文化中酝酿而成的,管理制度和规范的制定与华为的文化背景紧密相关。制定华为公司的管理制度和规范,必须从实际出发,反映自身文化特色和业务特点,才能为员工所接受和认同。

华为文化是华为经营管理实践经验的总结,而华为的管理制度和规范也应该是华为文化中具有相对稳定的,符合华为公司核心价值观的并可再次通过实践检验为正确的东西用条文的形式加以固定化,通过试行反复证明,并在员工中达成共识后,经过正式签发和颁布,为员工共同遵守。只有与华为人的文化背景相适应的管理制度和规范，才能与华为的实际相符合，才具有执行力。

管理机制是靠文化来推动的，文化整合管理机制成为效率提高的润滑剂。各级管理者都必须认同华为企业文化，并科学灵活地运用文化建设来推动、改善华为管理。管理机制是由组织、岗位职责及其管理制度和规范等构成，它具有刚性。它脱胎于企业文化，同时又是构建在企业文化的基础之上，靠企业文化来推动和润滑使其运转。当一个管理者，尤其是中高层管理者，只精通业务，而不懂得如何抓组织建设、制度建设和文化建设，就无法实施管理，实际上不适合做管理者。

管理者在推动组织建设、制度建设，而不搞文化建设时，它的组织职能难以发挥，组织制度难以实施，这样的管理者是不称职的管理者。不考虑企业文化，就不能与公司的整体价值观统一，与公司价值观不统一的工作做得越多、越有效对公司的不利影响越大。导致的是本位主义、山头主义。

而充分考虑了组织文化的管理活动的有效推动才能体现下级之间、部门之间、同事之间的敬业精神、团结协作精神和奉献精神。组织能力和协调能力一定是以共同的价值观为基础建立起来的。

日常管理是公司文化的外在表现，是把企业价值观凝聚在企业产品质量、信誉、品牌和市场竞争的过程

实施企业管理是对管理制度和规范的酝酿与推行，是对个人组织行为的考核评价活动。员工之间管理思想的交流与沟通，管理制度、规范的酝酿与推行以及员工个人组织行为的考核与评价，都是实现企业价值观的过程。

作为华为管理的依据是制度和规范，而管理制度和规范的制定依据又来源于公司文化、来自于管理思想。管理制度和规范是文化和思想的外在表现。通过文化的形式，学习讨论，相互交流，统一认识，制定出大家认同的管理制度和规范，作为考核评价员工个人组织行为的标准、尺度和准绳。管理制度和规范一旦为员工接受和认同，对员工组织行为就具有"法"的效力，就具有强制性。任何违背公司管理制度和规范的个人组织行为都是违章行为，都为华为文化所不容。

从理念到管理规范和制度有一个缓冲阶段,有一个时差。对那些管理制度规范尚未涉及或无法涉及的领域,当不干预又将危及和影响公司的事业和管理时,我们更多的要通过文化的形式,加以引导。在这一领域,要依理办事,强调自觉自愿,要善于发挥伦理道德的威力和作用,通过批评教育的形式分清是非,对于工作中涉及个人人身权利、生活权利的行为只有通过文化(如行为准则)等来约束或评价,如危及他人利益,可采取罚款等形式处罚。

文化统一了员工对日常管理活动的认识,文化引导员工按照公司的日常制度规范自己的行为,将制度建到了员工的心中。

案例三 强势的迪斯尼公司文化

企业文化具有强烈的教化功能,如果你不能接收一个组织的文化,你将不被这个组织所容纳。

沃尔特·迪斯尼公司主要由三个部门组成:电影娱乐部门、消费产品部门、公园及旅游景点部门。目前,公司设在加利福尼亚、佛罗里达、东京、巴黎的迪斯尼公园收入占公司总收入的56%,占公司税前利润的64%。因为这些迪斯尼公园是迪斯尼公司中人们最了解的部分,也是迪斯尼文化气氛最浓的地方,现在我们就来考察一下公司公园管理人员是怎样塑造和维系"迪斯尼形象"的。

假设你想在迪斯尼乐园找一份暑期工作来做,如果你已经有熟人在迪斯尼工作,你被录用的可能性就更大一些。迪斯尼认为,如果员工之间个人关系比较好,可以降低员工的不稳定性。能够进入公司工作的人事前至少要经过公园主管人员的两次亲自面试。面试时考察的重点是,求职者是否合乎公司对员工形象的高标准要求——肤色、身高、体重、身材、牙齿的颜色,等等。迪斯尼乐园的员工一般都是单身,20岁出头,看起来很健康,面部无缺陷,身材偏高,体重则偏低,修饰比较正统。但这绝不是偶然的,公司漫长的甄选过程筛选掉了那些不符合公司标准的求职者。

一旦被聘用，新员工就要经历正规化程度较高、集体性、连续性的入门社会化过程。新来者的身份并不因为他们被分配到新岗位中而很快消除。他们接受八小时的岗前定向培训，然后是在公园中接受大约40小时的学徒培训。

迪斯尼岗前定向培训的关键之处在于学习公司语言。公司没有雇员，只有演员；人们没有工作，而是在扮演角色。事实上，公司有一整套自己的语言。顾客叫做"客人"，执法人员叫做"安全卫士"，制服叫做"演出服"，事故叫做"小事件"，人们不是在工作，而是在舞台上表演，这样的例子还有很多很多。

当然，新成员也要了解公司的历史，了解沃尔特·迪斯尼的经营哲学，了解为客人服务的标准。公司很强调像"不管谁在迪斯尼乐园，他都是一个尽兴游乐的孩子"这样的价值观念。

为了进一步加强员工行为的一致性，公司鼓励员工闲暇时间待在一起。迪斯尼公司设有员工排球、垒球俱乐部、办公室野餐会、员工公园之夜、海滩宴会，这些活动为那些年轻人提供了充分的社交机会，同时，也限制了接触非迪斯尼文化的机会。

迪斯尼员工经过培训后，都认为自己工作时真的是在扮演某种角色。他们进入角色轻车熟路，在日常工作中扮演这些角色——太空山的马车夫或"光明大道"街边的糖果商、唐老鸭——所表现出的熟练技巧。

参考书目

中文参考书

1. 迈克尔·波特:《竞争战略》,华夏出版社,1997年版。
2. 迈克尔·波特:《竞争优势》,华夏出版社,1997年版。
3. 迈克尔·波特:《竞争论》,中信出版社,2003年版。
4. 斯蒂芬·P·罗宾斯著,李原、孙健敏译:《组织行为学》(第七版),中国人民大学出版社,1997年版。
5. 约翰·科特、詹姆斯·赫斯克特:《企业文化与经营业绩》,华夏出版社,1997年版。
6. 苏珊·C·施奈德、简·路易斯、巴尔·索克斯:《跨文化管理》,经济管理出版社,2002年版。
7. 斯蒂芬·P·罗宾斯著,孙健敏等译:《管理学》(第四版),中国人民大学出版社,1997年版。
8. 拉里·博西迪、拉姆·查兰著:《执行:如何完成任务的学问》,机械工业出版社,2003年版。
9. 明茨伯格:《战略历程:纵览战略管理学派》,机械工业出版社,2002年版。
10. 康芒斯:《制度经济学》,商务印书馆,1997年版。
11. 理查德·达夫特:《组织理论与设计精要》,机械工业出版社,2002年版。

12. 约翰·W·纽斯特罗姆:《组织行为学》(第十版),经济科学出版社,2000年版。
13. 吉布森:《组织学:行为、结构与过程》,电子工业出版社,2002年版。
14. 约翰·辛格:《设计最好的公司:组织设计的过程与创新》,科文(香港)出版社,1999年版。
15. 苏米特拉·杜塔等:《过程再造、组织变革与绩效改进》,中国人民大学出版社,2001年版。
16. 彼德·圣吉:《第五项修炼:学习型组织的艺术与实务》,上海三联书店,2001年版。
17. 弗雷德曼、威尔逊:《第五项修炼:学习型组织的应用》,经济日报出版社,2002年版。
18. R·韦恩·蒙迪、罗伯特·M·诺埃:《人力资源管理》,经济科学出版社,1998年版。
19. 米勒:《战略管理》(第三版),机械工业出版社,1998年版。
20. 希特:《战略管理:竞争与全球化》(第4版),机械工业出版社,2002年版。
21. 德里克·钱农:《布莱克韦尔战略管理学百科辞典》,对外经济贸易大学出版社,2002年版。
22. 吴培良、郑明身等:《组织理论与设计》,中国人民大学出版社,1998年版。
23. 冉斌著:《工作分析与组织设计》,海天出版社,2002年版。
24. 成刚编著:《组织与管理原理》,上海人民出版社,2002年版。
25. 关淑润主编:《现代人力资源管理与组织行为》,对外经济贸易大学出版社,2001年版。
26. 杨东龙主编:《500种最有效的管理工具》,中国经济出版社,2002年版。
27. 赵惠英编著:《组织设计与人力资源战略管理》,广东经济出版社,2003年版。
28. 王方华、吕巍:《企业战略管理》 复旦大学出版社,1999年版。
29. 王德中:《企业战略管理》,西南财经大学出版社,1999年版。
30. 林泽炎:《组织设计与人力资源战略管理》,广东经济出版社,2003年版。
31. 芮明杰、余光胜:《产业制胜——产业视角下的企业战略》,浙江人民出版社,1999年版。

32. 李国庆:《战略管理——概念与案例》,北京大学出版社,2000年版。
33. 周三多:《战略管理思想史》,复旦大学出版社,2003年版。
34. 黄卫伟、吴春波主编:《走出混沌》,人民邮电出版社,1999年版。
35. 谭伟东编著:《公司文化》,经济日报出版社,1997年版。
36. 陈春花:《企业文化塑造》,广东经济出版社,2001年版。
37. 谭伟东:《西方企业文化纵横》,北京大学出版社,2001年版。
38. 魏杰:《企业制度安排:企业存亡诊断书》,中国发展出版社,2002年版。
39. 魏杰:《企业前沿问题——现代企业管理方案》,中国发展出版社,2002年版。
40. 邓荣霖主编:《现代企业制度概论》,中国人民大学出版社,1997年版。
41. 邓荣霖主编:《现代企业组织制度》,中国人民大学出版社,1997年版。
42. 刘伟萍编著:《中国民营企业管理制度与发展模式案例·精评》,机械工业出版社,2003年版。
43. 何维达主编:《公司治理结构的理论与案例》,经济科学出版社,1999年版。
44. 王洛林、陈佳贵主编:《现代企业制度的理论与实践》,经济管理出版社,1997年版。
45. 冼国明、王东、徐冬著:《企业制度与国际竞争力》,经济科学出版社,2001年版。
46. 梁能主编:《公司治理结构:中国的实践与美国的经验》,中国人民大学出版社,2000年版。
47. 周小川主编:《企业改革:模式选择与配套设计》,中国经济出版社,1997年版。

外文参考书

1. Gerald R. Ferris, *Research in Personnel and Human Resources Management*, JAI Press Inc., Volume 17, 1999
2. Gerry Johnson, Keven Scholes, *Exploring Corporate Strategy* (3rd), Copyright Prentice Hall, Inc., 1993
3. Mullins, L. J. *Management and Organization* (2rd), London Pitman, 1989

4. Daft, R. L., *Organization Theory and Design*, Copyright by West Publishing Co., 1992
5. Herzberg, F. *Work and the Nature of Man*, New York: World Publishing, 1966
6. Hofstede, F. *Cultures and Organizations*, London: McGraw Hill, 1997
7. Lawrence, P. R. *Organization ang Environment Cambrige*, MA: Havard Business School Press, 1996
8. Marris, R. *The Economic Theory of Managerial Capitalism*, London Macmillan, 1964
9. Guest, D. E. *Human Resources Management*, London: Routledge, 2001
10. Johnson, G. *Strategic change and Management Process*, Oxford: Blackwell, 1988
11. Johnson, G. and Scholes, K. *Exploring Corprate Strategy*, NJ: Prentice Hill, 1993
12. Robbins, S. P. *Organizational Behavior*, NJ: Prentice Hill, 1993
13. Whittaker, D. H. *Managing Innovation*, Cambrige: Cambrige University Press, 1992
14. Hickson, D. J. and Pugh, D. S. *Management World-wide: the Imapact of Societal Culture on Organizations Around the Globe*, London: Penguin, 1995
15. Hofstede, D. *Cultures and Organizations*, London: McGray-Hill, 2001
16. Weinshall, T. D. *Societal Culture and Management*, Berlin: Walter de Gruyter, 1993
17. Davis, G. F. and Powell, W. W. *Organization Environment relations*, New York: Consulting Psychologist, 1992
18. Noe, Hollenbeck, Gerhart, Wright, *Human Resource Management: Gaining a Competitive Advantage*, The McGraw-Hill Companies, Inc., 3th edition, 2000
19. Stephen P. Robbins, *Organizational Behavior*, Prentice-hall International Inc., 9th Edition, 2001
20. Simons, M. *Levers of Control: How Managers Use Control Systems to Drive Strategic Renewal*, MA: Havard Busness School Press, 1995
21. Butler, R. J. *Designing Organizations*, London: Routledge, 1991
22. Watson, T. *In Search Management*, London: Routledge, 1994

23. Designing a Process-based IT Organization; Carol V Brown; *Information Strategy*, *Pennsauken*; *Summer*, 2003
24. Price and Delay Competition Between Two Service Providers; Mor Armony; *European Journal of Operational Research*, Amsterdam; May 16, 2003
25. Nationwide Class Action Against Beef, Pork Products Processor Goes to Trial; Cathy Roemer; Knight Ridder Tribune Business News, Washington; May 5, 2003
26. Coups, Stratagems and Spoils; *The Economist* [H. W. Wilson — SSA]; Sep. 28, 2002
27. International: Coups, Stratagems and Spoils; Cote d'Ivoire's mutiny; *The Economist*, London; Sep 28, 2002
28. Trusted Agent-Mediated E-Commerce Transaction Services via Digital Certificate Management; Yuh-Jong Hu; *Electronic Commerce Research*, Boston; Jul-Oct, 2003

图书在版编目(CIP)数据

组织设计与管理/许玉林主编.—2版.—上海：复旦大学出版社，2010.2(2025.6重印)
(复旦博学·21世纪人力资源管理丛书)
ISBN 978-7-309-07041-5

Ⅰ.组… Ⅱ.许… Ⅲ.企业管理-组织管理学 Ⅳ.F272.9

中国版本图书馆 CIP 数据核字(2010)第 007662 号

组织设计与管理(第二版)
许玉林 主编
责任编辑/苏荣刚

复旦大学出版社有限公司出版发行
上海市国权路 579 号　邮编：200433
网址：fupnet@fudanpress.com　http://www.fudanpress.com
门市零售：86-21-65102580　　团体订购：86-21-65104505
出版部电话：86-21-65642845
杭州日报报业集团盛元印务有限公司

开本 787 毫米×1092 毫米　1/16　印张 20.75　字数 337 千字
2025 年 6 月第 2 版第 9 次印刷
印数 35 401—36 500

ISBN 978-7-309-07041-5/F·1557
定价：45.00 元

如有印装质量问题,请向复旦大学出版社有限公司出版部调换。
版权所有　　侵权必究